Pierre Bellemare · Depesche aus dem Jenseits

Pierre Bellemare

Depesche aus dem Jenseits

Unglaubliche Geschichten

Übersetzt und herausgegeben
von France Brifaut

Weltbild Verlag

Genehmigte Sonderausgabe für
Weltbild Verlag GmbH, Augsburg
ISBN 3-89350-320-X

Inhalt

Die Erscheinung im Weißen Haus

Tom freut sich. Er freut sich unbeschreiblich, als er am 15. Oktober 1963 endlich die Antwort auf seine Bewerbung erhält. Es hat geklappt! Noch nie – soweit er zurückdenken kann – hat er sich so unheimlich glücklich gefühlt wie jetzt, in diesem Augenblick, mit diesem Brief in der Hand.

Dabei soll er eigentlich eine recht bescheidene Stellung antreten: Er wird zum Hauspersonal gehören und seine Tage von nun an mit Besen und Staubsauger verbringen – noch dazu für ein mickriges Gehalt! Also, die niedrigste Stufe zum sozialen Aufstieg. Und darüber gerät er vor Begeisterung völlig außer Rand und Band? Ja, und wer Tom kennt, weiß auch warum.

Der achtzehnjährige Rotschopf, Kind einfacher texanischer Farmer, hat nicht besonders viel gelernt. In der Schule fiel er nur durch sein Bemühen um Mittelmäßigkeit in allen Fächern auf, außer in einem: In Geschichte! Seit seiner frühesten Kindheit ist Geschichte seine Leidenschaft. Damals schon nervte er die Erwachsenen mit altklugen Fragen über Dinge, die ihn nichts angingen, und er bekam immer dieselbe Antwort: »Das verstehst du noch nicht!« Das sagen die Großen immer, wenn sie nicht weiter wissen.

Im Laufe der Zeit beschäftigte sich Tom also allein mit der faszinierenden Weltgeschichte im allgemeinen und mit der Geschichte der Vereinigten Staaten im besonderen. Heute, mit achtzehn Jahren, kennt er alle Namen und Daten, alle Kämpfe und Revolten, die sein Land erschütterten. Mit nahezu religiösem Eifer hat er im Laufe der Jahre dicke Alben mit Bildern und Zeitungsausschnitten von den wichtigsten historischen Ereignissen angelegt.

Und jetzt kommt dieser Brief aus Washington! Vom Weißen Haus! Dort soll er nämlich arbeiten, und wenn es nur putzen ist! Im Haus des Präsidenten! Ein Traum für den jungen Mann.

Schon am nächsten Tag ist er in Washington. Aber bevor er zu der Stelle hingeht, bei der er sich melden soll, bleibt er noch eine Weile vor dem Amts- und Wohnsitz des Präsidenten stehen. Mit klopfendem Herzen betrachtet er die Fassade – er kennt jeden Salon, jedes Zimmer und jeden auch noch so versteckten Winkel in diesem seit 1814 weiß verputzten Gebäude. Ja, auch das weiß Tom selbstverständlich, das Weiße Haus ist nicht immer weiß gewesen.

Tom hatte noch nie die Ehre hineingehen zu dürfen, klar, und dennoch würde er sich auch mit verbundenen Augen überall zurechtfinden.

»Dort ist er«, denkt der Junge mit glänzenden Augen, »dort hinter diesem Fenster sitzt er an seinem Arbeitstisch!« Tom läßt seine Blicke langsam über die weißen Säulen wandern – er träumt. Er träumt davon, daß er *Ihn*, den Präsidenten John F. Kennedy, bestimmt bald in Fleisch und Blut sehen wird. Und vielleicht darf er ihm einmal die Hand geben. Und vielleicht darf er sogar einmal ein paar Worte mit ihm reden?

Tom denkt an all das, was sich drinnen hinter den alten Mauern begeben hat: er denkt an Washington, Eisenhower, Roosevelt und Lincoln . . . Es sind alte Freunde von ihm, sie haben ihn durch seine Kindheit begleitet.

Der Haushalt des Weißen Hauses steht unter der Leitung von Major Howard, einem ehemaligen Marine-Unteroffizier, und die einzelnen Arbeiten sind generalstabsmäßig so aufeinander abgestimmt, daß alles wie am Schnürchen läuft. Tom wird mit dem Staubsaugen und mit dem Putzen der Fenster und Spiegel in acht Räumen im ersten Stock an der Nordwest-Ecke betraut. Bald geht ihm die Arbeit ganz automatisch von der Hand – zu den festgelegten Zeiten und in der vorgeschriebenen Reihenfolge. Trotz seines peniblen Arbeitsplans und der Eintönigkeit seiner Tätigkeit, bleibt er unverdrossen fröhlich. Der Junge hat den Kopf voll mit historischen Träumen. Da kann keine Langeweile aufkommen.

Nach wenigen Wochen hat sich Tom vollständig in diesem illustren Haus eingelebt. Er hat sich nicht nur schnell mit dem größten Teil des Hauspersonals angefreundet, er versteht sich auch sehr gut mit den Sicherheitsbeamten, die immer wieder über seine verblüffenden geschichtlichen Kenntnisse staunen. Sehr bald hat er den Spitznamen *Mister President* weg.

Er lebt und arbeitet jetzt seit einem Monat im Weißen Haus. Es ist der 15. November. Wie jeden Morgen hat er zuerst im Spiegelsalon staubgesaugt und reibt nun den Spiegel über dem Kamin blank. Da ertönt auf einmal eine kindliche Stimme:

»Hurra! Hurra!«

Tom dreht sich um, aber es ist kein Mensch da. Er ist völlig allein. Doch wieder hört er das Kind jubeln:

»Hurra! Er kommt! Da ist er!«

Tausend Stimmen fallen jetzt mit Hurra-Rufen ein. Immer mehr Stimmen, immer lauter und näher. Ein gewaltiges, jauchzendes Gebrüll hallt im ganzen Zimmer, aber es kommt nicht von der Straße! Es kommt... ja, es kommt aus dem Zimmer nebenan! Tom stürzt an die Tür, reißt sie auf – nichts! Niemand! Und auch nichts mehr zu hören. Der Lärm hat sofort aufgehört, als er die Tür aufmachte – so als hätte jemand das Radio abgedreht.

Tom steht sekundenlang still mit seinem Putzlappen in der Hand. Völlig ratlos. Ein Kollege kommt vorbei:

»Na, Mister President, stimmt was nicht? So wirst du mit der Arbeit nie fertig!«

»Doch, doch . . . 's geht schon.«

Er faßt sich wieder, geht in den Salon zurück und macht die Tür hinter sich zu. In diesem Augenblick schrillt das Gejaule einer Polizeisirene durch das Haus. Die Menge schreit auf – es sind keine Hurra-Rufe mehr, nur entsetztes Geschrei. Wieder läuft Tom zur Tür, öffnet sie – da steht der Major vor ihm und schaut ihn erstaunt an:

»Wohin denn so eilig, Mister Ford?«

Tom lehnt sich an die Wand und schließt die Augen. Nach und nach verklingen die schrecklichen Geräusche in der Ferne. Stille ist wieder eingekehrt.

»Es tut mir leid, Major, mir war 'nen Augenblick nicht gut. Es geht schon wieder, es ist vorbei.«

Als er an diesem Abend in seinem kleinen Mansardenzimmer vor seinen vielen dicken Geschichtsbüchern sitzt, wird Tom die Gedanken an das, was er heute erlebt hat, nicht mehr los. Diese Stimmen, diese Geräusche, die wer weiß woher kamen! Die kann er nicht aus seinem Kopf vertreiben. Es war alles so merkwürdig, es klang so echt! Hat er am hellichten Tag etwa geträumt? Ja, es muß wohl so gewesen sein. »Ich hab' mir alles nur eingebildet, bestimmt!«

Vergeblich versucht er sich einzureden, daß alles nur ein verrückter Traum gewesen ist, alles nur Einbildung. Aber es nützt nichts, er kann an nichts anderes mehr denken und in dieser Nacht findet er keinen Schlaf.

Am nächsten Morgen betritt er den Spiegelsalon mit

beklommenem Herzen. Als er vor dem Spiegel über dem Kamin steht, hört er sofort wieder die Kinderstimme:
»Hurra! Hurra!«
Und alles läuft genauso ab wie gestern: die tosende Menge, die Schreie und die Polizeisirene. Aber heute geht der Traum weiter: die Stimme eines Rundfunksprechers mit texanischem Akzent ruft laut und aufgeregt:
»Der Wagen des Präsidenten biegt jetzt in Houston Street ein!«
Mit einem Satz ist Tom draußen im Gang – doch da ist alles still. Da fängt er an wie wild zu rennen, reißt eine Tür nach der anderen auf und in allen Zimmern fragt er seine Kollegen:
»Habt ihr auch diesen Lärm gehört? Ihr habt ihn doch auch gehört, nicht wahr?«
Nein, keiner hat etwas gehört. Alle schütteln den Kopf und fragen sich besorgt, was denn mit Tom seit gestern los ist. Er ist nicht mehr er selber. Der fröhliche Junge, immer gut aufgelegt, immer zu jedem Spaß bereit, ist so ernst geworden? Als hätte er Angst. Wovor fürchtet er sich?
Als sein Freund mit ihm reden will, winkt er müde ab und geht wieder zum Spiegelsalon. Er zittert vor Angst, aber er fügt sich seinem Schicksal und fängt behutsam an, den Spiegel über dem Kamin zu polieren. Er weiß genau, daß etwas Wahnsinniges gleich wieder geschehen wird. Ja, es ist Wahnsinn, aber es ist Wirklichkeit. Für ihn, nur für ihn ist es Wirklichkeit . . .
Der Spiegel hat noch nie so schön geglänzt, aber Tom putzt weiter, völlig in Gedanken verloren. Dann ergreift ihn plötzlich ein unheimliches Gefühl – das Gefühl einer Anwesenheit. Eiseskälte herrscht jetzt im Zimmer. Irgend jemand ist hier – irgendwo im Raum hinter ihm. Das spürt er nicht nur – er weiß es. Sein Gesicht wird aschfahl,

sein Arm erstarrt: Im Spiegel sieht er das gleißende Abbild eines Bettes! Mitten im Raum steht ein Bett, und darauf liegt der Leichnam eines Mannes – bis zu den Schultern mit dem Sternenbanner bedeckt. Tom schaut ihn einen Augenblick an, ohne die kleinste Bewegung zu wagen. Er traut sich nicht einmal zu atmen. Diesen toten Mann mit dem mageren, knochigen Gesicht erkennt er sofort – jeder Amerikaner würde ihn erkennen: Es ist Abraham Lincoln – Präsident der Vereinigten Staaten, 1865 ermordet.

Tom faßt endlich Mut, dreht sich um und schaut zur Mitte des Zimmers. Es ist leer. Das heißt, nein, es ist so wie sonst – mit dem Sekretär vor dem Fenster, dem Sofa an der Wand – und auch alle Stühle und Sessel stehen ordentlich an ihrem Platz. Der Junge wirft schnell einen Blick in den Spiegel zurück – die Erscheinung ist verschwunden.

»Beeilen Sie sich, Ford! Was stehen Sie nur so herum? Haben Sie nicht genug zu tun?«

Major Howard reißt Tom aus seinen Träumen. Hastig putzt er die Fensterscheiben und flüchtet sich, so bald er kann, in sein Zimmer. Dort legt er sich hin und zwingt sich, ganz langsam, ganz regelmäßig zu atmen. »Was soll das alles bedeuten?« grübelt er. »Ist das vielleicht eine Botschaft an mich?« Je mehr er darüber nachdenkt um so mehr ist er davon überzeugt, daß diese Erscheinungen etwas ankündigen. Etwas Furchtbares!

Tagelang und in schlaflosen Nächten brütet der Junge mit steigender Nervosität über die gleichen Fragen: »Wieso Lincoln? Wozu diese Stimmen und der Sprecher mit dem texanischem Akzent? Und was soll der Wagen des Präsidenten? Und was bedeutet ›Houston Street‹?«

Hundertmal wälzt er das Problem hin und her: »Wieso Lincoln?«

Fieberhaft studiert er seine Geschichtsbücher, in der Hoffnung eine Erklärung für die Zeichen darin zu finden, die Lösung dieses quälenden Bilderrätsels.

Vergeblich. Da beschließt Tom, doch mit jemandem darüber zu reden, auch wenn man ihn für verrückt hält! Am besten spricht er zuerst mit seinem Freund, mit Cornelius. Vielleicht wird er ihm seine Geschichte nicht abnehmen, aber wenigstens wird er ihn nicht auslachen. Cornelius – ein junger Schwarzer, mit dem er zusammen arbeitet – ist ein guter Kerl, ein guter Kumpel. Nach der Arbeit gehen beide oft zusammen aus. Seit einigen Tagen allerdings nicht mehr, und Cornelius wundert sich schon darüber. Morgen früh, unter irgend einem Vorwand, wird Tom seinen Freund bitten, ihm beim Saubermachen im Spiegelsalon zu helfen – dort wird er ihm alles erzählen. Wer weiß, vielleicht wird er Lincoln auch in dem Spiegel sehen? Hoffentlich!

Am nächsten Tag putzt Tom also den Spiegel im Beisein seines Freundes. Und wie jeden Morgen hört er bald die kristallklare Stimme des Kindes – »Hurra! Hurra!«, dann die Stimme des Sprechers und die Polizeisirene. Der Film läuft ab. Auch Präsident Lincoln erscheint.

Da bestürmt Tom seinen Freund:

»Siehst du das? Hörst du die Sirene? Nich' wahr, du siehst ihn auch? Lincoln!«

Der junge Schwarze starrt Tom erschrocken an. Offenbar hat er weder etwas gehört noch etwas gesehen.

»Also Mensch Tom, dir geht's wirklich nicht gut! Du siehst ja fürchterlich aus! Du hast Fieber! Du, geh lieber ins Bett. Das hier, das mach' ich schon für dich.«

Was soll der arme Tom darauf sagen? Vielleicht ist er tatsächlich krank. Sein Leben lang hat er wie besessen von diesem Haus geträumt und von allem, was sich hier ereignete. Jetzt holen ihn die Bilder der Vergangenheit ein und vermischen sich in seiner fieberhaften Vorstellung mit der Gegenwart.

»Danke, Cornelius. Ich gehe zum Major und sage Bescheid. Du hast recht, ich fühl' mich ganz elend.«

Das stimmt, aber er denkt nicht daran, sich ins Bett zu legen. Und er geht auch nicht zum Major. Im Spiegelsalon eben... ja, da zweifelte er an seinem Verstand! Aber jetzt, im Gang, wo er alles ganz normal sieht, mit ganz normalen Augen, da weiß er auf einmal, was er zu tun hat: Er muß sich an den Privatsekretär des Präsidenten wenden und ihm alles sagen, bevor es zu spät ist.

Aber bevor *was* zu spät ist? Und wie soll er überhaupt eine Audienz bekommen? Für die Probleme des Hauspersonals ist der Major zuständig, nicht der Berater des Präsidenten der Vereinigten Staaten! Es ist sinnlos.

Plötzlich, wie aus heiterem Himmel, steht der Privatsekretär neben ihm. Zusammen mit seinen Mitarbeitern geht er die Treppe zum ersten Stock hoch. Selbstverständlich hat er keinen Blick für den jungen Mann der Putzkolonne. Tom hat ihn oft gesehen in den letzten vier Wochen, aber noch nie war er ihm so nahe. Das ist ein Zeichen!

Zum allgemeinen Erstaunen stürzt sich Tom auf den hohen Beamten:

»Ich muß dringend mit Ihnen sprechen! Ich muß Ihnen sofort etwas sehr Wichtiges mitteilen!«

Natürlich hält man ihn mit wenigen harten Griffen zurück. Da schreit der Junge erst recht:

»Ich muß mit Ihnen reden! Jetzt gleich, sofort! Sonst passiert was! Bitte!«

Mit einer lässigen Handbewegung bringt der Präsidentenberater den Tumult zur Ruhe. »Lassen Sie ihn«, bedeutet er den Sicherheitsmännern. Und er nimmt ihn mit in sein Büro.

Tom bleibt zwanzig Minuten lang allein bei Präsident Kennedys Privatsekretär. Als er ihn schließlich entläßt, schlägt er ihm noch freundschaftlich, fast kumpelhaft auf die Schulter und schüttelt ihm herzlich die Hand. Die Mitarbeiter, die draußen vor der Tür die ganze Zeit gewartet haben, trauen ihren Augen nicht.

Am nächsten Tag steht Tom Ford träumend am Fenster des Spiegelsalons und sieht zu, wie der Hubschrauber des Präsidenten vom Rasen des Weißen Hauses abhebt und am Himmel verschwindet. An diesem Morgen hat es keine Erscheinungen gegeben. John Fitzgerald Kennedy startet zu einem offiziellen Besuch nach Texas. Am 22. November 1963 trifft der Präsident der Vereinigten Staaten in Dallas ein. Um 12 Uhr 25 fährt der *Lincoln Continental* des Präsidenten in die Stadtmitte ein. In der Menge, die am Straßenrand jubelnd auf ihn wartet, zeigt ein kleines Mädchen mit dem Finger auf den Geleitzug und ruft mit kristallklarer Stimme: »Hurra! Hurra! Er kommt! Da ist er!«

12 Uhr 29 – der *Lincoln Continental* verläßt Dealy Plaza und biegt in die Houston Street ein. Um 12 Uhr 31 bricht John F. Kennedy unter den Kugeln von Lee Harvey Oswald zusammen. Bei den umfangreichen Untersuchungsakten, die alle Umstände von Kennedys Tod festhalten, findet man auch einen dünnen Ordner mit der Aufschrift: »Tom Ford – Hausangestellter im Weißen Haus – Erledigt.«

Einige Jahre später veröffentlichte eine amerikanische Illustrierte folgenden Artikel:

»Die Übereinstimmungen zwischen den Begleitumständen des Todes der Präsidenten Kennedy und Lincoln lassen nachdenken:

Lincoln wurde 1860 zum Präsidenten der Vereinigten Staaten gewählt. Kennedy wurde 1960 gewählt.

Beide wurden in Gegenwart ihrer Frauen ermordet.

Beide traf die Kugel von hinten in den Kopf. Beide starben an einem Freitag. Ihre Nachfolger hießen Johnson: Andrew Johnson, der Nachfolger Lincolns, wurde 1808 geboren. Lyndon Johnson, der Nachfolger Kennedys, wurde 1908 geboren. John Wilkes Booth, der Mörder Lincolns, wurde 1839 geboren.

Lee Harwey Oswald, der Mörder Kennedys, wurde 1939 geboren.

Booth und Oswald wurden beide ermordet, bevor man ihnen den Prozeß machen konnte. Der Privatsekretär von Lincoln – mit Namen Kennedy – riet ihm dringend davon ab, in das Theater *Ford* zu gehen, in dem er dann ermordet wurde.

Der Privatsekretär von Kennedy riet ihm dringend davon ab, nach Dallas zu fahren. Sein Name war... LINCOLN.«

Eine Villa für die Silvesternacht

Monte Carlo – 1901.

Der Direktor des größten Palasthotels am Platz wundert sich schon lange nicht mehr über die unvorstellbaren Launen des russischen Adels im Allgemeinen – und ganz besonders nicht mehr über die Extravaganzen der Prinzessin Tovarov! Doch dieses Mal ist die Prinzessin entschieden zu weit gegangen.

Man kann für nahezu alles Verständnis haben, man gewöhnt sich an die unglaublichsten Dinge der Welt, und wer ein solch hochkarätiges Haus führt, setzt auch seinen Stolz darein, die zahlkräftigen Gäste zufriedenzustellen, so weit wie möglich. Aber bei der Prinzessin Tovarov kostet das Nerven! Jedes Jahr steht das ganze Personal schon eine Woche vor ihrer Ankunft Kopf. Und die findet immer am 15. November statt – keinen Tag früher, keinen Tag später – seit Jahren! Und sie bleibt grundsätzlich bis zum 15. März. Auf den Tag genau. Das bedeutet: vier Monate lang treibt sie ihr Unwesen – das ist wörtlich zu nehmen! – in dem noblen Hotel und scheint eine diabolische Freude daran zu haben, auch die gesamte Côte d'Azur mit ihren höchstpersönlichen Einfällen auf den Kopf zu stellen.

Hier einige Beispiele, nur, damit Sie sich eine Vorstellung davon machen können, mit was für einer Person wir es zu tun haben:

Prinzessin Tovarov kann es auf den Tod nicht leiden, vor dem Hotel und im Park ringsherum zwei Tage hintereinander dieselben Blumen zu sehen. Das findet sie spießig! Der Direktor engagiert also jedes Jahr ein Regiment von Gärtnern, die vier Monate lang Nacht für Nacht nur damit beschäftigt sind, die Blumenrabatten so hin- und her- und umzupflanzen, daß die Blumenliebhaberin am Morgen immer eine neue Blütenlandschaft bewundern kann. Was sie aber nicht tut. Sie geht nur vorbei und sieht nicht einmal hin. Aber wehe die Gärtner sind ein einziges Mal nachts nicht angerückt – dann merkt sie das sofort und ist so ärgerlich, daß sie direkt zum Palast der Grimaldi läuft und sich bei ihren fürstlichen Vettern beschwert! Der geplagte Direktor weiß zwar nicht, wie diese russische Prinzessin mit dem monegassischen Adelsgeschlecht verwandt ist, aber sie behauptet es – das genügt! Und offenbar genügt es auch dem Fürsten, denn sie geht ständig im Palast ein und aus.

Grund genug, sie mit Glacéhandschuhen anzufassen: Sie will jeden Tag neue Blumenbeete haben – nun gut, die bekommt sie! Sie zahlt auch dafür, und letzten Endes profitiert das Hotel davon.

Das wäre die Sache mit den Blumen. Aber das ist nicht alles!

Prinzessin Tovarov geht nie ohne ihr Streichquartett auf Reisen – die vier Musiker begleiten sie auf Schritt und Tritt, für den Fall, daß sie plötzlich unter einem Anfall von Nostalgie leiden sollte. Dann muß russische Musik gespielt werden, auch im Hotelrestaurant, versteht sich! Und wie der Zufall will, plagt die Prinzessin das Heimweh ausgerechnet jeden Abend vor dem Diner.

Vier Monate lang bekommen somit die Gäste aus aller Welt zu Kaviar und Champagner gratis russische Musik serviert.

Die festangestellten Musiker des Hotelorchesters dürfen oder müssen eben während des Abendessens Pause machen und ihren russischen Kollegen den Vortritt lassen. Sie haben nichts dagegen einzuwenden, denn es ist nicht gerade befriedigend, für stimmungsvolle Tafelmusik zu sorgen, während die Leute schwatzen und schmatzen! Aus der Sicht – oder sagen wir – in den Ohren von Musikern schmatzen alle Menschen!

Der Direktor hat sich auch mit den russischen Geigern abgefunden. Er ist der Prinzessin sogar dankbar, denn die Hotelgäste, die ja für gewöhnlich nicht so lange bleiben, preisen allerorten die tolle Stimmung, die in seinem Hotel beim Abendessen herrscht.

Die Sache mit der Musik wäre also geregelt – wenn, ja wenn die Musikliebhaberin nicht auch die französischen Weine so übermäßig liebte! Denn, wenn sie zuviel davon getrunken hat, wird sie traurig. Und wenn sie traurig ist, braucht sie zur Erheiterung sentimentale russische Melodien. Wenn sie aber diese Melodien hört, dann versinkt sie bald in tiefe Schwermut und kommt auf Selbstmordgedanken. Sie kennt die Gefahr, die Abend für Abend auf sie lauert! Deshalb verlangt sie zu ihrer eigenen Sicherheit Leibwächter, die sie vor sich selber schützen sollen. Spätestens ab dem vierten Gang nehmen also zwei Hotelpagen links und rechts neben ihrem Tisch im Restaurant Aufstellung – mit dem Auftrag, die Prinzessin im Bedarfsfall daran zu hindern, aus dem Fenster zu springen. Wer für die Tovarov Schutzengel spielen will – jeder darf das nur ein einziges Mal – muß allerdings ganz bestimmte Voraussetzungen erfüllen. Nur junge Männer bis zu fünfundzwanzig Jahren kommen in Frage. Dringend erwünscht sind außerdem blaue Augen und blondes Haar, und das, obwohl die Jünglinge ihre Mission vollständig kostümiert anzutreten haben: in Livree mit weißen Seidenstrümpfen und mit gepuderter Perücke.

Nur so kann sich Prinzessin Tovarov ihrer Melancholie wahrhaft genußvoll hingeben.

Nach dieser allabendlichen Verabreichung slawisch-musikalischer Schwermut ist die Prinzessin regelmäßig so verzweifelt, daß nur noch eines hilft, sie von ihren Selbstmordgedanken abzubringen: ihr ganz spezieller Zaubertrank – eine Mischung aus Champagner Brut mit reichlich Zucker, zwei Gläschen Cognac und einem Schuß Veilchen-Likör. Einfach köstlich! Davon leert sie fünf bis zehn Gläser – je nach dem Grad ihrer Verzweiflung – wirft dann die leere Karaffe in den Spiegel hinter der Bar und fühlt sich endlich wieder so glücklich wie nie zuvor!

Die Leibwächter dürfen sich zurückziehen, bei der Verfassung ist kein Selbstmord mehr zu befürchten! Meistens verabschiedet sich die Prinzessin bald, nachdem die Pagen gegangen sind, und bis zum nächsten Morgen hat das restliche Personal dann seine Ruhe!

Erst am Morgen – das heißt kurz vor dem Mittagessen – geht das Theater wieder los. »Frühstück für die Tovarov! Sechs Glas Portwein! Sechs rohe Eier!« Der stärkende Heiltrank muß auf einem goldenen Tablett angerichtet und der Prinzessin ans Bett serviert werden – selbstverständlich von täglich wechselnden Etagenkellnern!

Und das bedeutet: Alle halbwegs gut aussehenden, soweit manierlichen, blonden und blauäugigen jungen Männer, die damals zwischen San Remo und Cannes zuhause waren, hatten wenigstens einmal in irgendeiner Form das Vergnügen, der Prinzessin zu Diensten zu sein. Glauben Sie ja nicht, das sei heute anders. Die Direktoren der Spitzenhotels in aller Welt können ein Lied davon singen – die extravaganten Gäste sind nur poppiger geworden, aber ansonsten – im Westen nichts Neues!

Und heute, wie damals, 1901, gibt es dienstbeflissene Hoteldirektoren.

Was macht es schon, wenn eine um viele Ecken mit dem Zaren verwandte Prinzessin zugleich aufs äußerste exzentrisch, kapriziös, herrisch und zügellos ist, wenn sie sich nur ebenso reich und verschwenderisch gebärdet!

Aber was zu viel ist, ist zu viel. Diesmal verlangt Prinzessin Tovarov das Unmögliche! Sie will alle Salons, Empfangshallen, Restaurants und Bars des Hauses mieten. Nur für eine Nacht. Sie hat es sich in den Kopf gesetzt, eine rauschende Silvesternacht zu feiern. Nun, dagegen wäre nichts einzuwenden, aber sie beabsichtigt, einen Ball ganz besonderer Art zu veranstalten ... Sie nennt ihn *Ball der Halb-Welt*!

Natürlich kann Prinzessin Tovarov das ganze Hotel samt Personal mieten, wenn ihr danach zumute ist – und wenn sie es zahlt. Das ist kein Problem. Das Problem ist die *Halb-Welt*!

Zu Beginn des Jahrhunderts war die Menschheit – mehr als heute – in streng voneinander geschiedene Kategorien unterteilt, besonders in den mondänen Badeorten und in den noblen Hotels rund um die Erde. Auf der einen Seite befanden sich die *Leute von Welt*, also die *Gesellschaft* schlechthin. Das war der Adel und einige steinreiche Bürger, vorausgesetzt, sie waren leidlich kultiviert und verstanden es, auch Pfirsiche und Orangen mit Messer und Gabel zu verzehren. Auf der anderen Seite gedieh die Unterwelt. Indiskutabel! Aber irgendwo dazwischen fand man eine laute, bunte Mischung von Gigolos und liederlichen Frauenzimmern, betuchten Parvenüs und Schmarotzern aller Art – das war die *Halb-Welt*. *Halb* deshalb, weil dieses fragwürdige Völkchen beinahe überall geduldet wurde – eben so halb-halb. Es ging nicht anders. Ohne die *Halb-Welt* langweilte sich die *Welt* nämlich zu Tode. Aber nie, niemals und unter gar keinen Umständen wurden *DIESE* Leute zu einem Ball der

Gesellschaft eingeladen! Ein Ball war eine ernste Sache, damit spaßte man nicht!

Die Tovarov mag auch noch so wunderlich sein – eine Tugend kann man ihr nicht absprechen: sie ist ehrlich! Und die Scheinheiligkeit ihrer blaublütigen Standesgenossen findet sie schlicht und einfach degoutant! Es muß endlich etwas unternommen werden. Die *Halb-Welt* muß sozusagen brüderlich umarmt werden, die Gesellschaft muß von ihrem hohen Roß heruntersteigen zum Volk – und zwar im Rahmen einer unvergeßlichen Ballnacht, zu Silvester. Welch eine großartige Idee, wie edelmütig! Doch leider völlig unmöglich!

Der Hoteldirektor hat bisher jeder noch so verrückten Laune der Prinzessin nachgegeben, aber das geht entschieden zu weit. Er bleibt hart.

»Der Ball der Halbwelt mag überall stattfinden, Euere Hoheit, hier nicht!«

Alle seine Kollegen an der Côte d'Azur schütteln genauso den Kopf:

»Wir bedauern! Undenkbar . . . leider ganz unmöglich!«

Unmöglich! Dieses Wort hört die Prinzessin zum ersten Mal in ihrem Leben, und es gefällt ihr ganz und gar nicht. Es geht ihr jetzt nicht mehr um das Wohl der *Halb-Welt*, es kommt ihr darauf an, ihre Macht zu beweisen. Man wird schon sehen, was es für Folgen hat, wenn man einer Prinzessin des Zarenhauses einen Korb gibt!

Nach langer Suche findet die Tovarov endlich genau das, was sie braucht: eine ausgediente Privatvilla! Der Eigentümer hat sie schon im letzten Sommer zum Verkauf angeboten, aber er verlangt einen so horrenden Preis dafür, daß die Interessenten gleich davonlaufen – und so steht die *Villa des Mimosas* seit Monaten leer. Die Prinzessin läßt den Immobilienmakler zu sich kommen und erklärt mit einem Ton, der keine Widerrede duldet:

»Ich miete die Villa für einen Tag – nur für einen Tag! Wieviel?«

»Euere Hoheit, ich bedauere, aber ich fürchte ...«

»Sie haben gar nichts zu befürchten, lieber Mann! Sie bekommen von mir eine persönliche Einladung zum Ball der Halbwelt!«

»Oh, nein, danke, sehr freundlich von Ihnen. Ich fürchte ...«

»Tun Sie sonst noch etwas, außer sich zu fürchten? Wieviel?«

»Die Villa ist nicht zu vermieten. Ich habe den Auftrag, sie zu verkaufen. Und im Augenblick kann ich den Besitzer nicht erreichen. Er ist in Amerika.«

»Um so besser, mein Freund, dann braucht er ja nichts davon zu erfahren! Wieviel? Der Preis spielt keine Rolle! Und ich zahle bar, jetzt gleich!«

Halbwegs überrumpelt schlägt der Makler eine so hohe Mietsumme vor, daß er sicher ist: Selbst die irrsinnigste Verschwenderin der Welt wird davor zurückschrecken.

»Euere Hoheit, ich gehe ein großes Risiko ein! Sagen wir also 5000 Goldfrancs.«

Das war im Jahre 1901 ein solches Vermögen, daß man die Villa für diesen Preis gleich ein halbes Jahr hätte mieten können!

Zum größten Erstaunen des Maklers klingelt die Prinzessin nonchalant nach ihrem persönlichen Hoteldiener. Der erscheint wie aus der Pistole geschossen.

»Emile, bringen Sie mir meine Schatulle!«

Kurz darauf drückt die Tovarov dem verdatterten Makler 5000 Goldfrancs in die Hand:

»So, das Geld haben Sie, jetzt schreiben Sie den Mietvertrag! Ich beziehe die Villa am 31. Dezember um sieben Uhr morgens und verlasse sie genau nach vierundzwanzig Stunden. Schreiben Sie, schreiben Sie! Ja, bis zum 1. Januar 1902, sieben Uhr morgens! Und jetzt Ihre Unterschrift. Schön. Danke. Sie dürfen gehen.«

»Bitte ... würden Ihre Hoheit die Güte haben ... den Mietvertrag auch zu unterschreiben? Es ist so üblich.«

»Ach wirklich? Aber gerne mein Freund. Soll ich meinen vollen Namen neben den Ihren setzen oder genügt Großfürstin Tovarov? Sie haben mir wenig Platz gelassen!«

Sie genießt die Situation! Rache ist süß, und nun kann sie ihren Kopf durchsetzen: der *Ball der Halb-Welt* findet doch statt!

Es wird ein rauschendes, brillantes Fest! Bis Mitternacht tanzen und toben, trinken und schmausen und poussieren alle Gigolos mit ihren reifen Freundinnen, alle Lebedamen mit ihren vermögenden Beschützern. Die ganze Möchte-gern-Gesellschaft der Belle Epoque! Die *Halbwelt* amüsiert sich wie noch nie!

Kurz nach Mitternacht treffen dann sehr andere geladene Gäste ein, die auf ihren diversen Bällen nur auf den zwölften Glockenschlag gewartet haben, um sich französisch zu verabschieden: Fürsten, Herzöge und Erzherzoginnen, Barone, Gräfinnen, Marquisen und Komtessen, Counts, Dukes und Earls – alles erste europäische Gesellschaft vom Atlantik bis zum Ural – alle schön angeheitert und heilfroh, sich an einem solchen Festtag einmal unbedenklich ins Vergnügen stürzen zu dürfen nach den öden, steifen Adelsbällen.

Wodka und Polka, Champagner und Mazurkas, Singen und Schäkern die ganze Silvesternacht hindurch! Um sechs Uhr morgens erreicht der Ball seinen Höhepunkt. Niemand denkt auch nur im Geringsten daran, gerade jetzt nach Hause zu gehen, wo es am schönsten ist. Die Gastgeberin zuallerletzt!

Der Mietvertrag läuft in einer Stunde aus! Was nun? In der allgemeinen Euphorie, die man sich vorstellen kann, schickt die Prinzessin ihre Domestiken zu dem braven Makler, der lieber im engsten Familienkreis einen Toast auf das Neue Jahr ausbringen wollte. Der arme Mann wird geweckt und zur *Villa des Mimosas* vor die Füße der Tovarov geschleppt. Die Kuriere haben ihm nicht einmal Zeit gelassen, sich ordentlich anzukleiden, geschweige denn, seine Pommade auf die Haare zu schmieren und sich zu rasieren.

Zehn Minuten vor sieben steht er wie ein aufgeschrecktes Gespenst inmitten der sorglos vereinten Fürsten und Frauenzimmer.

»Prost, lieber Freund! Wir trinken auf unsere Neue Welt!«

Dann bittet die Prinzessin um absolute Ruhe und erklärt mit schwerer Zunge:

»Ich kaufe die Villa!«

Freudengeschrei. Nur der Immobilienmakler steht stumm und still und stammelt:

»Doch nicht jetzt?«

»Wieviel?«

Drei Minuten vor sieben ist die Tovarov Besitzerin der *Villa des Mimosas*. Einen Notar herbeizuholen, war kein Problem. Es war einer unter den Gästen. Im Handumdrehen kritzelte er die einschlägigen Sätze auf die Rückseite seiner Menükarte, setzte seinen Namen darunter, anschließend der Makler und am Ende die neue Eigentümerin.

»Das muß gefeiert werden!«, ruft irgendein Erlauchter in die Beifall klatschende Runde. Alle sind außer Rand und Band! Nur der Makler behält einen kühlen Kopf und verläßt schnellstens das Irrenhaus, den verrücktesten Ball, der wohl jemals in Monte Carlo durch die Nacht getobt hat.

Erst um fünf Uhr nachmittags, nachdem die letzte Wodkaleiche von ihrem Kutscher abtransportiert wurde, verläßt auch die Prinzessin ihr neues Heim. Das nur für einen Tag gemietete Personal schließt die Fensterläden und die Türen, und endlich gehen alle nach Hause. In der *Villa des Mimosas* kehrt wieder Stille ein.

Mitte November 1917 – um den fünfzehnten herum, aber nicht ganz auf den Tag genau, steigt eine alte Frau vor dem Palasthotel in Monte Carlo aus der Postkutsche und fragt etwas schüchtern an der Rezeption, ob der Direktor vielleicht kurz zu sprechen wäre, es sei sehr persönlich, sehr dringend und es wäre sehr liebenswürdig, wenn . . .
Auch der Direktor ist – genau wie die Prinzessin Tovarov – um sechzehn Jahre älter geworden, aber sie erkennt ihn sofort. Er dagegen kann sich nicht erinnern, diese alte, sichtlich erschöpfte Frau jemals gesehen zu haben, die da mit ihren beiden Koffern vor ihm steht.
»Madame, mit wem habe ich die Ehre?«
Die Frau lächelt traurig.
»Großfürstin Tovarov. Ich *WAR* die Großfürstin Tovarov! Ich konnte aus Moskau fliehen, ich bin seit sechs Wochen unterwegs zu Ihnen, Herr Direktor. Ich dachte, eingedenk vergangener Zeiten, würden Sie mir vielleicht helfen? Ich besitze keinen Rubel mehr.«
»Prinzessin! Als ich von der Revolution in Rußland hörte, mußte ich an Sie denken! Übrigens – was ist mit Ihrer Villa?«
»Meine Villa?«
Es war damals ein so berauschendes Fest – in jeder Hinsicht – daß die Prinzessin schon am nächsten Morgen vergessen hatte, das riesige Haus gekauft zu haben! Und sie hatte auch niemals bemerkt, ein Vermögen dafür bezahlt zu haben! So reich war sie.

Sechzehn Jahre später steht sie nun mit dem Hoteldirektor, dem Makler und dem Notar vor ihrem Haus. Niemand hat es seit dem *Ball der Halb-Welt* betreten. Als sie hineingehen, liegt alles noch so herum wie am 1. Januar 1902, die leeren Flaschen am Boden, die Glasscherben auf dem Flügel und überall Staub und Spinnweben.

Als die Nachricht in Monte Carlo publik wurde, die Prinzessin Tovarov sei zurückgekehrt, verarmt und einsam – da kamen die früheren Freunde aus der Halbwelt ihr zu Hilfe. Und mit ihnen zusammen gelang es ihr, aus der *Villa des Mimosas* eine wunderschöne Pension zu machen, in der man abends bei Kerzenlicht schwermütige russische Musik hören konnte.

Illusion, nichts als Illusion

Im Jahr 1856 gingen die Postboten noch zu Fuß. Sie waren oft den ganzen Tag unterwegs, bei jedem Wetter. Es war noch zu der Zeit, als die Briefe und Depeschen persönlich überbracht wurden. Der Briefbote kannte jeden in seinem Zustellbereich, besser noch als der Dorfpfarrer.

André, der »Neue«, ist sehr jung und unerfahren. Um so mehr freut er sich auf seinen ersten Gang an diesem Septembermorgen 1856. Er hat nur einen einzigen Brief auszutragen, aber der Weg bis zum *Prieuré*, einem großen, abgelegenen Landgut in der Nähe von Blois, ist weit. Das macht ihm nichts aus, er ist gut zu Fuß und genießt den langen Spaziergang entlang der Loire in der idyllischen Landschaft. Eines beunruhigt ihn allerdings ein wenig: Warum haben die älteren Kollegen nur so verschmitzt hinter seinem Rücken gegrinst und geflüstert, als er sich auf den Weg zum *Prieuré* machte? Führen sie vielleicht irgend etwas im Schilde, um ihn auf die Probe zu stellen?

Nach fast zwei Stunden steht André vor dem imposanten schmiedeeisernen Tor des ländlichen, ringsum mit hohen Mauern abgeschirmten Herrensitzes. Der rechte Torflügel ist nur angelehnt. Soll er die Glocke läuten, oder einfach so hineingehen. Er zögert ein wenig, schaut sich ratlos um, drückt dann gegen das schwere, quietschende Tor und entschließt sich, das Anwesen zu betreten und die Auffahrt bis zum Schlößchen hinaufzugehen.

Schon nach wenigen Metern bleibt er abrupt stehen – zu Tode erschrocken! Zur Linken öffnet sich hinter dem Gebüsch eine Grotte, in der ein Eremit mit feierlichem Ernst den Kopf hin und her wiegt. In einer Hand hält er eine Bibel, und mit dem rechten Zeigefinger deutet er immerzu auf den Totenkopf, der ihm zu Füßen liegt! Rotes Licht flackert aus den Augenhöhlen!

Der junge Briefbote steht wie angewurzelt vor dieser Horrorvision, nicht einmal fähig, seine Angst hinauszuschreien, geschweige denn, einen klaren Gedanken zu fassen. Er hört auch nicht das Gequietsche hinter sich, und als er endlich aus seiner Erstarrung erwacht, ist es zu spät: das Gittertor ist zu. Er sitzt in der Falle!

Sein erster Gang, sein erster Brief! Er muß ihn persönlich abgeben und sich vorstellen!

Also faßt er sich ein Herz, atmet tief durch, schaut wieder nach vorn zu dem großen Haus am Ende des Weges. Und dann, als könnte er bei jedem Schritt auf eine Granate treten, setzt er ganz vorsichtig einen Fuß nach dem anderen vorwärts, den Blick fest auf den Boden geheftet – vorbei an dem *Ernsten Bibelforscher*. Die Allee schlängelt sich durch das Dickicht. André hört seltsame Geräusche, aber er geht tapfer weiter.

Plötzlich, mitten im Park, endet der Weg vor einem kleinen Theater! Es ist keine Halluzination. Leuchtende, blutrote Buchstaben kündigen das Programm an: »Gespenster-Vorstellung« – und schon hebt sich der Vorhang: ein riesiger, funkelnder Totenkopf hängt über der Bühne, schwebt langsam herunter, dreht sich dabei um die knirschenden Halswirbel – ein makabrer Tanz! Bei jeder Drehung scheint der Totenkopf lebendiger zu werden und verwandelt sich ganz allmählich in ein junges, fröhliches Mädchengesicht.

Das ist endgültig zu viel für den jungen Briefboten! Wie

vom Teufel gejagt, rennt er geradeaus, quer über den Rasen und die Blumenbeete, direkt zum rettenden Herrenhaus! Dort stürzt er die Steintreppe hinauf und hängt sich an die Türklingel.

Niemand da? Er klingelt noch einmal. Nichts. »Das wird doch nicht schon wieder losgehen!« – Doch, es geht wieder los: Die Tür rührt sich nicht, aber in der Mitte bewegt sich etwas. Ein kunstvoll geschnitzter Löwenkopf springt plötzlich hervor, reißt das Maul weit auf und streckt die Zunge heraus. Darauf steht: »Herein«.

Es dauert eine Weile bis der Briefbote seine fünf Sinne wieder beisammen hat. Er stirbt halb vor Angst, aber er kann nicht mehr zurück. Irgendwie ist er auch neugierig geworden. Als er die Tür drücken will, öffnet sie sich von selbst. Er tritt ein, und die Tür fällt hinter ihm zu. Nun steht er in einem hohen, düsteren Raum, alles ist erdrükkend still, aber er ist nicht allein. Die unheimlichen Wesen, die ihn stumm begrüßen, versetzen ihn allerdings noch mehr in Panik, als die Erscheinungen im Park. Es sind Automaten, menschenähnliche, lächelnde Roboter! Nur weiß es André nicht! Wie sollte er auch . . . 1856?

Er rührt sich nicht vom Fleck und klammert sich mit beiden Händen fest an seinen Brief – das Einzige, was ihn noch mit der Wirklichkeit verbindet in dieser Irrenwelt. Erst jetzt liest er den Namen auf dem Kuvert, dann ruft er mit bibbernder Stimme:

»Monsieur? Monsieur Robert-Houdin?«

Die Antwort kommt aus dem Zimmer nebenan:

»Kommen Sie herein, junger Freund! Sie sind der neue Briefbote, nicht wahr? Sie hatten einen beschwerlichen Weg! Kommen Sie, wir genehmigen uns einen kleinen Begrüßungstrunk!«

Allmählich ist André alles egal. Er fällt in einen Sessel und spült mit einem Zug den angebotenen Branntwein hinunter. Der Mann, der lässig vor ihm steht, so als wäre er völlig ahnungslos, ist etwa fünfzig Jahre alt, sehr elegant und überaus freundlich:

»Geht es Ihnen besser?«

»Monsieur, ich bitte um Entschuldigung, aber ich bin ein bißchen durcheinander. Alle diese Sachen im Park, und auch nebenan. Was, was ist denn das?«

Der distinguierte Herr mit grauen Schläfen lächelt süffisant:

»Es sind kleine Spielchen, die ich gern treibe, wenn jemand zum ersten Mal zu mir kommt. Aber Sie brauchen keine Angst zu haben! Es ist alles ganz harmlos und natürlich!«

»Natürlich!«

»Ja, natürlich, natürlich! Ich experimentiere ausschließlich mit Naturkräften, insbesondere mit der Elektrizität. Wissen Sie, was das ist?«

Nein, André weiß es nicht und er will es auch gar nicht wissen. Er will nur so schnell wie möglich von hier verschwinden! Er ist so verwirrt, daß er beinahe vergißt, warum er eigentlich hierher gekommen ist.

»Ach, Monsieur Robert-Houdin, der Brief! Hier, ich habe eine dringende Depesche für Sie!«

Der Hausherr öffnet den Brief und liest ihn sofort. Dann starrt er einen Augenblick ins Leere, schenkt sich ein großes Glas voll ein, voll bis zum Rand und erklärt dem verdutzten Burschen:

»Jetzt brauche ich auch eine kleine Stärkung!«

Der Brief kommt aus Algerien. Colonel Neveu, Kabinettchef des Maréchal Randon, also des Generalgouverneurs von Algerien, schreibt:

»Monsieur,

Sie sind der größte Zauberkünstler aller Zeiten. Auf Wunsch des Kaisers höchstselbst und im Auftrag von

Maréchal Randon, ersuche ich Sie, Ihre Kunst in den Dienst Frankreichs zu stellen. Sie allein können die Lage in Algerien noch retten.«

Und in allen Einzelheiten erklärt er in seinem langen Schreiben den Ernst der Lage.

Ein neuer Aufstand, angeführt von den Marabuts, ist in der Kabylei ausgebrochen. Diese mohammedanischen Einsiedler – Abgesandte des Propheten auf Erden – das behaupten sie wenigstens – gewinnen immer mehr Anhänger bei den Berbern, dank der Faszination, die sie durch ihre Zaubereien ausüben. Die Marabuts predigen im ganzen Land den Aufbruch zum Heiligen Krieg gegen die Ungläubigen, und die französischen Eroberungstruppen sind dagegen machtlos. Nicht nur die Ehre Frankreichs, sondern auch seine Kolonialpolitik stehen auf dem Spiel! Das Kaiserreich braucht dringend seinen eigenen Marabut, den größten von allen – Robert-Houdin. Wer – wenn nicht er, der *König der Magier* – wäre in der Lage, die kabylischen Zauberer mit ihren eigenen Waffen zu schlagen?

Als der Briefbote sich verabschiedet, verspürt der Hausherr keine Lust mehr, seine Teufelsmaschinen in Gang zu setzen. Er hat jetzt andere Sorgen! Gewiß, niemand kann ihn zwingen sozusagen als Zauberpriester in den Krieg zu ziehen, nicht einmal Kaiser Napoléon der Dritte! Aber warum sollte er eigentlich ablehnen? Er hat schon alles erreicht und nichts zu verlieren. Als berühmtester Illusionist der Welt ist er schon von allen königlichen und kaiserlichen Höfen eingeladen worden, ist in allen europäischen Hauptstädten aufgetreten, warum nicht auch in Algerien? Diese Sondermission ist schon eine berauschende Herausforderung! Es wäre der Gipfel seiner Karriere.

Am 10. September 1856 verabschiedet sich Robert-Houdin im Hafen von Marseille von seiner Frau. Und wie alle anderen Passagiere winkt er vom Deck aus, als das Schiff den Anker lichtet und Kurs auf Unbekannt nimmt. Damals war eine Reise nach Algerien noch eine richtige Expedition!

In Algier empfängt Colonel Neveu seinen neuen, illustren Rekruten mit den gebührenden militärischen Ehren. Nach den Festivitäten zieht er sich aber bald mit dem Magier zurück und eröffnet ihm, was Frankreich nun von ihm erwartet: »Sie müssen die Marabuts aus dem Felde schlagen! Hier gelten sie als unverwundbare Heilige. Die primitive Eingeborenen-Bevölkerung betet sie förmlich an, als seien sie die Schwiegersöhne des Propheten! Nun liegt es an Ihnen, Monsieur Robert-Houdin sie zu entlarven! Allen zu zeigen, daß ein Sohn Gottes mehr kann als nur Feuer schlucken und zerstampftes Glas essen. Mit solchen Zauberkünsten machen die Marabuts nämlich großen Eindruck!«

»Ja, Colonel, ich verstehe schon, nur bin ich leider kein Fakir, sondern ein Illusionist. Ich kenne die Zaubertricks der Marabuts, aber solche mittelalterlichen Kunststücke stehen nicht auf meinem Programm. Ich bin ein Verwandlungskünstler, Colonel, kein Feuerschlucker!«

»Sie haben sechs Wochen Zeit! Bis dahin wird Ihnen schon etwas einfallen, einfallen müssen! Wenn Frankreich die Kabylei verliert, dann verlieren wir auch bald ganz Algerien. Alles wäre umsonst gewesen! Und ich brauche Ihnen nicht zu sagen, wie wichtig die Eroberung von Algerien für unseren Kaiser ist!«

Wahrscheinlich ist es das erste und einzige Mal im Laufe der Weltgeschichte, daß eine Regierung sich gezwungen sieht, einen Illusionisten zu mobilisieren, um ihre militärischen Eroberungen zu festigen.

Robert-Houdin ist sich der Bedeutung und Tragweite seiner Mission voll bewußt! Kumpelhaft – wider jegliche hierarchische Gepflogenheiten – klopft er den Colonel auf die sternengeschmückte Schulter:

»Mein lieber Freund, ich bin weiß Gott kein Heiliger und schon gar nicht unverwundbar! Aber die Marabuts stecke ich mit Leichtigkeit in die Tasche. Wir kriegen es schon hin. Allah wird sich wundern! Nun aber muß ich an die Arbeit. Bis dann, Colonel!«

Jedes Jahr, Ende Oktober, finden in Algier die traditionellen, religiösen Feste statt. Ein prunkvolles Geschehen, das mehrere Tage dauert. Schon eine Woche vorher strömen die Eingeborenen zu Fuß und auf Kamelen aus den entferntesten Winkeln des riesigen Wüstenlandes in die Hauptstadt und belagern die Kasba, die Zitadelle, die Moschee und das Minarett, von dem aus fünfmal am Tag der Gebetsruf des Muezzin ertönt. Dazwischen aber wird kräftig gefeiert! Die Pferde- und Kamelrennen stehen immer im Mittelpunkt, die französische Kavallerie gegen die Spahis! Jedes Mal ein berauschendes, buntes Spektakel. In diesem Jahr allerdings stiehlt der große Marabut aus Frankreich allen die Schau. Es hat sich überall herumgesprochen, daß ein Ungläubiger stärker sein soll, als die Heiligen Priester des Propheten.

Am 28. Oktober 1856 ist es soweit: Robert-Houdin erscheint auf einer improvisierten Bühne am Fuße des Minaretts vor einem feindlichen, stummen Publikum. Es ist fürwahr keine gewöhnliche Vorstellung! In den ersten Reihen sieht er den Maréchal Randon mit seiner Familie, daneben Colonel Neveu und die Offiziere des Generalstabs. Gleich dahinter stehen alle Kaïden im festlichen roten Burnus, die Führer der Berberstämme im weißen

Burnus und das Fußvolk im blauen Burnus. Die französische Trikolore ist gut vertreten! Ganz hinten, in ärmliche Gewänder gehüllt, warten die Feinde, die Marabuts!

Die Vorstellung beginnt. Robert-Houdin und sein *Adjudant* führen zuerst einige Zauberkunststücke vor, die zwar gekonnt und erstaunlich sind, mit denen sie aber ganz sicher nicht viel Eindruck bei den Unverwundbaren machen können. Das ist Absicht. Der Magier wird schon zuschlagen, wenn der Augenblick gekommen ist.

Nach jeder Darbietung fühlen sich die Marabuts sicherer – innerlich triumphieren sie schon. Robert-Houdin weiß das. Jetzt muß er ihnen beweisen, daß er unverwundbar ist!

Hier hört allerdings die Kunst der reinen Illusion auf. Geschicklichkeit und Fingerfertigkeit allein genügen nicht mehr bei den sogenannten Todesnummern. Ein gewisses Risiko ist immer dabei. Der Magier hat sich wirklich etwas einfallen lassen. Die Hauptattraktion ist auch ein politischer, militärischer Angriff! Schafft es Robert-Houdin, die Kaïden und Marabuts von seiner Unverwundbarkeit zu überzeugen, dann wird Ruhe in die Kabylei einkehren und die schwer erkämpfte Eroberung von Algerien wird nicht mehr durch Revolten gefährdet sein!

Der Magier holt ein Gewehr und fragt ins Publikum, ob ein Freiwilliger bereit sei, auf ihn zu schießen. Ein Marabut läßt sich nicht lange bitten. Robert-Houdin reicht ihm die Waffe und Kugeln:

»Lade selbst das Gewehr! Ich gehe zehn Schritte zurück. Dann kannst du auf mich schießen!«

Alle Zuschauer – ob Franzosen oder Araber – halten den Atem an. Der Marabut zögert keine Sekunde. Es knallt! Als der Rauch sich verzogen hat, holt Robert-Houdin die Kugel aus seinem Mund heraus und verbeugt sich devot vor dem gedemütigten Marabut. Brausender Applaus! Mission erfüllt.

Mit dieser Todesnummer – selbstverständlich waren die Kugeln präpariert – hat der große Zauberer wirksamer für Frankreich gestritten, als alle Regimenter in den letzten zehn Jahren! Überwältigt von dem Erfolg, bittet Maréchal Randon den Zauberkünstler, seine Unverwundbarkeit im ganzen Land vorzuführen, bei allen kleinen Stämmen, die über die weite Sahara verstreut sind. Das wird keine Vergnügungsreise, aber der Held des dritten französischen Kaiserreiches kennt sich kaum noch selbst vor Stolz und Übermut.

Einige Tage später, setzt sich also die seltsamste Karawane der nordafrikanischen Kolonialarmee in Bewegung Richtung Süden, Richtung Sonne und Wüste, soweit das Auge reicht. Wochenlang kolonisiert der *Zirkus* eine Oase nach der anderen.

In Gardaja, der weißen heiligen Stadt des Maghrebs, wird Robert-Houdin mit seinem Assistenten zu einem Festmahl im Palast des Kaïden geladen. Wie überall sind alle Gäste auf den Nachtisch gespannt – auf die Todesnummer. Für die beiden Franzosen ist sie Routine geworden, nur ein Gesellschaftsspiel! Doch als sie sich heute Abend in Positur stellen, erhebt sich ein Marabut und sagt:

»Ich habe dich in Algier gesehen. Hier, nimm eins von diesen beiden Gewehren! Du hast die Wahl. Ich werde aber mit diesen Kugeln hier das Gewehr selbst laden und dann auf dich schießen! Du brauchst dich nicht zu fürchten, du bist doch unverwundbar!«

Damit hatte Robert-Houdin nicht gerechnet. So hat er überhaupt keine Möglichkeit an die falschen Kugeln heranzukommen, die immer, vorsichtshalber, bei seinem

Assistenten versteckt sind. Ihm läuft es eiskalt über den Rücken! Um Zeit zu gewinnen, stottert er:

»Ja. Ich habe keine Angst. Nur ... ich habe meinen Talisman leider verloren.«

Der Marabut lacht aus vollem Hals! Er ahnt nämlich schon lange, daß Robert-Houdin sie alle zum Narren hält, aber er weiß nicht wie? Seit Wochen folgt er in sicherem Abstand den Kamelen der Franzosen. Jetzt ist seine Stunde gekommen.

»Dein Talisman? Ich glaube dir kein Wort! Du bist ein Betrüger!«

Jetzt, in der Stunde der Wahrheit, erweist sich der Zauberer wirklich als großer Illusionist! Die Würde selbst, höflich und gelassen, antwortet er:

»Ich habe meinen Talisman verloren, aber ich brauche ihn nicht. Das Gebet allein macht mich unverwundbar, das Gebet zu Gott, dem Herrn! Laß mich heute Nacht beten und du kannst mich bei Sonnenaufgang vor allen Leuten erschießen!«

»Es wird deine letzte Nacht sein! Allah ist groß!«

Nur noch ein Wunder kann Robert-Houdin retten! Das heißt ... zwei Wunder! Er braucht die präparierten Kugeln – sein Assistent wird aber gerade abgeführt, und er muß das Gewehr selbst laden!

Die Wächter des Kaïden bringen ihn sofort in einen kleinen dunklen Raum – keine Zelle, aber so gut wie. Bevor der Wächter geht, zündet er noch eine Kerze an. Gerettet, vielleicht!

Robert-Houdin macht sich an die Arbeit: zuerst kratzt er mit seinen Fingernägeln so viel Metallstaub von der Türklinke ab, wie er braucht. Dann kratzt er das untere Ende der Kerze ab und formt mit den Wachssplittern zwei kleine Kugeln, die er dann sorgfältig aushöhlt und mit dem Staub poliert, bis sie zum Verwechseln echt aussehen. Die eine Kugel – diejenige, die sein Leben retten soll – ist nun fertig. Die zweite muß er aber noch präparieren! Durch ein kleines Loch füllt er sie mit Speichel, beißt sich dann in den kleinen Finger und läßt einige Tropfen seines eigenen Blutes hineinfließen.

Als der Muezzin in der Morgendämmerung zum Gebet ruft, poliert er noch einmal die beiden Kugeln. Dann führt ihn der Wächter zum Minarett.

Die ganze Stadt hat sich vor der Moschee versammelt – denn so oder so wird etwas passieren: Unglaubliches oder Schreckliches – ein neues Wunder oder eine verdiente, tödliche Strafe. Noch nie war es in einer Oase so still, als der Franzose zum Minarett schreitet, wo der Marabut schon auf ihn wartet.

Er verbeugt sich vor dem zum Tode Verurteilten und reicht ihm, so wie gestern, zwei Gewehre zur Auswahl. Damit hatte Robert-Houdin gerechnet! Und er nimmt beide Gewehre!

»Für den Fall, daß du daneben schießt!«

Eine Beleidigung für den Marabut! Um seine Überlegenheit zur Schau zu stellen, bittet er den Zauberer großzügig, er möge doch die Gewehre selbst laden mit den Kugeln, die auf einem Kupfertablett bereit liegen.

Jetzt ist es nur noch ein Kinderspiel für den Meister der Magie. Er lädt beide Gewehre, legt sie vor den Marabut hin und geht majestätisch zehn Schritte zurück, wie bei jeder Vorstellung.

Der Marabut zögert nicht lange. Er nimmt eine Waffe, zielt und schießt.

Mit theatralischer Geste holt Robert-Houdin die echte Kugel, die er beim Laden unter seiner Zunge versteckt hatte, aus seinem Mund heraus, tritt zu dem erstarrten

Marabut, nimmt wortlos das zweite Gewehr, zielt auf die Mauer hinter dem degradierten heiligen Priester, schießt und sagt:

»Schau hin! Du konntest mich nicht einmal verletzen, ich verletze sogar deine Steine!«

Es war nur ein ganz kleiner roter Fleck an der Mauer des Minaretts von Gardaja. Aber er hat Geschichte gemacht. Die endgültige Eroberung von Algerien verdankte Frankreich einem Zaubertrick, einer Illusion!
Heute wissen wir es – sie war auch nur eine Illusion!

Undichte Stellen im Kriegsministerium

Ein neblig-trüber Novembervormittag in Paris im Jahre 1952.

Der Colonel Hatz sitzt muffig in seinem Büro im Kriegsministerium und stopft mit einem kleinen Taschenmesser seine Pfeife so sorgfältig, als handele es sich um die Ausarbeitung eines strategischen Plans von höchster Bedeutung für die Sicherheit des Staates.

Seit zwei Minuten steht ein Mann vor seinem Schreibtisch – stumm und stramm – wie es den Gepflogenheiten der militärischen Hierarchie entspricht. Er wartet geduldig, wenn auch mit einem mulmigen Gefühl darauf, daß ihn der strenge ehemalige Kavallerie-Offizier anspricht. Es kann allerdings länger dauern. Denn im Augenblick scheint für den Colonel nichts auf der Welt wichtiger zu sein als seine Pfeife.

Doch endlich blickt er auf und fragt nicht sonderlich interessiert:

»Ach, Sie sind es! Nun, etwas Neues?«

»Etwas, ja, leider. Es geht weiter!«

Die Art und Weise, wie der Colonel flucht, läßt sehr zu wünschen übrig – immerhin ist er Oberst – aber er bewahrt wenigstens Haltung. Er zischelt nur seinen Ärger zwischen den dünnen Lippen hervor, doch mit tadelloser Selbstbeherrschung, was seiner Aussage noch mehr Gewicht verleiht. Der Untergebene überhört die ausschweifenden Ausdrücke und wartet auf Anweisungen:

»Haben Sie darüber einen Bericht geschrieben?«

»Ja, selbstverständlich. Hier!«

Der junge Verwaltungsbeamte – ein Aktenmensch wie er im Buche steht – übergibt ihm ein Blatt Papier, ganz dicht mit Maschinenschrift bedruckt. Der Colonel verlangt immer solche Berichte, obwohl er sie niemals liest – wie jeder weiß.

Also fragt der junge Mann geschickt:

»Mon colonel, soll ich zusammenfassen?«

»Ja. Tun Sie das! Aber fassen Sie sich kurz!«

»Also folgendes: Ich hatte den verschiedenen Abteilungsleitern vorgeschlagen, präzise Markierungen anzubringen. Wir hofften, durch diese Methode zu erfahren, ob Akten und Dokumente angetastet oder entwendet werden, und wenn ja, welche! Nun, jetzt wissen wir mit absoluter Sicherheit, daß gewisse Dokumente tatsächlich verschwunden sind!«

»Wieviele?«

»Ungefähr fünfzig.«

»Was sagen Sie da? Fünfzig! Mich laust der Affe! Das ist ja Wahnsinn! Das darf nicht wahr sein!«

»Doch, leider mon colonel!«

Der junge Beamte senkt die Augen, bereit, sich in sein Schicksal zu fügen. Er muß das Gewitter über sich ergehen lassen – ohne Widerrede. Er ist an die Wutausbrüche des Colonels gewöhnt und wartet ergeben ab, bis der Sturm sich legt. Colonel Hatz beruhigt sich meist ebenso schnell, wie er explodiert:

»Um welche Art von Dokumenten handelt es sich überhaupt?«

»Och . . . quer durch den Gemüsegarten. Wir können uns keinen Reim darauf machen! Aber es sind immer nur Kopien auf Durchschlagpapier – keine Originale.«

»Kopien? Wovon?«

»Nun, zum Beispiel von Depeschen, auch von Berichten des Generalstabs über die militärischen Folgen der Streikbewegungen im öffentlichen Dienst . . .«

»Und was noch?«

»Tja, auch die Kopie der vertraulichen technischen Beschreibung, die die britische Armee von unserem neuen Panzer angefordert hat.«

»Verdammt! Das nimmt ja gewaltige Ausmaße an! Wir müssen sofort den Minister informieren!«

Und schon greift Colonel Hatz zum Telefon und löst damit eine der erstaunlichsten Spionage-Affären aus, die Frankreich während der Nachkriegszeit erlebte.

Erster Tag der Untersuchungen über die undichten Stellen im Pariser Kriegsministerium: Ein junger Offizier des Dechiffrierbüros – besonders brillant und karrierebewußt – bekommt den Auftrag, möglichst schnell und selbstverständlich sehr diskret, den Spion zu entlarven. Er genießt das unumschränkte Vertrauen des Ministers. Wahrscheinlich so ein protegierter Sprößling der besten Gesellschaft. Er tritt auch entsprechend arrogant auf. Ein Militär der Neuen Schule – sportlich und lässig, ganz und gar unkonventionell. Er birst vor Tatendrang und weiß auch immer seinen Charme da einzusetzen, wo es ihm vorteilhaft erscheint. Er heißt Bujard. Oberleutnant Bujard.

An diesem Novembermorgen betritt er also zum ersten Mal das Kriegsministerium und stolziert siegesbewußt an der Wache vorbei. Er winkt sogar dem durchgefrorenen Gefreiten freundlich zu, der seit Stunden wie ein Zinnsoldat neben dem Tor Wurzeln schlägt.

Den ersten Menschen, den Bujard im Gebäude trifft, braucht er nicht zu grüßen – es ist ja nur die Putzfrau.

Den ganzen Tag lang schlendert er ungeniert und bestens gelaunt durch alle Gänge des Ministeriums, stellt sich bei jedem vor, wechselt hier einige freundliche Worte, plaudert da mit den Damen – auch mit den älteren – und ist am Abend überzeugt, das gesamte Personal für sich gewonnen zu haben. Wer sollte ihm schon widerstehen können! Er macht Konversation, redet über Gott und die Welt – nur nicht über die besagten Dokumente. Alles zu seiner Zeit. Zuerst sich mal beliebt machen, dann die Nase in die Akten stecken.

Am folgenden Tag erwartet ihn eine unangenehme Überraschung. Colonel Hatz – Militär der Alten Schule – wünscht unverzüglich, den ersten Bericht des Sonderbeauftragten zu sehen – sofort. Er befiehlt ihn also zu sich:

»Oberleutnant, etwas Neues?«

»Noch nicht.«

»Auch nicht über die Dokumente, die heute Nacht verschwunden sind?«

»Heute Nacht?«

»Wer soll hier den Spion fassen? Sie oder ich? Machen Sie sich gefälligst an die Arbeit!«

»Zu Befehl, mon colonel! Aber ich werde nach meiner eigenen Methode vorgehen! Übrigens . . . in dieser Angelegenheit bin ich Ihnen keine Rechenschaft schuldig. Ich unterstehe einzig und allein dem Minister!«

Als er die Treppen bis zum siebten Stock hinaufgeht, wo für ihn, gleich unter dem Dachboden, eine Abstellkammer als Büro eingerichtet worden ist, macht sich Oberleutnant Bujard mehr Sorgen wegen seiner neuen Aufgabe, als sein forsches Auftreten erraten läßt. Bis jetzt konnte er nämlich nicht die Spur eines Hinweises finden, und es bleibt ihm nichts anderes übrig, als um Verstärkung zu bitten. Also schaltet er das Amt für Staatssicherheit ein, sowie den Nachrichtendienst und die militärischen und zivilen Stellen für Spionageabwehr, Gegenspionage und Verteidigung. Er setzt alle Hebel in Bewegung! Jede Akte des gesamten Personals im Ministerium wird peinlich genau unter die Lupe genommen.

Am dritten Untersuchungstag fehlen morgens wieder Dokumente!

Bujard sitzt in seiner Kammer vor einem Aktenberg, der von den beauftragten Stellen zusammengetragen wurde. Draußen im Gang stehen die Verdächtigen Schlange.

»Der nächste bitte!«

Ein junger Mann, klein, mickrig, mit einer Adlernase mitten in einem zusammengeschrumpften Gesicht – häßlich wie die Nacht – setzt sich vor den smarten Offizier. Er ist Redakteur der Presseabteilung des Ministeriums und bezieht ein anständiges Gehalt. Aber er verdient dabei niemals genug, um sich die sündhaft teuren Anzüge und maßgeschneiderten Hemden leisten zu können, die er tagein, tagaus trägt. Außerdem wird er jeden Morgen von einer bildhübschen Frau in einer luxuriösen Limousine zur Arbeit vorgefahren. Sehr verdächtig.

»Ist es Ihre Verlobte?«

»Nein. Aber was nicht ist, kann ja noch werden.«

»Sie scheint sehr begütert zu sein?«

»Ja. Sie verdient gut. Sie ist Mannequin.«

Bujard schweigt und mustert spöttisch sein kümmerliches Gegenüber. Der Mann wehrt sich:

»Ich weiß genau, was Sie denken! Daß ich womöglich geheime Dokumente verkaufe, um mir die Liebe einer Frau zu erhalten, die viel zu schön für mich ist! Hab' ich nicht recht? So ist es doch! Aber Sie irren sich! Forschen Sie ruhig nach, ich habe nichts zu verbergen!«

»Der nächste bitte!«

Jetzt hat eine Frau unbestimmten Alters vor Bujard Platz

genommen. Sie trägt eine graue Schürze, und ist überhaupt eine graue Maus. Jeder kennt sie im Ministerium. Sie arbeitet hier schon seit Urzeiten – und ausgerechnet in dem Schreibbüro, wo die meisten Dokumente getippt werden.

»Sie haben Ihren Mann vor vier Jahren verloren, nicht wahr?«

»Ja.«

»Es ist ein hartes Los, alleine zu leben.«

»Ich lebe nicht alleine.«

»Ach ja, da steht es in Ihrer Personalakte. Sie wohnen mit einem Drucker zusammen.«

»Ja. Das ist kein Staatsgeheimnis. Er ist Witwer und hat drei Kinder, mit meinen haben wir fünf zu ernähren!«

»Da braucht man aber viel Geld, nicht wahr?«

»Je nachdem.«

»Nun ja, dieser Drucker mit dem Sie leben, der hat einen Bruder?«

»Der ist auch Drucker, ja.«

»Aber bei einer kommunistischen, subversiven Zeitung!«

»Stimmt. Deswegen reden die beiden Brüder schon seit Jahren nicht mehr miteinander. Prüfen Sie nach, wenn Sie nichts Besseres zu tun haben.«

»Der nächste bitte!«

Und so geht es den ganzen Tag lang und auch an den drei folgenden Tagen, während in den Nächten immer mehr Dokumente verschwinden. Manchmal sind es ganz harmlose Berichte – nicht einmal vertraulich – die gestohlen werden, und gerade diese Tatsache bereitet Oberleutnant Bujard Kopfzerbrechen! Geschieht das zur Tarnung? Wer kann ein Interesse daran haben, derartig belanglose Informationen stapelweise an sich zu nehmen? Und wie schafft es diese Person überhaupt? Jedes

Fleckchen im Ministerium wird Tag und Nacht bewacht. Keiner kommt hinein oder hinaus, ohne durchsucht zu werden, ja manche müssen sich sogar eine Leibesvisitation gefallen lassen – es sind nur Stichproben – jeden kann es treffen, auch den Colonel!
Nach einer Woche, tappen alle noch völlig im Dunkeln. Selbstverständlich hat die Presse davon Wind bekommen, und bald ist der Skandal perfekt.

Endlich, am achten Untersuchungstag, tut sich etwas. Gleich am Morgen, um neun Uhr, als er unauffällig in sein Büro schleichen will, wird Oberleutnant Bujard Zeuge einer grotesken Szene: Die Chefsekretärin des Personalbüros streitet sich heftig mit der Putzfrau:
»Aber, Madame Rognon, ich bitte Sie, versuchen Sie endlich zu verstehen!«
»Da gibt es gar nichts zu verstehen! Es steht so im Gesetz! Sie müssen mir die Fahrtkosten zur Arbeit erstatten!«
»Das ist völlig in Ordnung, und das tun wir auch!«
»Also dann, geben Sie mir das Geld!«
»Ich kann Ihnen das Geld nicht geben, weil Sie es schon bekommen haben!«
»Das stimmt nicht! Sie haben mir eine Fahrtkostenvergütung bezahlt, das ist etwas anderes. Ich will das Geld für die Metro!«
»Diese Vergütung *ist* für die Metro!«
»Und was ist, wenn ich zu Fuß zur Arbeit komme? Dann bekomme ich die Vergütung trotzdem, oder?«
»Ja, ja!«
»Ich komme aber nicht zu Fuß! Ich nehme die Metro, also will ich auch jetzt das Geld dafür!«
»Schluß jetzt! So geht es nicht weiter! Kommen Sie morgen wieder. Wenn Sie unbedingt darauf bestehen,

kriegen Sie das Geld für die Metro, aber dann streichen wir die Fahrtkostenvergütung!«

»Das dürfen Sie nicht! Es steht im Gesetz!«

Die arme Sekretärin steht am Rande eines Nervenzusammenbruchs, während die gute Madame Rognon den Kopf hin und her schüttelt. Diese jungen Dinger haben keine Ahnung! Dabei ist das doch gar nicht so schwer zu kapieren!

Als das begriffsstutzige Fräulein vom Personalbüro den Oberleutnant bemerkt, beißt sie die Zähne zusammen und ringt sich ein gequältes Lächeln ab:

»Ach, bonjour Leutnant! Das gibt es nicht, nein! Niemand kann von Haus aus so dumm sein. Sie macht sich bestimmt lustig über mich. Seit Tagen treibt sie schon dieses Spielchen mit mir, und ich rege mich immer noch auf! Aber jetzt mach' ich nicht mehr mit... Nein, so dumm kann niemand sein.«

Bujard steht da wie vom Donner gerührt und denkt scharf nach: »Niemand kann von Haus aus so dumm sein!« Es dauert einige Minuten, bis er begreift, daß er soeben die einzige Person hat gehen lassen, die unbehelligt, nach Lust und Laune in allen Schränken und Schubladen des Kriegsministeriums herumschnüffeln darf und dann, ohne von irgend jemandem aufgehalten zu werden, das Gebäude verlassen kann, bevor die Ersten zur Arbeit kommen. Diese Person hatte also – auch heute Nacht wieder – die Möglichkeit in aller Ruhe die Dokumente herauszusuchen, die sie – warum auch immer – für interessant hält.

Und tatsächlich, in dem Besenschrank der Putzfrau im Pariser Kriegsministerium, und in Anwesenheit von Colonel Hatz und der schönen Sekretärin findet Oberleutnant Bujard den stichhaltigen Beweis, der seinen Verdacht bestätigt: Ein Bündel von Kopien, auf gelbes

Durchschlagpapier gedruckt! Unvorstellbar! Gewiß, darunter befindet sich auch unbedeutendes Zeug, aber leider nicht nur! Da gibt es zum Beispiel, schön säuberlich getippt, vertrauliche Depeschen von Militärattachés, die überall in den französischen Kolonien über die brenzligen Beziehungen zwischen der Armee und den Eingeborenen berichten, oder einen geheimen Bericht über die geplante Instandsetzung der Maginot-Linie! Auch eine Liste der Offiziere, die an die Front nach Indochina versetzt werden sollen, oder das vollständige Verzeichnis der Transmissionsapparate, die in den territorialen Gewässern von Tonkin auf einem chinesischen Fischerboot beschlagnahmt wurden, und so weiter. Insgesamt etwa fünfzig Seiten!

Nichts davon ist wirklich streng geheim, ja nicht einmal höchst vertraulich. Das Unglaubliche an der Sache ist vielmehr das Ausmaß, die Menge der Kopien, die im Besenschrank der Putzfrau gestapelt sind. Und wenn man bedenkt, daß dieses Spiel hier seit Wochen schon andauert, dann wird einem sofort klar, daß im Ministerium nichts mehr geheim ist – außer vielleicht die wenigen Dokumente, die hinter Schloß und Riegel aufbewahrt sind. Die französische Verteidigung sitzt im Glashaus!

Am 28. Mai 1953 wird Madame Rognon vor Gericht zitiert – vor ein Militärgericht unter Ausschluß der Öffentlichkeit. Nicht einmal die Presse ist zugelassen.

Drei gestrenge Offiziere betrachten Madame Rognon, wie sie mit ihrer schwarzen selbstgestrickten Wolljacke und den schwarzen Schnürstiefelchen völlig ruhig vor ihnen Rede und Antwort steht. Sie ist überhaupt nicht beeindruckt. Erhobenen Hauptes musterte sie höhnisch das Hohe Gericht, mit einer umwerfenden Selbstsicherheit!

Nachdem sie klar und deutlich Namen, Geburtsdatum, Geburtsort, Wohnsitz, Familienstand und Beruf wie eine Litanei heruntergebetet hat, ohne sich im Geringsten aus der Fassung bringen zu lassen, verliest der Gerichtspräsident die Anklageschrift:

»Sie werden beschuldigt, die Ehre und das Ansehen der französischen Verteidigung angegriffen zu haben, indem Sie eine Unmenge von Dokumenten aus dem Ministerium schmuggelten. Insgesamt waren es zehn- bis fünfzehntausend Kopien! Würden Sie die Güte haben, uns näher zu erläutern, zu welchem Zweck Sie dieses Material mitgenommen haben?«

»Ach, Herr Richter, ich kann mich gar nicht mehr so genau daran erinnern. Es war ganz verschieden. Ich hatte viele Gründe, ich konnte das Papier gut gebrauchen, zum Beispiel um die Marmeladengläser zu verschließen.«

»Wollen Sie hier behaupten, daß Sie Ihre Marmeladengläser mit den Geheimdokumenten des Kriegsministeriums bedeckt haben? Aber außer dieser ›Marmeladen-Aktion‹, was haben Sie noch damit angestellt? Oder wollen Sie uns weis machen, daß Sie fünfzehntausend Gläser Marmelade gekocht haben!«

»Aber nein, Herr Richter! Ich habe meine Frühstücksbrote in das Papier gewickelt zum Beispiel, oder sie zu Hause als Klopapier benützt. So ein dünnes Durchschlagpapier eignet sich gut. Ich habe auch den Beamten im Rathaus viel Papier geschenkt – dort putze ich ja auch. Und die haben nie genug Blöcke zum Schreiben. Dort wird kein Blatt verschwendet. Ja, dann habe ich meinem Bruder einen Teil gegeben. Er ist Drogist, und meine Cousine, die hat ein kleines Kurzwarengeschäft. Mit dem dünnen Papier ist sie sehr zufrieden und die Kundinnen auch.«

In den Zeugenstand tritt nun Oberleutnant Bujard:

»Die Angeklagte sagt die Wahrheit, Herr Oberst. Im ganzen Viertel von Montreuil, wo Madame Rognon wohnt, sind die Dokumente des Ministeriums in jedermanns Händen hin und her gewandert. Man kaufte drei Knöpfe bei der Cousine und als kleine Aufmerksamkeit bekam man dazu gratis eine geheime Information über den Beschluß der US-Army, fünf Divisionen aus West-Berlin abzuziehen! Einige Naphtalin-Kügelchen bei dem Drogisten, und schon erfuhr der Kunde, daß der Brigadegeneral soundso wegen seiner zweideutigen Freundschaften versetzt wurde. Ja, auch im Rathaus ist man dank Madame Rognon bestens über die Aktivitäten der Staatsverteidigung informiert. Die Angestellten dort benützen unsere Geheimakten sozusagen als Schmierpapier. Sie malen Männchen darauf, während sie telefonieren, und auf der Rückseite steht schwarz auf weiß, wie die neuen Radaranlagen der NATO im Mittelmeerraum eingesetzt werden, oder wie die französische Geheimpolizei in Indochina gegen die Rebellen vorgeht.«

»Das genügt!« Die Jury, der Richter, der Staatsanwalt und die Beisitzer – alle können sich das Lachen nicht mehr länger verbeißen! Nur Colonel Hatz kann beim besten Willen nichts Komisches an der Angelegenheit finden und versucht, Madame Rognon noch einmal in die Zange zu nehmen:

»Aber, ich bitte Sie! Sie wußten doch genau, wie vertraulich einige Dokumente waren!«

»Nein! Sie können gar nicht so vertraulich sein! Sie wurden ja alle mit der Schreibmaschine getippt.«

»Ja, und? Ich verstehe Sie nicht, tut mir leid.«

»Es ist doch klar! Wenn die so geheim gewesen wären, dann hätte man sie mit der Hand geschrieben. Man läßt doch bestimmt nicht irgendeine Mamsell Staatsgeheimnisse tippen, oder?«

»Man braucht Kopien von den Dokumenten!«
»Wenn es viele Kopien gibt, dann sind es keine Geheimnisse mehr! Außerdem, wenn diese Berichte so wichtig und vertraulich waren, warum hat man sie dann nicht in einem Panzerschrank aufbewahrt? Übrigens, ich verstehe die ganze Aufregung nicht. Was ich mitgenommen habe, hat Frankreich doch nicht geschadet, oder sind wir jetzt durch meine Schuld in Gefahr? Ihre komischen Geheimnisse interessieren niemanden! Weder im Rathaus, noch die Kunden von meinem Bruder und meiner Cousine! Kein Mensch hat sie gelesen! Ich auch nicht! Nicht einmal auf dem Klo!«

Das Militärgericht mußte einsehen, daß Madame Rognon nicht ganz unrecht hatte, und sie wurde vom Verdacht der Agententätigkeit freigesprochen. Aber mit diesem Urteil war die Sache noch lange nicht aus der Welt! Der Putzfrau drohte jetzt eine Zivilstrafe und sie mußte sich vor der Strafkammer rechtfertigen. Denn immerhin hatte sie dreihundert Kilogramm Durchschlagpapier gestohlen. Das ist keine Bagatelle! Also wurde sie verurteilt: zwei Monate Freiheitsstrafe mit Bewährung – und 6000 Francs Geldstrafe – ein kleines Vermögen für eine Putzfrau. Ein Wucherpreis für abgelegtes Papier.
Gott sei Dank haben Journalisten manchmal ein Herz für die kleinen Leute. Für Madame Rognon wurde eine Sammelaktion veranstaltet. Danach brauchte sie nicht mehr im Kriegsministerium putzen. Es hatte sich also für sie doch gelohnt, ihre Nase in die Staatsgeheimnisse zu stecken!

Fröhlich, tapfer und munter

Malcolm Arnold läuft in seinem Wohnzimmer auf und ab, wie ein Löwe im Käfig. Grimmig, verbiestert und völlig am Ende. Was zu viel ist, ist zu viel! Noch eine einzige Fanfare und er geht in die Luft!

Nein, es sind nicht seine Nachbarn, die zu laut feiern – er ist es selber. Und es ist wirklich ein Wunder, daß alle im Haus so viel Geduld und Verständnis aufbringen. Er hätte schon längst an die Decke gehämmert oder Sturm geklingelt: Seit vollen drei Tagen – und eigentlich müßte man die Nächte zum größten Teil auch dazurechnen – hört er ununterbrochen Militärmärsche an! Für die zartbesaiteten Ohren des Komponisten Malcolm Arnold ist das keine Musik – es ist nur Krach, ein fürchterlicher, unerträglicher Krach.

Für heute es es einfach genug – morgen ist auch noch ein Tag. Zwar drängt die Zeit, aber in seinem Kopf dröhnt und trommelt es so sehr, daß er alles stehen und liegen läßt und direkt ins Schlafzimmer marschiert – gerädert wie ein Soldat nach einer heißen Schlacht.

Am nächsten Morgen, noch schlaftrunken, torkelt er sofort zum Plattenspieler und legt den ersten Marsch des vierten Kampftages auf. Das macht ihn gleich munter! Schon nach dreißig Sekunden fegt er zornig alle Platten vom Tisch, zieht wahllos die Klamotten an, die verstreut auf dem Boden zwischen den Plattenhüllen herumliegen und huscht aus dem Haus. Hoffentlich begegnet er niemandem.

Er ist erst vor einer Woche hier eingezogen und er hat nicht vor, lange zu bleiben. Nur solange bis er mit seiner Arbeit fertig ist. Aber trotzdem – es wäre ihm sehr peinlich, jemandem von den bestimmt sehr verärgerten Hausbewohnern zu begegnen. Selbstverständlich wissen alle im Haus, wer der neue Mieter ist, und sie denken nicht daran, sich über die wirklich sehr laute, martialische Musik zu beschweren. Ganz im Gegenteil – sie hören sehr interessiert zu. Malcolm Arnold ist nämlich ein berühmter Musiker und es hat sich schnell herumgesprochen, daß er jetzt im Haus wohnt. Man ist stolz darauf. Das ist es aber gerade, was ihn so wahnsinnig macht: Malcolm Arnold schämt sich! Sein guter Ruf als Komponist steht auf dem Spiel.

Nach zwei Stunden kommt er zurück, voll beladen mit neuen Schallplatten und alten Tonbändern. Es muß doch etwas Brauchbares dabei sein!
Erste Platte – nichts. Zweite Platte – zum Einschlafen. Dritte – zum Heulen. Die zehnte ist zum Davonlaufen, aber bestimmt nicht im Gleichschritt, siegesbewußt, tapfer und munter. Die zwanzigste Platte zertrampelt Malcolm Arnold schließlich haßerfüllt und voller Verachtung für diese billige Musik, für diese ohrenbetäubenden Fanfaren, diese Pfeifen und Trommeln und für das blöde Gesinge dazu!

Am fünften Morgen macht er sich wieder schleppend auf den Weg zu allen Musikgeschäften in der Stadt. Er muß sich seine tägliche Ration beschaffen.
Die Verkäufer warten schon auf ihn. Seit drei Tagen setzen sie Himmel und Hölle in Bewegung, denn jeder will derjenige sein, der das Richtige für den berühmten Kunden ausfindig macht. Das ist Ehrensache!

»Mister Arnold! Einen schönen guten Morgen! Heute haben Sie endlich Glück! Unser Bote hat mir im Augenblick diese Aufnahme hier für Sie gebracht . . . einmalig! Genau das, was Sie suchen! Wollen Sie hineinhören?«

»Jetzt nicht. Vielen Dank! Ich hab's eilig! Also, bis morgen . . .«

Malcolm Arnold ist nicht gerade optimistisch! Im Grunde hat er schon längst jegliche Hoffnung aufgegeben, das Passende zu finden. Aber er hat nun mal den Auftrag angenommen. Vielleicht geschieht noch ein Wunder. Immerhin hat er noch zwei Tage Zeit.

»Mister Arnold, ich warte schon auf Sie! Ich kann Ihnen nachempfinden, wie Sie sich fühlen. Ich habe mir auch die ganze Nacht mit Militärmärschen um die Ohren geschlagen, aber es hat sich gelohnt! Schauen Sie, was ich in unserem Zentralarchiv entdeckt habe! Die Nationalhymne des ehemaligen Litauen. Völlig unbekannt! Tapfer und munter!«

»Sehr liebenswürdig von Ihnen. Danke!«

Und weiter geht's zum nächsten Geschäft:

»Da sind Sie ja! Hier, der Marsch des Sechsten Schottischen Regiments! Das ist es! Das wird ein Knüller, das sag' ich Ihnen!«

»Wir wollen's hoffen! Vielen Dank auch, bis dann . . .«

Gegen Mittag ist Malcolm Arnold wieder zu Hause. Material hat er nun genug! Überall in der Wohnung liegen Berge von Platten, Tonbändern und Partituren. Hier ein Stapel Fanfaren mit Chören, da ein Haufen Chöre ohne Fanfaren, im Flur – schön der Reihe nach aufgestellt und geographisch geordnet – die bunteste Auswahl an Militärmärschen, die man sich vorstellen kann.

Und wieder tönt ein Marsch nach dem anderen durchs

ganze Haus – zwei Tage lang. Ein Alptraum das Ganze. Allmählich auch für die Nachbarn.

Am siebten Tag ist Malcolm fertig. Völlig fertig. Wie verabredet, ruft er seinen Freund und Auftraggeber an – David Lean.

»Hallo David! Ich bin soweit.«

»Hast du etwas gefunden?! Toll! Ich bin gespannt!«

»Tja, weißt du, ich hab' schon was da, aber...«

»Du klingst nicht sehr überzeugt?«

»Och, ich weiß nicht. Ich kann einfach nicht mehr, David! Ich hab' soviel Mist die ganze Woche lang gehört! Ich brauche neue Ohren, meine sind völlig im Eimer!«

»Malcolm! Beruhige dich doch, es wird nicht so schlimm sein.«

»Doch! Schlimm ist gar kein Ausdruck!«

»Tob nur so weiter! Ich wußte nicht, daß du so gut brüllen kannst. Paß auf, ich kann noch umbesetzen, du kriegst die Hauptrolle in dem Film! Spaß beiseite, hast du wirklich nichts gefunden?«

»Boof... zehn Stücke sind vielleicht recht gut.«

»Dann komm gleich bei mir vorbei! Wir hören sie uns zusammen an, O. K.? Beeil dich!«

David Lean, der weltberühmte Filmregisseur, hat keine Zeit mehr zu vergeuden. Denn schon in wenigen Tagen will er mit den Dreharbeiten für sein neues Meisterwerk beginnen. Alles ist bis ins kleinste Detail geregelt – es fehlt nur noch die Musik. Also nicht das Wichtigste, aber beinahe. In dem neuen Film soll die Musik nämlich eine wesentliche Rolle spielen. David Lean ist ein »Bildkomponist« – kein Meister. Aber er hat eine ganz genaue Vorstellung von dem, was er haben will: »Malcolm, es ist ganz einfach«, erklärte er seinem Freund, »ich brauche einen fröhlichen Militärmarsch, fröhlich und mitreißend, energisch, aber irgendwie auch... frech, weißt du? Und vor allem ganz einfach! Eine Melodie, die sich jeder sofort merken kann – einen Ohrwurm, tapfer und munter!«

Die einfachste Sache der Welt, fürwahr! Malcolm Arnold kann ein Lied davon singen, als er mit seiner mageren Beute unterm Arm bei David erscheint:
»Los, Malcolm, ich bin ganz Ohr! Leg gleich die erste Platte auf!«
»Nein! Nein, nein! Viel zu pompös!«
Malcolm schweigt und legt die nächste Platte auf:
»Gut! Aber viel zu bekannt! Und auch nicht sehr britisch, findest du nicht?« Malcolm schweigt.
»Tapfer und munter, Malcolm! Doch nicht so ein Trauermarsch!«
Die vierte Musik ist zu kriegerisch, die fünfte zu idyllisch, die sechste zu exotisch, die siebte viel zu schnell, die achte zu kompliziert, die neunte nicht einfach genug und die letzte . . .
»Schluß! Weg damit! Das ist ja der reinste Sirup!«
»Ich hab's dir gesagt. Besseres kann ich dir leider nicht bieten! So einen Marsch, wie du ihn haben willst, fröhlich, energisch, tapfer und munter, den gibt es einfach nicht, David!«
»Dann komponiere eben einen bis morgen!«
»Bis morgen, ja? Sonst noch einen Wunsch? Nein, David, danke. Mir reicht's!«
Zwei Tage später schlendern David und Malcolm durch das Filmgelände. Sie schauen beide ziemlich finster drein und reden kaum miteinander. Morgen beginnen die Dreharbeiten, und immer noch kein fröhlicher Marsch in Sicht! In einer riesigen Halle werden die letzten Vorbereitungen für die Innenaufnahmen getroffen. Schreiner und Maler, Ton- und Kameraleute, Hauptdarsteller und

Statisten – Hunderte von Menschen laufen kreuz und quer durcheinander. Die typische hektische Atmosphäre kurz vor Drehbeginn. Es wird monatelang vorher gearbeitet und am Schluß fehlen doch immer zwei Stunden! In diesem wimmelnden Ameisenhaufen herrscht nicht gerade die beste Stimmung – doch einer wenigstens läßt sich seine gute Laune nicht verderben. Er pfeift lässig vor sich hin.

Malcolm Arnold stößt David Lean mit dem Ellenbogen an: »Hast du gehört??«

»Ja! Wer war es?«

»Ich weiß nicht, bei dem Zirkus hier! Ich höre auch nichts mehr.«

Es ist nichts mehr zu hören – nur noch Krach, Gebrüll und Getöse. Wie die meisten seiner berühmten Kollegen es auch gerne tun, wenn sie sich Gehör verschaffen wollen, bellt David Lean:

»RU-HE!«

Das wirkt! Keiner traut sich mehr, einen Mucks von sich zu geben.

»Wer hat vorhin gepfiffen?«

Alle schauen sich verstohlen an, stumm und still, mit großen unschuldigen Augen – so wie ertappte Schuljungen, die etwas ausgefressen haben und den Anführer nicht verraten wollen. Sie halten dicht! Darf man hier denn nicht einmal mehr pfeifen? Erst jetzt merkt der große Regisseur, wie feindselig seine Meute ihn ansieht, und er wird eine Spur freundlicher:

»Mensch Kinder, ich beiße nicht! Ich freue mich ja, wenn ihr bei der Knochenarbeit hier noch pfeifen könnt! Wer war's nun?«

Ein ziemlich alter Mann tritt verlegen aus den Reihen. Er ist von oben bis unten mit gelber Farbe vollgeschmiert und hält eine Bananenstaude aus Pappe im Arm.

»Haben Sie gepfiffen?«

»Ööh . . . ja, Mister Lean, entschuldigen Sie, Mister Lean.«

»Sie brauchen sich deswegen nicht zu entschuldigen, alter Freund! Ach, stellen Sie diese scheußlichen Bananen hin und pfeifen Sie noch einmal. Dasselbe Lied wie vorhin, ja?«

Der alte Bananenmaler wird rot wie eine Tomate. Es ist ihm sichtlich peinlich, auf einmal so im Mittelpunkt zu stehen. Alle glotzen ihn an. Am liebsten würde er im Boden versinken.

»Pfeifen Sie, pfeifen Sie!«

»Ööh, hier?«

»Ja!«

David Lean ist nicht Irgendwer. Wenn er um etwas bittet, so ist das ein Befehl. Also holt der alte Mann tief Luft und beginnt zu pfeifen, schüchtern, leise, dann immer lauter und fröhlicher, tapfer und munter.

»Danke, Alter, Ganz toll! Wie heißt es?«

»Ööh, keine Ahnung, Mister Lean . . .«

»Malcolm? Das ist doch ein Marsch, oder?«

»Ja, David, es ist ein Marsch.«

»Gibt's auch einen Text dazu?«

»Nee, glaub' ich nicht, das weiß ich nicht.«

»Woher kennen Sie die Melodie?«

»Ich kenn' sie schon immer. Ich weiß nicht, woher. Als ich noch in Schottland lebte, da hab' ich sie schon gepfiffen. Es ist eine Ewigkeit her.«

»Schottisch? Ja, es klingt irgendwie schottisch! Könnte schon sein. Pfeifen sie kurz nochmal.«

»Ganz leicht zu merken, genau das, was du wolltest, David!«

Kommen Sie mit mir, lieber Freund, wir beide müssen jetzt arbeiten!«

Der Komponist und der Bananenmaler ziehen sich Arm in Arm zurück und musizieren zusammen. Sie haben ihre Freude daran! Der alte Schotte pfeift und pfeift, bis ihm davon schwindlig wird, Malcolm kritzelt Note für Note auf einen Block und komponiert gleich ein paar Arrangements für die verschiedenen Instrumente dazu.

»Fertig! Fehlt nur noch der Titel! Wie nennen wir denn unser Werk?«

»Überleg nochmal, vielleicht fällt dir was ein? Irgendein Name? Hast du keine Ahnung, worum es in dem Lied ging?«

»Tut mir leid, Malcolm, da kann ich dir nicht helfen.«

»Na gut! Dann nennen wir es eben *Brücke am Kwai*.«

Schon zwei Tage später ist der berühmteste Marsch der Filmgeschichte aufgenommen. Er wird die ganze Welt erobern. Komponist: Unbekannt!

Alec Guinness hatte keine Schwierigkeit, sich die Melodie einzuprägen. Er pfiff sie pausenlos, auch während der Dreharbeiten. So ein Ohrwurm geht einem nicht mehr so leicht aus dem Kopf, noch dazu wenn man ihn monatelang bei der ganzen Produktion pfeifen muß! Ob in den Studios, ob im Dschungel, immer marschierte Alec Guinness fröhlich, tapfer und munter – sehr britisch. Und die ganze Mannschaft – vom Regisseur bis zum Requisiteur – tanzte sozusagen nach seiner Pfeife!

Für David Lean war das Problem gelöst. Nicht aber für Malcolm Arnold!

Denn jetzt – und möglichst noch vor der weltweit angekündigten Filmpremiere – mußte er unbedingt den eigentlichen Komponisten ausfindig machen. Da verstehen die »Gesellschaften für musikalische Aufführungs- und mechanische Vervielfältigungsrechte« – in der Bundesrepublik kurz GEMA genannt – keinen Spaß.

Schließlich müssen die Autoren und die Komponisten auch etwas verdienen. Die Frage der Urheberrechte mußte also schnellstens geklärt werden.

Heute wäre das kein großes Problem. Aber damals – 1957 – arbeitete man noch nicht mit Computern, die kurz abgerufen werden und blitzschnell ihre in aller Welt eingespeicherten Daten am Terminal ausspucken. Nein, damals mußte man noch überall die Karteien durchwühlen.

Also macht sich Malcolm Arnold wie ein Kriminalist auf die Suche nach einem Mann, dessen Namen er nicht kennt, der irgendwann mal, irgendwo einen Marsch komponiert hat, dessen Titel er aber leider auch nicht kennt. Wo soll er nun anfangen? Am besten bei den schottischen Einheiten der britischen Armee.

Tonbänder mit dem fröhlichen Militärmarsch darf er aber nicht schicken – die Musik soll bis zur Premiere geheim gehalten werden. Also ruft er eine Kaserne nach der anderen an und pfeift die Melodie am Telefon. Meistens knallt man ihm den Hörer hin! Mit dieser Methode kommt er nicht weiter. Gut. Dann macht er sich eben selber auf die Reise. Erste Station: das britische Kriegsministerium. Er braucht unbedingt ein ganz offizielles Empfehlungsschreiben mit Unterschriften und Siegeln. Eine Art Sesam-öffne-dich, das ihm Eintritt in die Kasernen verschafft. Damit bewaffnet besucht er nun die Schotten und pfeift überall die *Brücke am Kwai* vor den stramm stehenden Regimentern. Doch nach jeder Vorstellung bekommt er immer dieselbe Antwort: »Nie gehört!«

Nach einigen Wochen, endlich! – glaubt ein grimmiger Oberst sich vage zu erinnern:

»Ja, das habe ich schon mal gehört. Aber weiß der Teufel wann und wo das war?«

Am Abend hockt Malcolm in einem Pub in der Nähe der Kaserne. Dort treffen sich die Veteranen und verbringen ihre alten Tage damit, sich an die glorreichen Zeiten ihrer Jugend zu erinnern. Ein ehemaliger Unteroffizier, der mal mit einer schottischen Einheit in Indien gekämpft hat, erkennt das Lied sofort:
»Ho . . . ho! Ja! Das kenn' ich! Das ist ziemlich alt! Vor dem Krieg hab' ich's gehört!«
»Vor 1940?«
»Aber nein, junger Mann! Vor 1914!«
»Wissen Sie, wie es heißt?«
»Nein, das weiß ich nicht mehr, aber es ging um Colonel Bogey, ja! Colonel Bogey, das weiß ich noch genau!«
Leider ist Colonel Bogey für alle Briten eine mystische Gestalt. Ein Held, den es wahrscheinlich niemals gegeben hat, an den aber alle mehr oder weniger glauben. So etwas wie Kaiser Barbarossa.
Wenigstens hat Malcolm jetzt einen Namen in der Hand, aber wie und wo entstand die Legende um den rätselhaften Colonel Bogey?
Ein Golfspieler bringt Licht in diese dunkle Affäre:
»Bogey . . . Bogey? Ha, auf allen Golfplätzen Indiens erzählte man von ihm. Er hätte mal dies und jenes getan, einmal hätte er sogar weniger Schläge gebraucht, als es überhaupt Löcher gibt! Soweit ich mich erinnern kann, hat ihn in Wirklichkeit nie jemand gesehen!«

Malcolm Arnold gibt sich nicht so schnell geschlagen. Er schreibt an alle Golfclubs, die es 1957 in Indien gibt und fragt nach dem Colonel Bogey, dessen Heldentaten in einem fröhlichen Marsch besungen wurden. Aber seit Anfang des Jahrhunderts haben sich die Zeiten in Indien geändert, und selbst wenn dort Engländer noch Golf spielen, so sind es bestimmt nicht mehr dieselben. Die Überlebenden haben sich rar gemacht.

Malcolm erhält keine Antwort aus Indien, aber eines Tages meldet sich ein Greis in seinem Büro. Er kann sich kaum noch auf den Beinen halten und klammert sich fest an eine kleine, museumsreife Ledermappe:

»Mister Arnold, ich habe in der Zeitung gelesen, daß Sie den Komponisten von dem Marsch über Colonel Bogey suchen.«

»Ja, es stimmt.«

»Nun, ich kenne ihn, das heißt, ich kannte ihn sehr gut. Er war Colonel, schrecklich arrogant, eingebildet! Er spielte leidenschaftlich gerne Golf. Einmal haben wir uns beide gestritten. Niemand durfte das Clubhaus betreten, weil darin gebaut und gemalt wurde. Ich hatte den Auftrag, diese Bauarbeiten zu überwachen. Da kam dieser Colonel, und er tobte, weil er nicht spielen konnte. Da habe ich ihn mit drei Pfiffen hinauskomplimentiert.«

»Wie bitte? Unser Marsch?!«

»Nein, das heißt, noch nicht. Ich hab' nur so dreimal gepfiffen, irgendwas!«

»Und dann?«

»Eine Woche später, bei der Eröffnungsfeier vom neuen Clubhaus, habe ich den Colonel wieder getroffen. Er war mir überhaupt nicht mehr böse, ganz im Gegenteil! Er hat mich begrüßt, als ob ich sein bester Freund wäre und er sagte mir:

›Alter Spencer, mit Ihren drei Pfiffen habe ich einen Marsch komponiert! Der Marsch des Colonels Bogey!‹

Ja, und er hat ihn am Klavier gespielt und alle im Club haben mitgepfiffen! Es war eine fröhliche Musik! Sie wurde dann sozusagen unsere Clubhymne! Später, als die schottischen Soldaten in New-Dehli in Garnison lagen, kamen ihre Offiziere oft zu uns, haben Golf gespielt und unsere Musik auch gepfiffen! Dann kam der Krieg . . .«

»Mister Spencer, wie heißt dieser Colonel?«

»Franck John Ricketts. Er war Offizier in der britischen Kolonialarmee. Wollen Sie ein Photo sehen? Ich habe eins mitgebracht.«

Der Greis holt eine große, vergilbte Photographie aus der verschlissenen Ledermappe – aufgenommen 1909 bei der Eröffnungsfeier des neuen Golf-Clubhauses. Die besten Spieler der noblen, kolonialen Gesellschaft stehen steif und ernst nebeneinander – britisch bis zu den Zehenspitzen.

»Der da in der Mitte, das ist Colonel Ricketts!«

Malcolm Arnold traut seinen Augen nicht. Dieser Colonel, das ist Alec Guinness! Gleiche Statur, gleiche Haltung, gleiches markantes Gesicht mit einem kleinen aggressiven Schnurrbart, mit starren Blick, ein wenig arrogant und der gleiche unverwechselbare britische Humor mit feierlicher Würde vermischt! Unglaublich! David Lean wußte genau, welche Musik zu einem britischen Offizier gehört.

»Was ist aus ihm geworden?«

»Das weiß ich nicht, ich weiß nur, wie der Komponist heißt: Franck John Ricketts.«

Nun dauert es allerdings noch eine Weile, bis Malcolm Arnold der englischen GEMA-Gesellschaft melden kann, wer die Millionen Dollar für den Marsch *Brücke am Kwai* bekommen soll. Denn in keiner Kartei der Welt steht irgendwo der Name Franck Ricketts.

Der Colonel, der in seiner Freizeit gerne Soldatenlieder und Militärmärsche komponierte, hatte seine Werke immer mit einem Pseudonym gemeldet: Kenneth J. Alford! Er wollte mit seinem Hobby in den Reihen Seiner Majestät nicht auffallen. Seit 1923 wurden dem Komponisten Alford keine Tantiemen mehr ausgeschüttet. 1957, nur weil ihr Großvater mal so arrogant gewesen war, daß er mit drei kleinen energischen Pfiffen aus einem englischen Golfclub in Indien »rausgeschmissen« werden mußte, freuten sich die Enkel.

Und deren Enkel freuen sich heute noch. Denn seit dreißig Jahren fließen die Millionen.

Eiffelturm zu verkaufen

Paris, 6. Juli 1925. Victor Lustig, ein reicher Amerikaner
deutscher Abstammung, sitzt in seiner Luxussuite im
Hotel Grillon und blättert mißmutig in der Zeitung.
Victor Lustig ist ein ausgesprochen schöner Mann – das
kann man nicht leugnen. Und er weiß es selbstverständlich auch. Mit seinen fünfundvierzig Jahren wirkt er
verführerischer als je zuvor. Hochgewachsen, unwider-
stehliche graue Schläfen, elegante Erscheinung mit leicht
aristokratischem Einschlag – eben so, wie man sich einen
Gentleman vorstellt. Im Moment sieht er allerdings mür-
risch aus und flucht vor sich hin:
»Verdammt nochmal! Diese blöde Kuh gestern abend,
die hat mich ganz schön reingelegt! Alles für die Katz'!«
Ja, wenn Monsieur »Loustigue« allein und unbeobachtet
ist, befleißigt er sich nicht immer der feinsten Ausdrucksweise, besonders dann nicht, wenn ihm das Wasser bis
zum Halse steht. Und im Augenblick sitzt er wirklich in
der Patsche. Schon seit drei Tagen huscht er an der
Rezeption vorbei, aber heute morgen, als der Page ihm
das Frühstückstablett ans Bett brachte, reichte er ihm
nicht nur, wie jeden Tag, die Zeitung – sondern auch die
Hotelrechnung. Diskret, versteht sich, aber doch ein
unmißverständlicher Wink der Direktion.

Was nun? Lustig muß sich etwas einfallen lassen. Und
zwar schnell. Vor drei Wochen hatte er den Atlantik
überquert, um sich genußvoll den Freuden des Pariser

Lebens hinzugeben: Theaterbesuche, Kabaretts, kulinarische Extravaganzen mit reizender, aber leider auch entsprechend verwöhnter Damenbegleitung. Das kostet Geld. Sehr viel Geld. So viel, daß er nun ohne einen Sou in der Tasche dasteht.

Die horrende Hotelrechnung ist zwar eine unangenehme Sache, aber Monsieur Lustig macht sich deswegen kein Kopfzerbrechen. Solche Probleme pflegt er unauffällig zu lösen. Die eigentliche Frage ist vielmehr die Rückreise nach Amerika!

Wie soll er jetzt die Überfahrt bezahlen? Er muß sich das Geld auf irgendeine Weise beschaffen – wenn es nicht anders geht, muß er sich's sogar verdienen. Deshalb studiert er aufmerksam die Zeitung. Doch die Stellenangebote würdigt er keines Blickes. Die interessieren ihn nicht. Fachleute seiner Art werden kaum gesucht, und schon gar nicht per Zeitungsinserat! Victor Lustig hat nämlich einen ausgefallenen Beruf: Er ist Hochstapler. Aber kein gewöhnlicher. Was er jetzt braucht ist eine zündende Idee, einen genialen Einfall. Davon lebt er nun schon seit fünfundzwanzig Jahren.

Wenn er seinen dunklen Machenschaften so lange Zeit ungestraft nachgehen konnte, dann verdankt er das der brillanten Methode, die er immer anwendet. Er geht stets nach ein und demselben Prinzip vor: Er bringt seine Opfer in so lächerliche und entwürdigende Situationen, daß sie von einer Anzeige bei der Polizei absehen müssen, wenn sie sich nicht dem Gespött der Öffentlichkeit aussetzen wollen! Ein Erpresser ist er aber nicht. Mit so etwas gibt er sich nicht ab. Auch als Gauner hat man schließlich seinen Stolz und hält sich an seine Berufsmoral.

Der Frühstückskaffee ist längst kalt geworden und die Toastscheiben hart wie Stein. Heute morgen hat der

Gentleman in der Suite 14 im Hotel Grillon überhaupt keinen Appetit. Nach einem flüchtigen Blick auf die Hotelrechnung hat er sie zornig in eine Ecke geworfen und sich dann in die Lektüre der Zeitung vertieft. Nun blättert er eine Seite nach der anderen um, überlegt zwischendurch, liest weiter, geht im Zimmer auf und ab, schnappt sich wieder die Zeitung, und siehe da – auf einmal entdeckt er, unten links auf der dritten Seite, einen kurzen Artikel in der Rubrik »Stadtgespräche«. Neben einer Karikatur steht geschrieben: »Wird Paris in der Lage sein, die notwendigen Reparaturen am Eiffelturm zu finanzieren?« Es folgen einige technische Erläuterungen, und der Journalist schließt ironisch mit dem Satz: »Oder muß der Eiffelturm etwa verkauft werden?«

Victor Lustig springt auf wie vom Blitz getroffen! »Den Eiffelturm verkaufen? Das ist es? Das ist *die* Idee! Dieser Schreiberling hält sich wohl für sehr originell! Wenn der wüßte! Ich nehme ihn beim Wort!«
Der Gentleman läßt sich eine Flasche Champagner herauf bringen und leert zwei Gläser in einem Zug. Dann legt er sich aufs Bett und beginnt in aller Ruhe scharf nachzudenken. »Klar, ich verkaufe den Eiffelturm ... aber ... wie macht man das am besten? Wer könnte sich nur dafür interessieren? Wer könnte so naiv sein? In Amerika, da wär's kein Problem. Ich wüßte schon, wem ich das Ding andrehen könnte. Aber hier in Frankreich? Nein. Unmöglich! Kein Franzose kauft den Eiffelturm! Das heißt doch! Und ob sie ihn kaufen werden!«

Schon nach einer Stunde steht sein Plan in allen Zügen fest – es ist ein genialer Plan. Lustig entscheidet sich für den einfachsten Weg: Der Eiffelturm soll ganz offiziell verkauft werden.

Von einem befreundeten Fälscher läßt er sich zuerst geeignetes Schreibpapier mit dem Briefkopf der Pariser Stadtverwaltung anfertigen. Damit lädt er unverfroren die fünf mächtigsten Schrotthändler Frankreichs vor, mit der Begründung, es handle sich um eine »Angelegenheit von äußerster Dringlichkeit und höchster Vertraulichkeit«.

Einige Tage später finden sich prompt alle fünf Schrotthändler im Hotel Grillon ein. Es herrscht gespanntes, feindseliges Schweigen im separat gelegenen Salon des Hotels, wo alle auf den Mann warten, der sie unter so geheimnisvollen Umständen zu sich gerufen hat. Von Zeit zu Zeit tauschen sie ein verkrampftes Lächeln aus, man kratzt sich an der Nase oder hüstelt verlegen, jeder bemüht sich, vor den anderen so gelassen wie nur möglich zu wirken. Und jeder fragt sich: »Wissen die andern vielleicht mehr als ich?« Doch keiner wagt, auch nur ein Wort zu sagen – »höchste Vertraulichkeit«.
Endlich betritt Victor Lustig den Salon. Oder besser gesagt, er tritt auf: Gehrock, helle Seidenkrawatte und eine Nelke im Knopfloch. Wirklich, er übertrifft sich selbst. Noch nie machte er einen so imposanten Eindruck, und die Schrotthändler verbeugen sich devot.
Victor Lustig nickt kurz, läßt sich auf einen Sessel nieder, wirft einen lässigen Blick in die Runde und verleiht seiner Anwesenheit damit noch mehr Gewicht. Dann ergreift er endlich das Wort – er spricht ganz leise, obwohl sie allein in dem Salon sind:
»Meine sehr verehrten Herren, ich danke Ihnen, daß Sie unserer Einladung gefolgt sind. Sicherlich ist Ihnen bekannt, daß wir schon seit etlichen Jahren große Schwierigkeiten mit dem berühmtesten Bauwerk von Paris haben. Ich spreche vom Eiffelturm!«

Die fünf Schrotthändler spitzen die Ohren und halten die Luft an.

Nach einer kunstvollen Pause erklärt Lustig weiter – und seine Stimme klingt noch vertraulicher:

»Auf ausdrückliche Weisung des Staatspräsidenten sowie des Stadtratsvorsitzenden muß ich Sie um absolute... hören Sie um ab-so-lu-te Diskretion in dieser Sache bitten! Meine Herren, der Eiffelturm soll verkauft werden!«

»Der... der Eiffelturm?«

»Was sagen Sie da?«

»Das ist doch nicht Ihr Ernst!«

Der vierte Schrotthändler schweigt. Der fünfte fragt trocken:

»Was soll er kosten?«

»Meine Herren, das sollen SIE entscheiden! Die Stadtverwaltung hat mich mit dieser Angelegenheit betraut und mir Handlungsvollmacht gegeben. Ich gestehe jedoch, daß ich bisher wenig mit Schrotthandel zu tun hatte. Und wen sollte ich bei einem so außergewöhnlichen und dazu auch noch so streng geheimen Geschäft um Rat fragen? Doch nur Sie, meine Herren! Nur Sie! 7300 Tonnen Stahl, etwa 15000 Teile... Was meinen Sie? Wieviel? Ist einer von Ihnen interessiert?«

Stille. Ungläubiges Schweigen.

»Gut, meine Herren! Ich mache Ihnen einen Vorschlag: Der Eiffelturm für den Meistbietenden!«

Victor Lustig lächelt erleichtert, während die Schrotthändler sich gegenseitig anglotzen. Seine Menschenkenntnis hat ihn noch nie im Stich gelassen. Aber trotzdem: Wer den Eiffelturm verkaufen will, muß sich seiner Sache sicher sein. Also hat er eingehende Erkundigungen über die fünf Männer eingeholt, bevor er sie zu diesem

Treffen geladen hat. Er kennt sein Opfer. Er weiß genau, auf wen er am meisten Eindruck gemacht hat. Auf den kleinen Rotgesichtigen, der im Augenblick auf seinem Stuhl hin- und herrutscht. Sein Name ist Wachs. Und so leicht wird er auch zu behandeln sein.

Ein Neureicher, der nach dem Krieg schnell mit Schrott zu Geld gekommen ist und nun alles, was ihm in die Finger kommt, aufkauft – nur, um es zu besitzen. Genau der Typ, der auch den Eiffelturm gerne in seiner Sammlung aufstellen würde! Nach der Devise: Mit Geld kann man alles kaufen!

Lustig kann getrost zum zweiten Akt seiner Inszenierung schreiten. Er steht auf und schaut auf seine Uhr:

»Meine Herren, wenn Sie mir nun folgen wollen . . . Ich denke, es ist an der Zeit, das Verkaufsobjekt zu besichtigen. Und, darf ich Sie noch einmal darum bitten, verhalten Sie sich ganz unauffällig! Am besten, sie sprechen überhaupt nicht. Sie hören aufmerksam zu, was ich sage, wie bei einer Führung. Wir verstehen uns, nicht wahr?«

Eine halbe Stunde später parken zwei Luxuslimousinen – Leihwagen natürlich – unter dem West-Pfeiler des Eiffelturms. Auch wenn Lustig einen Hauch von Nervosität verspüren sollte, davon ist ihm nichts anzumerken! Dabei weiß er sehr wohl, wieviel er riskiert. Ein falsches Wort, und alles ist im Eimer. Er braucht nur an einen mißtrauischen Bürokraten zu geraten, und er sitzt heute Nacht schon hinter Gittern! Aber daran darf er jetzt nicht denken. Er muß sich einzig und allein auf seinen Auftritt konzentrieren. Und wie so oft hilft in dieser Situation nur Eines: Dreistigkeit.

Gefolgt von den fünf stummen Händlern begibt er sich schnurstracks zum Kartenverkaufsschalter. Entschlossen schiebt er dem Aufsichtsbeamten ein sehr offiziell wirkendes Kärtchen in den französischen Landesfarben unter die Nase und erklärt in einem Ton, der keine Widerrede duldet:

»Die Herren befinden sich in meiner Begleitung!«

Das wirkt. Der Beamte läßt die sechs Herren passieren. Falls die Schrotthändler bisher noch Zweifel gehegt haben, spätestens in diesem Moment sind sie restlos überzeugt: Die französische Regierung veräußert den Eiffelturm, und dieser Mann ist befugt, den Verkauf durchzuführen.

Nun wird das weltberühmte Monument besichtigt – allerdings auf ganz andere Weise, als es der tägliche Touristenstrom zu tun pflegt.

Ohne jeglichen Sinn für die herrliche Aussicht laufen die Schrotthändler treppauf, treppab, beugen sich über die Balustraden, inspizieren fachmännisch die Qualität des Stahls, untersuchen die abgeblätterte Schicht des Anti-Rost-Belages, klopfen die tragenden Teile ab und befühlen die Schrauben – sie machen nur Stichproben, alle können sie beim besten Willen nicht prüfen. Immerhin sind es an die sieben Millionen und dazu kommen noch 2 500 000 Nieten!

Kurzum, es sieht so aus, als ginge es um einen alten Gaul auf dem Pferdemarkt, den jeder eventuelle Käufer von oben bis unten abtastet.

Lustig betrachtet das Ganze mit gemischten Gefühlen. Einerseits triumphiert er schon innerlich, andererseits kann er eine derartige Naivität gar nicht fassen. Gewiß, er spielt seine Rolle meisterhaft, aber trotzdem! ER würde sich niemals einen solchen Bären aufbinden lassen. Nun ja, er steht eben auf der anderen Seite des Gesetzes.

Nach vollen drei Stunden steigen die sechs Männer von

der ersten Plattform zu Fuß wieder hinunter. Lustig bittet jeden um ein Preisangebot innerhalb von drei Tagen, und alle gehen in gutem Einvernehmen auseinander.

Nun kommt eine unangenehme Zeit für Monsieur Lustig. Er muß untätig abwarten, bis die Schrotthändler ihre Preisangebote schicken. Hoffentlich redet keiner! Gewiß, solange er noch nicht kassiert hat, könnte er sich immer noch aus der Affäre ziehen und behaupten, das Ganze sei nur ein riesiger Spaß gewesen. Aber immerhin, die gefälschten Briefe und Ausweise, die könnten ihn ins Gefängnis bringen. Lustig macht sich umsonst Sorgen. Alle sind versessen darauf, den weltberühmten, 7300 Tonnen schweren Eisenturm zu besitzen. Alle schweigen wie das Grab, und es läuft wie am Schnürchen.
Schon nach zwei Tagen erhält Lustig drei Antworten. Die legt er gleich zur Seite. Im Grunde wartet er nur auf das Schreiben von Wachs, seinem schon am Anfang des Unternehmens auserwählten Opfer.
Am dritten Tag bringt ihm ein Bote den ersehnten Brief:
»Monsieur Loustigue, ich soll Ihnen diese Nachricht hier persönlich überbringen. Der Herr sitzt unten in der Halle und wartet auf Ihre Antwort.«
»Danke. Er soll heraufkommen!«
Als Wachs an der Türschwelle erscheint und wie ein dummer Junge dasteht, kann sich Lustig nur mit Mühe das Lachen verbeißen. Der kleine Mann zittert am ganzen Leib, sein Gesicht ist noch röter, als bei der ersten Begegnung und er ist so aufgeregt, daß er keinen vernünftigen Satz herausbringt:
»Monsieur . . . bonjour, ich wollte es gleich wissen. Sind Sie mit meinem Angebot zufrieden? Der Turm, er ist schwer zu schätzen! Das Gewicht allein, das ist es wohl auch nicht!«

Für Lustig ist es nun ein Kinderspiel. Er findet die passenden Worte und sein Opfer wiegt sich in Sicherheit: »Lieber Monsieur Wachs, bitte, treten Sie doch näher und nehmen Sie Platz! Ich will Sie nicht länger auf die Folter spannen. Sie haben uns das höchste Angebot gemacht! Übrigens, wenn ich das anmerken darf, es ist mir eine Freude, denn Sie waren mir auf Anhieb sehr sympathisch. Ich gönne Ihnen den Eiffelturm!«

Wachs löst den Knoten seiner Krawatte und wischt sich mit dem Ärmel über die Stirn. Sein Schrotthändler-Herz rast wie verrückt:

»Mein Gott, ist das die Möglichkeit! Ist das wirklich wahr? Der wertvollste Stahl der Welt gehört mir! Sagen Sie das noch mal!«

»Gern! Das heißt, wie Sie ja wohl wissen, ist für Geschäftsabschlüsse dieses Ausmaßes eine angemessene Vorauszahlung üblich. Ich hoffe, Sie haben daran gedacht?«

»Ja, natürlich! Hier, bitte sehr! Nehmen Sie! 100000 Gold-Francs . . . eine kleine Anzahlung.«

Victor Lustig steckt mit wohlwollendem Lächeln das Geld ein und klopft seinem Geschäftspartner freundschaftlich auf die Schulter:

»Meine Glückwünsche, Monsieur Wachs! Der Eiffelturm gehört Ihnen!«

Schon am selben Abend bezahlt Lustig seine Hotelrechnung, verteilt großzügige Trinkgelder im Hotel und verläßt die Stadt.

Am nächsten Tag wird dem armen Wachs endlich bewußt, was geschehen ist. Ja, er ist einem Hochstapler in die Falle gegangen! Und er kann nichts gegen ihn unternehmen. Gar nichts. Oder soll er etwa der Polizei klarmachen, daß er allen Ernstes geglaubt hatte, den Eiffelturm kaufen zu können? Entweder stände er als Lügner da, oder aber als der dümmste Mann Frankreichs, und seine Geschichte ginge durch die Weltpresse! So, oder so wäre er ruiniert!

Monsieur Wachs, wie kann man nur den Eiffelturm kaufen?

Lustig hatte wie immer nichts zu befürchten und konnte unbehelligt weiter seinen fragwürdigen Geschäften nachgehen. Das tat er auch. Fast zehn Jahre lang. Bis zu dem Tag, an dem er einen Fehler machte: Seinen ersten und damit seinen letzten. Krank vor Liebeskummer stahl er schlicht und ergreifend Geld – wie ein kleiner Taschendieb. Nur um seiner Mätresse zu imponieren! Mit fünfundfünfzig Jahren war es damals schwierig noch ein Frauenheld zu sein. Auch wenn man Geld hatte. Man mußte eben manchmal wirklich eine Heldentat vollbringen, welcher Art auch immer!

Und so verbrachte Monsieur Lustig seine letzten Lebensjahre im Gefängnis. In seiner Zelle hat er eine Postkarte an die Wand geklebt, direkt neben seinem Bett. Eine Postkarte zum Träumen: Der Eiffelturm vor blauem Hintergrund, vor dem strahlenden Himmel von Paris. Darunter stand ganz schlicht: Verkauft für 100 000 Gold-Francs.

Der Sarg im Wasser

Topeka – eine Provinzstadt im Mittleren Westen Amerikas.

Im Theater herrscht atemlose Stille. Auf der Bühne stolziert ein Mann in einem paillettenbestickten schwarzen Umhang. Bei jedem Schritt läßt er ihn wie eine Fledermaus um sich herum flattern. Sein durchdringender Blick streift über das Publikum. Es knistert und prickelt im ganzen Saal – alle halten den Atem an, denn der große Augenblick ist gekommen: Der Magier wird jetzt seine Glanznummer vorführen. Eine sensationelle Nummer, einzigartig in der Welt – »Der Sarg im Wasser«! Seit Wochen schon ist die Vorstellung ausverkauft – allein wegen dieser Nummer.

Emil Stavenger ist nicht irgendein Zauberkünstler, der sein Publikum mit den üblichen Mätzchen unterhält. Er bringt keine hüpfenden Kaninchen, keine weißen Tauben, keine aneinandergeknoteten bunten Tücher, die in allen Regenbogenfarben aus dem Mund herausfließen – nein. Nichts dergleichen. Bei Emil Stavenger, da wird auch nicht gelacht. Da graut's einem.

Rechts neben dem Zauberer steht ein großes, mit Wasser gefülltes Bassin aus Plexiglas, wie ein Riesenaquarium. Und daneben – ein schwarzer Sarg aus Ebenholz.

Mit dramatischer Stimme verkündet der Zauberer – wie aus dem Jenseits:

»Meine sehr verehrten Damen und Herren! Darf ich um Ihre Aufmerksamkeit bitten!«

Es ist soweit. Ein Murmeln geht durch die Reihen.

Stavenger fordert seine Assistentin auf, den Toten-schrein zu öffnen. Die Blondine mit Zylinder und Netz-strümpfen schließt mit einem riesigen goldenen Schlüssel den Sarg auf und hebt den schweren Deckel.

»Meine sehr verehrten Damen und Herren! Kommen Sie! Treten Sie näher! Überzeugen Sie sich selber! Bitte, legen Sie sich in den Sarg hinein, wenn Ihnen danach zumute ist! Ein unvergeßlicher Eindruck! Ein Erlebnis!«

Im Gänsemarsch begeben sich die neugierigen Zuschau-er über eine kleine Treppe auf die Bühne. Sie bestaunen die makabre Kisten, inspizieren sie genau und gehen auf der anderen Seite wieder hinunter zu ihren Plätzen. Nur die ganz mißtrauischen Zuschauer tasten die Innenpol-sterung ab, doch niemand verspürt das Verlangen, die Bequemlichkeit des mit hellblauer Seide überzogenen Ruhelagers zu testen. Alle sind restlos überzeugt: der Sarg ist echt – tatsächlich, ein ganz normaler Sarg.

Emil Stavenger steht wie eine Statue in martialischer Haltung, bis der letzte Zuschauer wieder Platz genom-men hat und wendet sich nun an das Publikum:

»Ich darf jetzt den mutigen jungen Mann, der sich zu Beginn der Vorstellung als Freiwilliger gemeldet hat, zu mir bitten! Bühne frei für Herbert Pass!«

Aus der Beifall klatschenden Menge erhebt sich ein blonder Jüngling von ungefähr zwanzig Jahren, schlän-gelt sich an den Zuschauern vorbei und steigt leichten Fußes auf die Bühne. Die Assistentin bindet ihm die Arme hinter dem Rücken zusammen und stülpt eine schwarze Kapuze über seinen Kopf. Dann führt sie ihn vorsichtig zum Sarg – er legt sich hinein, macht es sich bequem und ruft laut:

»Wunderbar! Wie maßgeschneidert! Es kann losgehen!«

Der Zauberer senkt den massiven Deckel und verschließt

den Sarg zuerst mit dem goldenen Schlüssel, dann mit einem mächtigen Vorhängeschloß. Danach lehnt er sich lässig an ein Pult auf der Vorderbühne, als wollte er einen Vortrag halten und erklärt auch ganz sachlich:

»Sie konnten sich selber überzeugen: Das Sargvolumen beträgt etwa 400 Kubikdezimeter. Angesichts der Körpermaße des jungen Mannes bleiben ihm darin etwa 100 Kubikdezimeter Luft zum Atmen. Nun, der Mensch benötigt mindestens acht Kubikdezimeter Sauerstoff pro Minute. Rechnen Sie selber nach! Herbert Pass hat also noch zwölf Minuten zu leben, das heißt... mittlerweile sind es nur noch elf Minuten!«

Eine Kunst-Pause und dann knallhart:

»Aber, mein sehr verehrtes Publikum, das wäre zu einfach! Wir wollen den Sarg ins Wasser tauchen!«

Unter den faszinierten Blicken der Zuschauer hebt sich der an einem Flaschenzug befestigte Sarg nun langsam von der Bühne, schwankt ein wenig über dem Bassin und taucht schließlich gänzlich ins Wasser.

»Herbert Pass hat noch neun Minuten zu leben! Der Sarg bleibt aber im Wasser bis zum Ende der Vorstellung! Und sie wird ab jetzt genau eine Stunde dauern! Eine volle Stunde – keine Minute weniger!«

Zur Auflockerung der Stimmung fügt der Zauberer hinzu:

»Natürlich wird unserem Helden der Eintrittspreis zurückerstattet!«

Eine Stunde lang unterhält nun Emil Stavenger das Publikum mit allerhand Zaubereien, sozusagen um die Zeit totzuschlagen... bis der Sarg wieder geöffnet werden darf. Dann, auf die Minute genau, setzt der Magier den Flaschenzug wieder in Gang und zieht ihn aus dem Wasser. Die Schlösser werden entriegelt, der massive Deckel geöffnet: Der junge Mann richtet sich auf und steigt mit Hilfe der Blondine aus dem grausigen Sarkophag. Stavenger befreit Herbert Pass von den Fesseln und reißt ihm mit theatralischer Geste die Kapuze vom Kopf. Der Auferstandene blinzelt im grellen Licht der Scheinwerfer und fragt völlig verdattert, als käme er von sehr weit her zurück:

»Wie . . . wie lange war ich denn da drinnen?«

»Eine Stunde! Wie vereinbart! Ich halte mein Wort!«

Tosender Beifall bricht los. Wirklich eine tolle Nummer!

Emil Stavenger und seine Assistentin reisen von Stadt zu Stadt, und wo immer sie auftreten – die Leute geraten außer Rand und Band. Anfang der fünfziger Jahre hat das Fernsehen noch nicht überall seinen Einzug gehalten – das Publikum ist noch dankbar für solche Kunststücke. Selbstverständlich glauben dabei nur ganz wenige Menschen an ein Wunder – aber trotzdem: die Darbietung ist verblüffend.

Im Laufe des Jahres führt Stavenger seine Nummer insgesamt 38mal vor. Natürlich findet sich immer ein Freiwilliger aus dem Publikum. Dafür sorgt der Künstler selbst allerdings lange vor dem Auftritt! Die Nummer hat sich so rasch zum Kassenfüller entwickelt, daß Stavenger sich vor Angeboten kaum noch retten kann: Theaterintendanten und Hotelbesitzer, Journalisten und Gastwirte, ja sogar Sheriffs und Politiker melden sich bei Stavenger und bieten sich als Freiwillige für die Vorstellung an. Eine solche Reklame erweist sich nämlich im allgemeinen als äußerst rentabel! Wie gesagt, im allgemeinen.

Bei einem Plausch mit dem Reporter des Lokalblattes von Topeka erfährt Stavenger eines Tages von dem

Tod des jungen Herbert Pass, seines Freiwilligen vom letzten Jahr:

»Stellen Sie sich vor, er hat sich erhängt. Auf dem Dachboden der Reparaturwerkstatt in der er arbeitete. Sein Chef hat ihn gefunden.«

»Wie furchtbar! Der arme Junge. Weiß man, warum er Selbstmord begangen hat?«

»Nein, eben nicht. Beruflich hatte er keinen Ärger, er war kerngesund und privat schwebte er sogar im siebten Himmel! Die Hochzeitsglocken läuteten schon. Nur den Eltern erschien der Junge ab und zu nervös und oft sehr erschöpft.«

Einige Wochen später kommt Stavenger in die Umgebung von Denver – nach Byers, wo er schon einmal seine Nummer mit dem Sarg vorgeführt hat. Beiläufig fragt ihn der Theaterdirektor: »Ach übrigens, Sie erinnern sich bestimmt noch an Suzanna, nicht wahr? Sie war die Freiwillige hier im vergangenen Jahr.«

»Ja, ich weiß, wen Sie meinen. So eine zierliche Brünette?«

»Ja, genau.«

»Und? Was ist mit ihr?«

»Sie ist gestorben.«

»Wie denn das? Sie war noch so jung! Und sie strotzte vor Gesundheit! Das weiß ich genau! Hatte sie einen Unfall?«

»Einen Unfall – ja, vielleicht. Aber einen seltsamen Unfall. Eher einen Unglücksfall. Sie mußte sich einer harmlosen Operation unterziehen, allerdings unter Vollnarkose. Nur ganz kurz. Aber sie wachte nicht mehr auf. Die Polizei hat den Fall untersucht, konnte aber nichts Ungewöhnliches feststellen – keinen sogenannten Kunstfehler der Ärzte.«

Drei Wochen danach kommt der Zauberer wieder in eine Stadt, in der er schon einmal das Publikum mit dem »Sarg im Wasser« begeisterte. Er kann sich besonders gut daran erinnern! Er hatte sich nämlich in die hübsche Freiwillige verliebt. Die beiden waren zwei Wochen lang unzertrennlich gewesen!

Von seinem Hotel aus versucht er gleich, die junge Frau anzurufen:

»Mein Name ist Stavenger. Emil Stavenger. Ich hätte gerne mit Miss Holmanns gesprochen. Ist sie da?«

»Miss Holmanns?«

»Ja, bitte.«

Am anderen Ende der Leitung – betretenes Schweigen. Dann mit ziemlich rüdem Ton:

»Sind Sie ein Verwandter?«

»Nein, nur ein Freund.«

»Es tut mir leid, Mister Stavenger. Miss Holmanns wurde letzte Woche begraben.«

»Begraben? Aber, woran ist sie gestorben?«

»Das kann ich Ihnen nicht sagen. Am besten, Sie setzen sich mit den Eltern in Verbindung.«

Emil Stavenger ist nicht abergläubisch, aber diese drei Todesfälle erschüttern ihn doch mehr, als er zugeben will. Gewiß, er ist nicht Schuld. Er kann wirklich nichts dafür, alles nur Zufall! Aber jetzt mit den Eltern sprechen? Nein. Das will er nicht! Ganz im Gegenteil! Er bemüht sich schnellstens, diese verwirrenden Gedanken von sich zu schieben. Im vergangenen Jahr hat er 38 Vorstellungen gegeben, und seitdem sind drei von den Freiwilligen gestorben. 3 von 38. Na und? Ein bedauerlicher Zufall. Sonst nichts!

Wirklich nicht? Emil Stavenger läßt leider zwei wichtige Gesichtspunkte außer acht: Erstens ist das Verhältnis nicht 3 zu 38, denn von den 38 Städten, in denen er die

Nummer vorführte, kommt er heute erst zum sechsten Mal wieder in eine Stadt, wo er schon einmal aufgetreten ist. Also 3 zu 6! Vorläufig weiß er nicht, was aus den anderen Freiwilligen geworden ist.

Zweitens wählt Stavenger grundsätzlich Freiwillige zwischen 20 und 35 Jahren aus. Um eventuelle Komplikationen infolge der psychischen Belastung von vornherein auszuschalten. Und Anfang der fünfziger Jahre liegt die Wahrscheinlichkeitsquote eines frühzeitigen Ablebens bei dieser Altersgruppe – sei es durch Unfall, Krankheit oder sonstiges – bei 1 zu 600. Der statistische Durchschnittswert ist also bei weitem überschritten!

Aber, wie gesagt, daran will Emil Stavenger nicht denken – seine Assistentin übrigens auch nicht.

Noch nicht. Erst einige Wochen später verliert sie die Nerven:

»Du, ich habe gerade bei dem hübschen Kerl angerufen, der sich letztes Jahr hier in deinen verdammten Sarg hineingelegt hat!«

»Was heißt hier ›verdammt‹!«

»Er ist tot! Tot! Verstehst du? Tödlich verunglückt mit dem Auto! Aus unerklärlichen Gründen gegen einen Baum gerast! Emil, das ist der vierte Tote!«

Stavenger ist ein Zauberer – man kann ihm nicht so leicht etwas vormachen, und er läßt sich auch nicht so leicht aus der Fassung bringen. Ein tragischer Autounfall – das ja, aber ein vierter Todesfall, der nichts mit den anderen dreien zu tun hat. Schließlich weiß Stavenger nur zu gut, daß die Nummer mit dem Sarg die Funktionen des Organismus in keinster Weise beeinträchtigt. Und selbst wenn sie Auswirkungen auf die Psyche hätte, so kann man damit keinen Autounfall und auch keine mißlungene Anästhesie erklären.

Aber als die beiden auf ihrer Tournee nach Reeder im

Norden von Dakota kommen, wird es selbst dem nerven-
starken Zauberer zuviel, als seine Assistentin aufgeregt
in sein Zimmer stürzt:

»Emil, ich mach' das nicht mehr mit! Du mußt unbedingt
die Vorstellung absagen! Das Mädchen, das wir letztes
Jahr in den Sarg eingeschlossen haben, wurde in eine
Nervenheilanstalt gebracht! Sie wollte sich das Leben
nehmen! Emil, ich flehe dich an, gib's auf!«

Zum erstenmal wirkt Stavenger betroffen. Aber deswegen die Vorstellung absagen – das kommt nicht in Frage.
Die Blondine nimmt ihren Zylinder und zieht daraufhin
ihre Konsequenzen:

»Wie du meinst. Aber ohne mich! Such dir eine andere!«

Am Abend vor der Vorstellung in Reeder bekommt
Stavenger Besuch von der Polizei:

»Mister Stavenger, ich habe Informationen erhalten, wo-
nach Ihre Nummer mit dem Sarg in einigen Fällen fatale
Folgen gehabt haben soll. Ich würde gerne Ihre Meinung
dazu hören. Es waren bisher fünf Opfer, wenn ich richtig
unterrichtet bin?«

»Opfer? Warum sprechen Sie von Opfern? Ein paar
unserer Gelegenheits-Mitarbeiter sind gestorben. Das ist
richtig. Aber nicht in meinem Sarg! Selbstverständlich
bedauere ich diese tragischen Todesfälle, aber ich kann
darin nichts anderes sehen als puren Zufall!«

»Mister Stavenger, ich möchte auch gerne an Zufälle
glauben und ich habe wirklich nicht die Absicht, Ihnen
bei Ihrer Arbeit Steine in den Weg zu legen. Aber ich
muß Sie dennoch bitten, mir den Trick Ihrer Nummer
genau zu erklären. Unter dem Siegel der Verschwiegen-
heit, versteht sich.«

Stavenger bleibt nichts anderes übrig, als den Polizisten
in das Geheimnis seines berüchtigt gewordenen Sarges
einzuweihen. Er zeigt ihm zuerst das im Sargdeckel ein-

gebaute patentierte Beatmungssystem. Dann klärt er den Polizisten darüber auf, daß er sich immer relativ lange in einer Stadt aufhält, eben um die geeigneten Freiwilligen zu finden. Diese seien völlig frei in ihrer Entscheidung. Er informiere sie über den genauen Ablauf und übe mit ihnen mehrere Tage lang die Handhabung des Gerätes. Ferner erzählt er, er sei sich durchaus der Gefahr eines Traumas bewußt und ließe daher die Freiwilligen von einem Arzt untersuchen – vor dem Auftritt und auch danach. Und für Notfälle gebe es schließlich noch einen Knopf innen im Sarg, ganz leicht mit dem Fuß zu betätigen. Drücke man darauf, so verfärbe sich das Wasser. Beinahe triumphierend schließt der Zauberer seine Erklärungen:

»Wie sie sehen, Sheriff, ich gehe mit äußerster Gewissenhaftigkeit vor und habe alle nur denkbaren Sicherheitsvorkehrungen getroffen!«

Nach diesem Redeschwall vermag der Polizist nichts mehr zu entgegnen. Er verabschiedet sich achselzuckend.

Einige Monate verstreichen ohne den geringsten Zwischenfall, bis der Zauberer eines Tages von einem FBI-Beamten vorgeladen wird:

»Mister Stavenger, der Sheriff von Reeder hat uns von den seltsamen Zufällen unterrichtet. Daraufhin haben wir in allen Städten, in denen Sie bis zum heutigen Tag die Nummer mit dem Sarg vorgeführt haben, Nachforschungen eingeleitet – in 68 Städten. Nun, Mister Stavenger, von den 68 Freiwilligen sind elf gestorben, einer befindet sich in psychiatrischer Behandlung und ein weiterer hat zwei Selbstmordversuche unternommen. Bei anderen stellten die Ärzte eine starke Neigung zu Depressionen fest. Bei manchen traten wiederum Zwangs-

und Wahnvorstellungen auf! Vorläufig haben wir dafür keine Erklärung, aber es fällt schwer, alles nur dem Zufall zuzuschreiben, finden Sie nicht auch?«

»Soll das bedeuten, daß ich ein Mörder bin?«

»Keineswegs, Mister Stavenger. Wir wissen, daß Sie nicht direkt verantwortlich gemacht werden können. Jedoch möchte ich Ihnen nahelegen, diese Nummer einstweilen aus Ihrem Programm zu streichen, bis wir definitiv Klarheit in der Sache haben. Ich appelliere an Ihr Verantwortungsbewußtsein. Es wird nicht lange dauern, Mister Stavenger!«

»Gut. Wenn es nicht lange dauert.«

Es vergehen aber drei Jahre, ohne daß auch nur ein Fünkchen Licht in die düstere Angelegenheit gekommen wäre. Emil Stavenger erfährt lediglich, daß seine Akte mittlerweile im Innenministerium gelandet ist.

Eines Tages ist er mit seiner Geduld am Ende und fährt zum Ministerium nach Washington. Und er gibt keine Ruhe, bis er endlich dem zuständigen »Sachbearbeiter« gegenübersitzt. Da platzt ihm der Kragen:

»Hören Sie mir gut zu! Ich warte jetzt schon seit drei Jahren! Verantwortung hin, Verantwortung her, jetzt reicht's mir! Ich bin kein Verbrecher! Haben die Untersuchungen etwas ergeben, ja oder nein?«

»Nein, Mister Stavenger. Es wurden mehrere Hypothesen aufgestellt, aber wissenschaftlich gesehen bietet keine davon eine zufriedenstellende Erklärung.«

»Heißt das im Klartext, daß alles doch nur Zufall war?«

»Das können wir nicht ausschließen, jedoch . . .«

»Meine Nummer ist nicht gesetzwidrig! Und ob es Ihnen nun paßt oder nicht – ich werde sie wieder vorführen!«

»Wir können Sie nicht daran hindern. Aber, haben Sie wirklich keine Bedenken?«

»Bedenken? Ach, Sie meinen wohl, der Sarg ist verhext, was? Der verwünschte Sarg! Wollen Sie vielleicht damit argumentieren?«

Der FBI-Beamte kann sich ein nachsichtiges Lächeln nicht verkneifen:

»Derartiges liegt mir völlig fern! Aber wäre es nicht denkbar, daß das Erlebnis, eine Stunde lang in einem Sarg eingeschlossen und im Wasser versenkt zu sein doch zu einem späteren Trauma führen könnte? Wir vermuten, daß die seelischen Erfahrungen so erschütternd sein können, daß die Person unbewußt zum Selbstmord getrieben wird, oder eine latente Bereitschaft zu sterben entwickelt, wobei die natürlichen Abwehrkräfte des Körpers geschwächt werden. So sehr, daß der Organismus immer weniger reagiert, bis er schließlich todkrank wird.«

Ungläubiges Schweigen. Der Zauberer kann und will es nicht für möglich halten:

»Das, das ist doch nicht Ihr Ernst?«

»Ich mache Ihnen einen Vorschlag: Sie nehmen die Nummer wieder in Ihr Programm auf – aber Sie wechseln nicht mehr die Partner. Sie engagieren eine Person, die Sie bestens einarbeiten und körperlich wie psychisch ständig betreuen.«

»Das ist aber nicht so eindrucksvoll!«

»Aber immer noch besser als nichts, oder?«

Daß damit die Zahl der eventuellen Toten auf ein Minimum reduziert wird, bleibt zwar unausgesprochen, ist aber deutlich herauszuhören.

»Na ja! Ich fürchte, ich habe keine andere Wahl.«

Emil Stavenger engagiert einen jungen Schauspieler italienischer Herkunft. Er heißt Corso Arnaldi. Nach zahlreichen Tests, einem gründlichen Training und wochenlanger körperlicher und seelischer Schulung ist es dann soweit: Der »Sarg im Wasser« geht wieder auf Tournee. Bühne frei für Corso Arnaldi.

Drei Monate später in einem Hotel in Cincinnati: Die Pfeife des Bademeisters schrillt in der Abenddämmerung – der letzte Gast soll endlich aus dem Schwimmbecken kommen. Die Reinigungskolonne will sich an die Arbeit machen:
»Heh! Sie da! Kommen Sie jetzt bitte raus.«
Der Mann ist tot. Sein Name: Corso Arnaldi. Todesursache: Herzversagen. Wieder nur ein unglücklicher Zufall? Natürlich!
Aber selbst für einen Magier ist das zuviel des Guten. Der Sarg aus Ebenholz wird unverzüglich zerhackt und verbrannt – für alle Zeiten zur Hölle geschickt. Der »Sarg im Wasser« endet im Feuer.

Der Mann von Nirgendwo

1958. Hafenpolizei in Marseille.
Vor Kommissar Viaud sitzt ein Mann, der seit 35 Jahren von Interpol verfolgt wird. Genau seit dem Jahr 1923, als die »Internationale Kriminalpolizei« gegründet wurde. Erst später, unmittelbar nach dem Zweiten Weltkrieg, wurde der Hauptsitz dieser weltweiten Organisation von Wien nach Paris verlegt – und nannte sich von da an INTERPOL.

Der Mann, der heute abend im Hafengebäude vor dem Kommissar sitzt, ist also der »dienstälteste Kunde« von Interpol. Er heißt Jean Primo und ist fünfzig Jahre alt. Ungefähr. So genau weiß er das nicht. Er ist dürr wie ein Klappergestell, hat weißes, stoppeliges Haar, und mit seinen abgeklärten Augen starrt er ins Leere, als könnte ihn nichts mehr auf der Welt erschüttern – schon gar nicht die Polizei!
Es ist sieben Uhr abends. – Die beiden Männer sitzen sich seit einer Viertelstunde stumm, aber keineswegs feindselig gegenüber. Ein geduldiger Kommissar vor einem hartnäckigen Ganoven, der nicht singen will? Nein. Beide warten lediglich auf den hohen Beamten des Generalsekretariats von Interpol, der jeden Augenblick eintreffen soll. Er kommt extra aus Paris mit dem Auftrag, dem irrsinnigen Katz-und-Maus-Spiel ein für allemal ein Ende zu machen. Wobei nicht eindeutig klar ist, wer hier eigentlich die Katze ist und wer die Maus.

Als Jean Primo vor einigen Tagen dem Kommissar Viaud vorgeführt wurde, glaubte dieser zuerst, es handele sich nur um einen ganz gewöhnlichen Fall illegaler Einreise. Doch bald merkte er – die Dinge liegen weitaus komplizierter! Einfach einen Ausweisungsbefehl zu verhängen – damit wäre es nicht getan. Ja, das wäre sogar lächerlich! Interpol mußte eingeschaltet werden. Und Paris schickte nicht etwa einen beliebigen Beamten nach Marseille, sondern gleich den Leiter des Generalsekretariats! Jean Primo ist nämlich nicht irgendwer.

Kurz nach sieben Uhr betritt also der Interpol-Beauftragte das Büro. Er nickt, grüßt knapp, nimmt Platz und mustert zuerst einmal diesen berühmten Jean Primo in aller Ruhe. Offensichtlich kann er es gar nicht fassen, endlich vor dem Mann zu sitzen, der – nicht nur für Interpol – zur Legende geworden ist. Jean Primo ist es allerdings anscheinend völlig gleichgültig, was um ihn geschieht und vor allem, was mit ihm geschehen soll.

Jetzt schweigen alle drei Männer! Ja, vor Jean Primo fällt jedem das Reden schwer – und er selber denkt nicht im Traum daran, wieder einmal die Geschichte seines Lebens von vorne abrollen zu lassen.

Ein verlegenes Räuspern, und der Pariser Hohe Kommissar leitet endlich das Gespräch ein:

»Sie machen nicht gerade den Eindruck, als wären Sie begierig darauf, mir von Ihren Schwierigkeiten zu erzählen.«

»Stimmt.«

»Wenn ich Ihnen helfen soll, wird sich das aber nicht vermeiden lassen.«

»Sie können mir nicht helfen.«

»Woher wollen Sie denn das so genau wissen?«

»Andere haben es vor Ihnen versucht! Könige, Präsidenten, Diktatoren! Keiner hat etwas erreicht.«

»Nun, zugegeben . . . Verglichen mit solchen Persönlichkeiten bin ich nur ein kleiner Polizist, aber ich habe mir nun einmal fest vorgenommen, etwas für Sie zu tun und ich werde keine Ruhe geben, bevor wir eine Lösung gefunden haben! So geht es nicht weiter!«

»Warum nicht? Bis jetzt hat es keinen gestört, und mir ist mittlerweile alles egal!«

»Das kann ich Ihnen nachfühlen! Aber wenn's so ist, kommt es sowieso nicht mehr auf einmal mehr oder weniger an, oder? Erzählen Sie! Bitte.«

»Meinetwegen! Wo soll ich denn anfangen?«

»Ganz von vorne!«

»Gut. Aber es wird eine lange Nacht werden!«

Und Jean Primo beginnt zu erzählen – mit tiefer, matter Stimme, in der alle möglichen Klänge vieler Sprachen mitschwingen. Er erzählt sein Leben: eine unvorstellbare Geschichte.

Alles beginnt am 9. Oktober 1907 in Istanbul.

»Barmherzige Schwestern« lesen an jenem Morgen ein Findelkind vor dem Elisabethinerinnen-Kloster auf. Es ist etwa sechs Monate alt, vielleicht auch älter. Schwer zu sagen, denn das Kind ist unterernährt. Es trägt nichts bei sich, das seine Herkunft verraten würde: keinen Brief, keine Halskette, kein Medaillon. Nichts. Nur eines fällt auf: es sieht nicht türkisch aus mit den spärlichen, aber doch eindeutig blonden Haaren und mit seinen blauen Augen. Auch seine Haut ist ganz hell. Woher mag es nur kommen?

Die Oberin des französischen Missionsklosters will selbstverständlich das Findelkind bei den zuständigen

Behörden melden, aber wen kümmerte schon damals – 1907 – ein ausgesetztes Baby. Noch dazu in Istanbul, wo nicht einmal die kinderreichen türkischen Familien sich die Mühe machten, ihre Neugeborenen anzumelden!
Bei den Behörden wird also die christliche Oberin ziemlich schroff abgefertigt:
»Machen Sie damit, was Sie wollen! Sie sagen doch selber, daß Sie keine Ahnung haben, woher es kommt, ja, daß es möglicherweise sogar ein ausländisches Kind ist! Wir melden uns schon bei Ihnen, falls ein Baby in der nächsten Zeit als vermißt gemeldet werden sollte!«

Die Nonnen behalten also den Jungen und taufen ihn auf den Namen Jean Primo. »Primo«, weil es das erste Kind ist, das ihnen auf diese Weise anvertraut wurde. In den Annalen des Klosters wird lediglich vermerkt:
»9. Oktober 1907 – Findelkind aufgenommen. Eltern: unbekannt. Geburtsort: unbekannt. Geburtsdatum: unbekannt. Geschlecht: männlich. Alter: sechs Monate bis ein Jahr. Religion: katholisch, im Kloster getauft. Name: Jean Primo.«
In den folgenden 15 Jahren wird kein Kind in Istanbul vermißt – Jean Primo wächst bei den Schwestern auf, streng katholisch versteht sich und wird in bester französischer Tradition erzogen.
Eines Tages im Jahre 1922 schlendert Jean an seinem Ausgehnachmittag den Hafen entlang und bleibt auf einmal wie angewurzelt vor einem traumhaft schönen Segelschiff – einem Dreimaster – stehen. Wie gesagt, der Junge ist mittlerweile 15 Jahre alt und plötzlich überfällt ihn eine unbändige Abenteuerlust. Die See ruft . . .
Anstatt zum Kloster zurückzukehren schleicht er sich an Bord, ohne sich dabei viel zu denken – und vor allem, ohne Papiere!

Erst auf hoher See wird er von der Mannschaft entdeckt. Der Kapitän zeigt großes Verständnis für den jungen blinden Passagier. Er kann sich lebhaft vorstellen, daß ein halbwüchsiger Junge viel lieber mit kernigen Matrosen die Welt entdecken möchte, als weiterhin mit den lieben, aber strengen Ordensschwestern zu leben. Das ist doch nichts für einen Mann! Jean wird gleich als Schiffsjunge angeheuert und kreuzt nun quer durchs Mittelmeer. Drei Jahre lang! Eine herrliche Zeit. Nur eines darf er nicht: An Land gehen. Der Kapitän will keine Schwierigkeiten mit den Hafenbehörden bekommen. Vielleicht haben die Nonnen den Jungen als vermißt gemeldet, nicht nur bei den türkischen Behörden, auch bei den französischen. Und die verstehen keinen Spaß, besonders jetzt nicht, nach dem Ersten Weltkrieg! Die Beziehungen zwischen Frankreich und der Türkei sind nicht die besten. Aber selbst dann, wenn sich keiner um das Verschwinden des Jungen Gedanken macht – blinde Passagiere ohne Papiere müssen sofort beim nächsten Einlaufhafen ausgebootet werden. Der Kapitän mag aber den Jungen, und die Mannschaft auch. Alle halten dicht. Wirklich eine herrliche Zeit nach dem Klosterleben!

1925 ist Jean Primo vermutlich 18 Jahre alt und er träumt davon, endlich ein Vollblutmatrose zu werden. Er will auf einem großen Passagierdampfer anheuern, denn das Mittelmeer kennt er in- und auswendig. Als sein Segelschiff eines Tages in Marseille Anker wirft, nimmt er Abschied vom Kapitän und von seinen Freunden: »Macht euch keine Sorgen um mich ... ich wollte schon immer nach Frankreich. Jetzt bin ich 18, ich muß allein zurechtkommen, und ich will endlich Papiere haben! Ich brauche welche! Ich kann mich doch nicht mein Leben lang verstecken! Ahoi! Wir sehen uns bestimmt wieder!«

Zum erstenmal seit drei Jahren geht Jean Primo also an Land und begibt sich in Marseille direkt zum türkischen Konsulat. Dort bekommt er sicher einen Personalausweis.

»Wie kamen Sie auf diese Idee?« möchte der Interpol-Kommissar wissen. »Sie sagten doch vorhin, daß die Türken, damals als Sie vor dem Kloster ausgesetzt wurden, Sie nicht registriert hatten.«

»Ja, das stimmt. Aber ich hatte keine andere Wahl. Nach meiner Flucht aus dem Kloster habe ich mehrmals der Oberin geschrieben. Irgendwie mochte ich sie gut leiden! In meinem ersten Brief wollte ich sie also beruhigen, sie sollte wissen, daß es mir gut geht. Später habe ich sie mehrmals darum gebeten, mir eine Bescheinigung zu schicken, über Umwege, versteht sich! Aber sie weigerte sich, mit der fadenscheinigen Begründung, ich hätte das Kloster unerlaubt vor Eintritt meiner Volljährigkeit verlassen. Mir bleiben also nur die Türken! Ich dachte, das Konsulat würde Nachforschungen anstellen und in Anbetracht der Tatsache, daß ich wahrscheinlich in Istanbul geboren wurde und bis zu meinem 15. Lebensjahr dort gelebt habe – da würde man mir eben einen türkischen Ausweis ausstellen. Es dauerte sehr lang mit den Erkundigungen zwischen Marseille und Istanbul, aber am Ende bekam ich doch so etwas Ähnliches wie einen Ausweis. Ich galt als Immigrant unbekannter Herkunft mit Aufenthaltsgenehmigung. Ein richtiger Türke war ich also nicht, aber das war mir egal. Ich hatte endlich Papiere in der Hand! Mehr brauchte ich nicht. Damit konnte ich anheuern – und auch die französische Staatsangehörigkeit beantragen.«

Jean Primo seufzt bei dem Gedanken. Er hätte damals so viel darum gegeben, Franzose werden zu können. Und er unternahm auch alle erdenklichen Schritte – wie verworren seine Lage auch war –, um diesen Traum zu verwirklichen. Aber auf seine Anfrage bei der französischen Regierung ließ ihn das Außenministerium wissen, der einfachste Weg zur Erlangung der französischen Staatsangehörigkeit für Leute wie ihn bestünde darin, sich für fünf Jahre bei der Fremdenlegion zu verpflichten.

Anfang 1926 geht Jean Primo also unter die Fremdenlegionäre, obwohl er das Militär haßt.

Es war eine harte Zeit, doch Jean Primo hätte schon durchgehalten bei der Fremdenlegion – so stark war seine Liebe zu Frankreich! Er bleibt allerdings nur zehn Monate lang. Die Ausmusterungskommission von Casablanca entläßt ihn wegen Untauglichkeit: Er leidet an Malaria.

Einige Monate später taucht er wieder in Marseille auf, fest entschlossen, alle Hebel in Bewegung zu setzen: Er will unbedingt Franzose werden. Vergebens. Ein Jahr lang schickt man ihn von Pontius zu Pilatus, und am Ende steht er genau dort, wo er zwei Jahre zuvor zum erstenmal an Land gegangen ist: Auf dem Marseiller Hafen, wo er leicht untertauchen kann und sich als Docker mit Löscharbeiten an den Kais und Molen durchs Leben schlägt. Bis zu dem Tag als er Ärger mit einem streitsüchtigen Matrosen bekommt. Ohne ersichtlichen Grund wirft ihm der Mann eines jener Schimpfworte an den Kopf, das jeden Südländer in Rage bringt: »Du dreckiger Bastard!« Zwei Kinnhaken, eine Gerade und der Matrose landet im Krankenhaus, Jean Primo im Gefängnis.

»Haben Sie den Mann so schwer verletzt?«

»Nein! Schon nach drei Tagen war er wieder auf den Beinen! Aber ich habe drei Monate lang gesessen und ich wurde auf Lebenszeit aus Frankreich ausgewiesen! Ich mußte binnen acht Tagen das Land verlassen. Ich wußte aber nicht... wohin? Ich durfte nicht einmal in die Türkei zurück. Das türkische Konsulat in Marseille be-

schlagnahmte den Immigrantenausweis mit der Begründung, ich sei vorbestraft! Ich stand also wieder einmal ohne Papiere da. Aber ich war nicht so leicht kleinzukriegen! Ich dachte mir: ›Du mußt nach Istanbul! Du mußt zum Kloster gehen und mit der Oberin reden! Dort, an Ort und Stelle, muß man mir einen Ausweis ausstellen!‹«
Und wieder sticht Jean Primo in See, als blinder Passagier, versteckt im Maschinenraum eines türkischen Frachters mit Zielhafen Istanbul.
Ein Heizer entdeckt Jean Primo und schleppt ihn zum Kapitän. Dieser zeigt keinerlei Verständnis für den angeblichen Türken, der sich in seiner Muttersprache nicht einmal halbwegs verständigen kann! In Istanbul liefert er ihn sofort der Hafenpolizei aus. Ein Monat Gefängnis. Und alle Gesuche an die türkischen Behörden erweisen sich als sinnlos. Niemand ist bereit, ihm seine verrückte Geschichte abzunehmen. Ja, man lacht ihn sogar aus.
Aber Jean Primo ist zäh. Vier Wochen Gefängnis, na wenn schon! Er ist in Istanbul, das ist die Hauptsache. Sobald er aus dem Gefängnis kommt, wird er zur Oberin gehen und mit ihr zusammen zur Regierung. Es wird schon klappen. Es muß!
Am Abend vor seiner Freilassung überbringt ihm der Oberaufseher ein offizielles Schreiben der Einbürgerungsstelle. Darin steht:
»Sie wurden katholisch getauft und erzogen. Sie können die türkische Staatsangehörigkeit also nicht erlangen. Unsere Staatsreligion ist der Islam. Zweitens ist nicht festzustellen, ob Sie tatsächlich in Istanbul geboren wurden. Drittens haben Sie freiwillig die Türkei verlassen. Viertens sind Sie mehrmals vorbestraft. Demzufolge werden Sie des Landes verwiesen. Morgen begleitet Sie die Polizei direkt vom Gefängnis zu dem Schiff, das wir für Sie ausgesucht haben. Es läuft mehrere ausländische

Häfen an. Von uns aus dürfen Sie von Bord gehen, wo es Ihnen beliebt. In Italien vielleicht. Wenden Sie sich doch an den Vatikan!«

Ein boshafter, ironischer Brief. Aber mit der Ausweisung ist es bitterernst gemeint. Und am nächsten Tag, begleitet von zwei Polizisten, geht Jean Primo ausgerechnet an Bord des Frachters, mit dem er vor einem Monat in Istanbul eingelaufen war. Der Kapitän steht an Deck und begrüßt ihn höhnisch:

»Willkommen an Bord! Wohin geht die Reise?«

Wohin schon? Nach Marseille selbstverständlich. Vorausgesetzt, er schafft es, dort an Land zu gehen, bevor die Hafenpolizei ihn festnimmt. Nur in Marseille hat er eine Chance unterzutauchen. Er spricht fließend französisch und außerdem hat er dort noch ein paar Freunde, die ihm bestimmt helfen werden.

Ja, das tun sie auch – zwei Tage lang. Dann taucht die Fremdenpolizei auf: vier Wochen Gefängnis wegen Verstoßes gegen den Ausweisungserlaß!

Dieses Trauerspiel wiederholt sich pausenlos bis 1940! Kaum verläßt Jean Primo ein Gefängnis, schon kommt er ins nächste. Er macht die Runde durch ganz Frankreich – zwölf Jahre lang! Bis der Krieg in ganz Europa wütet. Da hat er endlich seine Ruhe! Ironie des Schicksals! Jetzt haben es die Behörden mit ganz anderen illegalen Einreisenden zu tun.

Kommissar Viaud und der Interpolbeamte hören betroffen zu – und schweigen.

»Was ist? Was sagen Sie nun? Was hätten Sie an meiner Stelle gemacht? Man wollte mich nicht einmal als Soldat haben! Und ehrlich gesagt, ich weiß auch nicht, für welches Vaterland ich hätte kämpfen sollen! Ich hatte die Nase voll von Europa! Und als es zusammenbrach, war mir das ganz egal. Zum erstenmal seit achtzehn Jahren war ich ein freier Mann! Ohne Papiere – aber ich war nicht der einzige! Ich beschloß ein neues Leben anzufangen und bin nach Amerika ausgewandert! Als blinder Passagier, aber dieses Mal hat mich keiner entdeckt. Ich hatte ja langsam Übung in der Sache!

Am 6. August 1940 habe ich aus meinem Versteck der Freiheitsstatue in New York zugewinkt. Das war vor achtzehn Jahren! Und heute sitze ich wieder hier in Marseille vor der Polizei, genauso wie 1925, immer noch ohne Papiere! Nur eine Kleinigkeit hat sich geändert: Ich bin nicht mehr Jean Primo. Ich bin Douglas Griffith! Was ich alles erlebt habe, seitdem ich mir diesen Namen zugelegt habe – damals, als ich in New York an Land ging –, das würden Sie mir nicht glauben, wenn die ganze Weltpresse darüber nicht berichtet hätte!«

Am 6. August 1940 also läuft ein Ozeandampfer in den New Yorker Hafen ein. An Bord – viele europäische Emigranten und ein blinder Passagier: Jean Primo. Aus seinem Versteck winkt er der Freiheitsstatue zu. Geschafft! Hier im Lande der unbegrenzten Möglichkeiten wird er ein neues Leben anfangen – ein freies Leben. Mit 33 Jahren ist noch alles möglich, selbst für einen Mann, der niemals Papiere hatte und deswegen achtzehn Jahre lang im alten Europa die denkbar schlechtesten Erfahrungen mit der Polizei machte. Aber nun gehört all das der Vergangenheit an...

In New York läßt sich Jean Primo viel Zeit, bevor er an Land geht. Jetzt kommt es wirklich auf eine Stunde mehr oder weniger nicht an. Bis hierher ist alles gutgegangen – aber nun muß er höllisch aufpassen. Denn bei der Flut von Immigranten prüft die amerikanische Hafenpolizei jeden Einreisenden besonders gründlich. Und Jean hat nach wie vor keinen Paß. Und anders als die meisten Flüchtlinge aus Europa, kann er nicht einmal um politisches Asyl bitten. Vielleicht wäre das der einfachste Weg, aber er kann es nicht riskieren. Es ist zwar unwahrscheinlich, aber immerhin doch möglich, daß sein Name auch hier auf der schwarzen Liste steht.

Also wartet er, bis sich die Menge am Kai verzogen hat und schleicht erst dann von Bord. Es ist mitten in der Nacht, als er im Gewühl des Hafenviertels untertaucht. Für Jean Primo ist es kein Problem, bald an die Leute heranzukommen, die hier – wie in allen Häfen der Welt – mit falschen Papieren handeln. Hat man genügend Geld, ist es 1940 in New York ein Kinderspiel, eine neue Identität zu erwerben.

Hat man keins, so ist das nicht tragisch: Man bekommt auch einen neuen Namen mit allen dazugehörigen Ausweisen und Scheinen – und dafür muß man sich nur erkenntlich zeigen und der großen Familie der Unterwelt niemals untreu werden! Nachwuchs ist immer willkommen, das heißt, wenn das neuaufgenommene Mitglied auch spurt. Jean Primo hat keine andere Wahl. Von nun an heißt er also Douglas Griffith und ist – zumindest auf dem Papier – ein waschechter Amerikaner.

1958 erzählt Jean Primo, alias Douglas Griffith, schon seit zwei Stunden die Geschichte seines irrsinnigen Lebens bei der Hafenpolizei in Marseille. Kommissar Viaud und der Leider des Generalsekretariats von INTERPOL unterbrechen ihn kaum – sie sind sprachlos. Und wenn sie zwischendurch dem mittlerweile Fünfzigjährigen eine Frage stellen, dann nur aus Verlegenheit. So zum Beispiel:

»Nun, Sie hatten endlich einen Namen und Papiere. Was ist schiefgelaufen?«

»Das fragen Sie mich? Sie, ein hohes Tier von INTERPOL? Soll ich Sie vielleicht aufklären, wie es in der Unterwelt zugeht? Glauben Sie im Ernst, die Brüder hätten mir aus Barmherzigkeit Papiere verschafft?«

»Nein, das nicht, aber . . .«

»Was ›aber‹? Ich stehe da mit einem amerikanischen Ausweis von der Mafia ausgestellt! Und ich spreche kein Wort von dem Kauderwelsch da drüben! Ich lebe von der Hand in den Mund, immer haarscharf am Gesetz vorbei, immer mit den Brüdern im Rücken! Ein Wunder, daß ich mich überhaupt ein Jahr lang durchschlagen konnte, ohne eine Dummheit zu machen! Aber irgendwann mußte es ja passieren!

Ich bin mit drei guten Freunden abgehauen. Wir wollten unbedingt so weit weg wie möglich – an die Westküste, quer durch Amerika! Aber dann, mitten in Texas – Peng! Da lassen mich die drei ohne einen Cent stehen, weil ich bei einer krummen Sache nicht mitmachen will! Ja, ja, ich war schon immer ein anständiger Kerl, blöd, was? Ich hab' schon versucht, ein paar Dollar auf ehrliche Weise zu verdienen, irgendwie mußte ich ja leben und sparen wollte ich auch noch! Für die Weiterreise nach dem Westen, verstehen Sie? Aber meine guten Freunde haben mir einen Strich durch die Rechnung gemacht! Sie haben mich verpfiffen und ich mußte verduften! Da hab' ich zum erstenmal den Kopf verloren – ich habe ein Auto gestohlen, das heißt, ich wollte es mir eigentlich nur kurz ausleihen. Ich hatte nicht einmal genug Geld für Benzin und hätte das Ding sowieso stehen lassen. Eine halbe Stunde läuft alles bestens. Eine halbe Stunde, hören Sie? Keine Minute länger. Da taucht auf einmal ein Polizist mitten auf der Landstraße auf... 100 Meter vor mir, und will mich anhalten! Was mache ich? Ich gebe Gas! Ich dachte, der springt im letzten Augenblick zur Seite, aber nein! Ich war an einen heldenhaften Polizisten geraten, den einzigen, den ich jemals auf meinem Weg getroffen habe! Der bleibt tatsächlich stehen wie ein Denkmal, ich versuche noch zu bremsen – zu spät. Ich habe ihn überfahren, er war auf der Stelle tot! Ja, ich hatte einen Polizisten getötet. Als seine Kollegen am Tatort eintrafen, kniete ich noch neben ihm. Ich habe geheult wie ein Schloßhund. Ein schöner Anfang für ein neues bürgerliches Leben, nicht wahr? Aus der Traum, und ich lernte Texas kennen. Die Hölle!«

Jean Primo legt eine Pause ein. Er weiß um die Wirkung eines solchen Geständnisses bei zwei hohen Polizeibeamten. Und er wartet auf die Entrüstung, die kommen muß.

»Sie haben einen amerikanischen Polizisten getötet und Sie sind hier in Marseille? Da haben Sie aber verdammtes Glück gehabt!«

»Wie man's nimmt! Die texanischen Richter haben kurzen Prozeß mit mir gemacht, und ich bekam lebenslänglich. Sie hatten es so eilig, mich für den Rest meines Lebens hinter Gitter zu bringen, sie haben nicht einmal gemerkt, daß ich weder Douglas Griffith, noch Amerikaner war! Ich habe es auch niemandem erzählt. Wozu auch? Mir war mittlerweile alles gleichgültig. Seit zwanzig Jahren war ich auf der Flucht – nun konnte ich mich ausruhen, bis ich sterbe!«

Der INTERPOL-Beamte schweigt. Er weiß, was jetzt kommt. Kommissar Viaud hingegen hat keine Ahnung und fragt ungläubig:

»Sind Sie aus dem Gefängnis getürmt?«

»Nein. Leider nicht! Ich bin ganz offiziell entlassen worden!«

»Warum leider?«

»Herr Kommissar, das ist wiederum eine sehr, sehr lange Geschichte. Also: Mein Anwalt war ein ganz junger Kerl, hatte kaum Berufserfahrung. Ich war sozusagen sein erster Fall, er war mein Pflichtverteidiger. Ich konnte mir ja keinen Rechtsbeistand leisten. Nun, es wurmte ihn sehr, diesen Prozeß so glatt verloren zu haben! Und außerdem war ich ihm sympathisch, sagte er! Er besuchte mich ab und zu im Gefängnis. Eines Tages, nach etwa zwei Jahren, erzählte ich ihm von meinem Leben, von meinem europäischen Leben. Da sprang er auf – er war außer sich vor Freude! Und er brüllte mich an: ›Douglas, um Gottes willen, warum haben Sie mir das Ganze verschwiegen! Das ist vielleicht Ihre Rettung! Ich glaube, jetzt weiß ich, wie ich Sie herausholen kann! Wir beantragen eine neue Verhandlung. Das hier sind handfeste Indizien! Die Staatsanwaltschaft muß mit einem neuen Prozeß einverstanden sein!‹

Und ich erzählte ihm alles, aber auch alles. Er machte sich ganz aufgeregt Notizen, er lachte und klopfte mir auf die Schulter: ›Toll, Douglas, weiter! Die werden Augen machen! Das ist ja nicht zu fassen! Sie sind mir schon einer!‹ Ich dachte, er hat nicht mehr alle Tassen im Schrank.

Eine Zeitlang hörte ich dann nichts mehr von ihm. Aber er kam doch wieder, und dieses Mal war er sehr ernst. Er klärte mich über meine juristische Lage auf: ›Douglas, es ist so: Nach amerikanischem Recht haben Sie, bevor Sie den Polizisten überfahren haben, ein viel schwerwiegenderes Verbrechen begangen: Sie sind illegal in die USA eingereist! Sie haben einen Menschen in Texas getötet, klar. Und Sie wurden für diese Tat von einem texanischen Gericht verurteilt. Auch klar. So schreibt es das Gesetz vor. Aber die illegale Einreise in die USA ist ein direkter Verstoß gegen das Bundesgesetz der Vereinigten Staaten. Und das hat absoluten Vorrang vor allen anderen Gesetzen der verschiedenen Staaten! Das ist Ihre Chance! Sie müssen sich also selbst anzeigen, selbst sagen, daß Sie gar kein Amerikaner sind und illegal eingereist sind – und vor allem müssen Sie die Leute anzeigen, die Ihnen falsche Papiere ausgestellt haben!‹

Nun, ich hatte nichts zu verlieren, da habe ich alles getan, was er wollte. Ich habe lauthals überall verkündet: ›Ich bin nicht Douglas Griffith! Ich bin ein türkischer Immigrant ohne Visum und ohne Paß, ich bin in Europa vorbestraft! Ich bin kein Amerikaner!‹ Und ob Sie es glauben oder nicht – es hat funktioniert. Die riesige

Verwaltungsmaschine setzte sich in Bewegung, die texanischen Behörden haben getobt, aber sie konnten nichts machen: Gesetz ist Gesetz. Sie hatten einen Mann verurteilt, den es im Grunde gar nicht geben durfte. Nicht Douglas Griffith hatte sich schuldig gemacht, sondern Jean Primo, damals, am 6. August 1940 in New York. Die neue Anklage lautete nun auf illegale Grenzüberschreitung, und ich wurde aus den USA ausgewiesen! Ja, das ist amerikanische Logik: Zuerst des Landes verweisen, und erst dann wieder ins Gefängnis. Aber wo und wie, wenn ich nicht mehr im Lande bin? Darum kümmert sich eben INTERPOL! Wie dem auch sei, ehe ich mich versehe, bin ich wieder in New York an Bord eines Handelsschiffes und ich verlasse Amerika. Ganz offiziell, ganz legal! Ich wußte allerdings nicht, wohin die neue Reise ging.«

»Und . . . wohin ging die Reise?«

»Nach Hongkong.«

»Welche Route? Welche Anlaufhäfen?«

»Panama, Honolulu, Yokohama, Taipeh und Hongkong.«

»Ich verstehe. Alle an INTERPOL angeschlossenen Staaten.«

»Genau. Das war von vornherein ein abgekartetes Spiel. Die INTERPOL-Beamten in Washington haben das Generalsekretariat in Paris eingeschaltet, und von dort aus wurden dann in allen Anlaufhäfen die Nationalen Büros von INTERPOL benachrichtigt. Ich konnte nirgendwo an Land gehen.«

Nach einer endlosen Seereise um die halbe Welt kommt Jean Primo also eines Tages in Hongkong an, wo das Schiff gleich aufs Trockendock gelegt werden muß. Jetzt war die Reise zu Ende, sollte man annehmen. Aber es kam wieder einmal ganz anders. Die Polizei von Hongkong – die britische Polizei Seiner Majestät, verhängte sofort ein Einreiseverbot gegen Jean Primo, und noch bevor INTERPOL eingreifen konnte, kletterten die britischen Polizisten auf das Schiff und brachten Jean Primo zu einem anderen Schiff, einem ganz kleinen. Die Tailoy war eine Nußschale verglichen mit all den großen Dampfern, auf denen Jean Primo sein Leben lang quer durch die Weltmeere gekreuzt war. Sie überquerte jeden Tag die Bucht von Canton – Pendelverkehr zwischen der britischen Kolonie Hongkong und der portugiesischen Überseeprovinz Macao. »Dort nehmen sie es mit den Gesetzen nicht so genau«, sagten die Briten, »Sie können von Glück reden! Die Portugiesen werden Sie kaum an die USA ausliefern, und in Macao, da kann jeder untertauchen! Ein wahres Eldorado für Leute wie Sie!«

Die Tailoy ist ein kleines Schiff, aber recht bequem und gastfreundlich. Sie ist ausschließlich für touristische Zwecke bestimmt, ausgestattet für kurze Vergnügungsfahrten. Als sie Hongkong verläßt, schöpft Jean Primo erneut Hoffnung. Er fühlt sich frei wie schon seit langem nicht mehr und betritt sogar das Restaurant. Es ist nur ein einziger Tisch frei. Er setzt sich und bestellt ein Glas Wasser. Kurz darauf kommt ein etwas dicklicher, jovialer Mann an seinen Tisch und fragt höflich, ob er Platz nehmen dürfe. Selbstverständlich darf er. Er bestellt einen Whisky, wird prompt bedient, leert das Glas mit einem Zug und stellt sich vor. Er ist gebürtiger Schotte, war früher Ingenieur und kam eines Tages beruflich nach Hongkong. Da war es um ihn geschehen. Er verfiel sofort der fernöstlichen Faszination dieser Stadt mit ihren tausend Gesichtern und beschloß, nie wieder nach Europa zurückzukehren. Nachdem er lange genug alle Vorzüge des asiatischen Lebens genossen hatte, suchte er eine Stelle und er fand auch gleich eine: Er ist der Kapitän auf der Tailoy.

»Sie trinken doch nicht etwa Wasser?« fragt er entrüstet, wie es sich für einen Schotten gehört.

»Doch. Wasser ist erfrischend.«

»Erfrischend? Ja, mag schon sein. Aber Sie werden gleich etwas Stärkeres brauchen, lieber Freund!«

Und er bestellt zwei doppelte Whiskys.

»Die Polizei von Hongkong hat mich über Sie genauestens informiert. Ja, ich weiß Bescheid! Und ich wette, daß man Sie in Macao niemals an Land gehen lassen wird!«

»Warum!!?«

»Die Polizei in Hongkong hat uns beide hinters Licht geführt! Das weiß ich genau. Wissen Sie, es ist so: In Macao sitzen einige Engländer, und Hongkong möchte sie nun mal sehr gerne wieder haben. Wenn sie nämlich zu viel reden, könnte es für ein paar hohe britische Beamte in Hongkong brenzlig werden. Auf der anderen Seite, also in Macao, sind die Behörden bemüht um bessere Beziehungen zu INTERPOL und den Vereinigten Staaten. Das Ganze ist ein wenig kompliziert, hier herrschen nun mal andere Gesetze! Man arrangiert sich, eine Hand wäscht die andere, verstehen Sie? Haben Sie sich nicht gewundert, daß INTERPOL in Hongkong nichts gegen Sie unternommen hat? Alle stecken unter einem Hut! Die britische Polizei schickt Sie nach Macao, INTERPOL ist damit einverstanden, selbstverständlich! Dort gehen sie unbehelligt an Land, werden aber sofort festgenommen und den Amerikanern ausgeliefert. Dafür kommen die Engländer aus dem Gefängnis, und INTERPOL drückt in Macao eine Weile alle beide Augen zu. Verstehen Sie nun, was hier gespielt wird?«

»Ja. Das heißt, nein. Sie sagten doch vorhin, ich dürfte in Macao bestimmt nicht an Land gehen.«

»Stimmt. Das weiß ich. Aber nicht die Polizei von Hongkong. Und INTERPOL auch nicht. Sie hoffen nur, daß es klappt – aber sie täuschen sich. *Sie* sind nicht wichtig genug für einen Tausch. Was haben Sie schon verbrochen, heh? Kein Mensch interessiert sich in Macao für den texanischen Polizisten, den Sie überfahren haben. Sie sind nur wichtig, wenn Sie nicht an Land gehen dürfen, damit kann man INTERPOL in Macao unter Druck setzen.«

Der Kapitän hatte leider recht. In Macao durfte Jean Primo nicht an Land und er fährt auf der Tailoy nach Hongkong zurück. Dort darf er das Schiff ebenfalls nicht verlassen – also wieder Richtung Macao. Und so pendelt er zwischen den beiden berüchtigten Hafenstädten hin und her. Legt das Schiff an, wird Jean Primo lediglich gestattet, von der Kommandobrücke aus mit dem türkischen oder mit dem französischen Konsul ein paar Worte zu wechseln. Aber wie nicht anders zu erwarten, sind die völlig machtlos.

Bei der fünfzehnten Fahrt läßt der Kapitän Jean Primo kleinere Arbeiten an Bord verrichten – der Mann tut ihm allmählich leid.

Bei der fünfzigsten Überfahrt der Bucht von Canton ist Jean Primo *die Touristenattraktion*! Er wird von allen Seiten photographiert, es fehlt nur noch, daß man ihm Erdnüsse zuwirft! Bei der 100. Fahrt steht sein Bild in allen Zeitungen von Hongkong und Macao. Als er seine 300. Reise antritt, geht seine Geschichte durch die Weltpresse. Überall, von Amerika bis in die Türkei, von Frankreich bis hin nach Japan empört sich jeder über das irrsinnige Schicksal des einstigen Findelkindes aus Istanbul. Jean Primo wird in den höchsten Regierungskreisen rings um die Welt, ja sogar im Vatikan, zum Gesprächsthema Nummer eins. Der Wahnsinn muß aufhören! Aber wie? Wer gibt nach? Wer macht den ersten Schritt? Niemand. Also pendelt der »Mann von Nirgendwo« nach wie vor auf der Tailoy zwischen Hongkong und Macao hin und her.

Auf seiner 540. Überfahrt bricht Jean Primo zusammen. Und der Kapitän entschließt sich, selbst etwas zu unternehmen. Allein gegen die Welt sozusagen. Er schmuggelt Primo auf eine Dschunke, die ihn zu einem portugiesischen Tanker auf offener See bringen soll. Und am nächsten Tag erklärt er der Presse, Jean Primo sei von Bord gesprungen und ertrunken.

Niemand nimmt es ihm ab – aber niemand kann beweisen, daß es nicht stimmt. Die Jagd auf Jean Primo geht also weiter. Doch jahrelang taucht er nirgendwo mehr auf, und langsam ist INTERPOL davon überzeugt, er sei tatsächlich im Südchinesischen Meer von den Fischen aufgefressen worden . . .

Aber Jean Primo ist nicht so leicht unterzukriegen. Jahre später taucht er wieder auf. Er denkt, nun ist bestimmt genug Gras über die Sache gewachsen und er geht an Land. In Marseille – wie damals schon, 1925. Ein Ausweisungsbefehl gerät aber nicht so schnell in Vergessenheit. Nicht einmal nach 33 Jahren.

Und so sitzt er 1958 bei der Hafenpolizei in Marseille und fragt höhnisch den INTERPOL-Beamten am Ende seiner Geschichte:

»Nun, glauben Sie immer noch, daß Sie etwas für mich tun können?«

Zum ersten Mal konnte man etwas tun. Man fand einen Anwalt in Nizza, der bereit war, eine neue Akte anzulegen und den langen Weg weltweiter Nachforschungen zu gehen. Wie er das alles schaffte, wäre eine unglaubliche Geschichte für sich.

Weihnachten 1960 zeigte sich der französische Innenminister gnädig und hob den bis dahin immer noch über Jean Primo schwebenden Ausweisungsbefehl auf. Und der »Mann von Nirgendwo« bekam einen Personalausweis mit dem ernüchternden Vermerk »staatenlos«. Ein kleines, schreckliches Wort – doch für Jean Primo bedeutete es »Freiheit«!
Was ist aus ihm geworden? Niemand hat es je erfahren...
Nach einem solchen Leben hängt man kein Namensschild an seine Tür.

Reinkarnation

Richard Swink ist ein ungewöhnlicher Mensch. Denn es ist ungewöhnlich, mit kaum zwanzig Jahren so wenig Hoffnung zu haben, sich für so wenig zu interessieren und an so wenig zu glauben!
Richard Swink ist von Beruf Zeitungsverkäufer in Shaunee, einer kleinen Stadt in Oklahoma. Und dies seit seinem fünfzehnten Lebensjahr. Deshalb kennt er sich heute, 1955, bestens aus in allem, was in den letzten fünf Jahren in der Welt passiert ist. Er kennt sich aus, aber alles läßt ihn völlig kalt. Nur, um sich die Zeit zu vertreiben, aus Langeweile, blättert er manchmal in der frischgedruckten Morgenausgabe herum, jedoch ohne sie wirklich zu lesen. Die Titelseite genügt voll und ganz! Da stehen – wenn es überhaupt welche gibt – die Sensationen des Tages, und manchmal lohnt es sich für den Verkauf, sie durch die Straßen auszuschreien. So zum Beispiel:
»Dwight D. Eisenhower zum Präsidenten gewählt!«
»Charlie Chaplin gegen die Kommunisten!«
»Krieg in Korea!«
»Die Spione Julius und Ethel Rosenberg hingerichtet!«
»Revolte in Guatemala!«
»Elisabeth Taylor feiert ihren zwanzigsten Geburtstag in Hollywood!«
Ja, das sind Sensationen! Aber die sind leider nicht immer an der Tagesordnung, und oft genug geht es nur um die unglaubliche Rettung der kleinen Katze der alten Lehrerin, um die schamhaften Ergebnisse der Football-

Mannschaft, oder um die fünfte Scheidung irgendeiner Diva.

Wie gesagt, Richard Swink ist bestens informiert. Die Schlagzeilen der Zeitung prägen sich in sein Gedächtnis ein, hinterlassen jedoch keinen tieferen Eindruck bei dem jungen Mann. Ganz im Gegenteil: Wenn man tagein, tagaus die kleinen und großen Ereignisse der Weltgeschichte an den Mann bringen muß, wird es derart zur Routine, daß einen nichts mehr erstaunen, geschweige denn erschüttern kann. Die Presse ist ja sowieso eine einzige Lüge von der ersten bis zur letzten Seite. Das hat Richard ziemlich schnell herausbekommen. Kein Wunder also, daß er jetzt schon so blasiert ist, völlig gleichgültig für alles, was um ihn herum geschieht. Selbst wenn die Erde in die Luft gehen sollte, würde er wahrscheinlich so wie sonst auch, durch die Stadt laufen und seine Litanei herunterleiern:

»Rette sich wer kann! Die letzte Stunde hat geschlagen! Rette sich wer kann!«

Und dann würde er ruhigen Schrittes bis zum Drugstore um die Ecke schlendern und die letzte Stunde der Menschheit so angenehm wie nur möglich verbringen – mit Coca-Cola, Hot-Dogs und Pop-Corn, seinem täglichen Manna.

Richard Swink ist nicht unglücklich. Wer an gar nichts glaubt, wird auch nicht enttäuscht und leidet nicht. Er war nicht traurig, als sein Vater vor Jahren das Haus verließ, als seine Mutter sich gleich danach mit einem Taugenichts tröstete und als er aus mehreren Schulen hinausflog. Ja, er machte sich nicht einmal ernstlich Gedanken um seine Zukunft, als ihm bald klar wurde: Ich muß irgendeinen Job finden, sonst verhungere ich . . . Es war nur eine Feststellung. Sorgen deswegen machte er sich nicht! Immerhin hatte er die Qual der Wahl: Er konnte zum Beispiel Wagen waschen, oder Schuhputzer werden, oder eben Zeitungen verkaufen! Ja, das war noch das Beste. Ein krisenfester Beruf. Auch wenn die Welt aus den Fugen gerät, Zeitungen wird es immer geben. Je bedrohlicher die Lage, um so mehr ist damit zu verdienen. Katastrophen verkaufen sich immer und überall!

Seit fünf Jahren also verkauft Richard die Lokal- und Weltgeschichte auf der Straße. Er kennt alle und jeden – und alle kennen und mögen ihn. Andere an seiner Stelle würden über ihr Schicksal jammern. Er nicht. Richard ist der untypischste junge Amerikaner, den man sich Mitte der fünfziger Jahre denken kann. Sozialer Aufstieg ist für ihn ein Fremdwort. Er arbeitet ausschließlich, um sich am Leben zu erhalten. Nicht einmal, um zu leben – denn zum Leben gehört eigentlich einiges mehr als die tägliche Nahrung und gelegentlich ein Dach über dem Kopf. Wenn das Wetter schlecht ist, übernachtet er bei seinen Freunden. Sonst, gibt es etwas Schöneres als den sternen-klaren Himmel über Oklahoma? Sein Zuhause ist die Straße, seine Familie ist die Straße, sein Leben ist die Straße.

Heute sitzt Richard auf dem Gehsteig neben seinem Stapel Zeitungen, und – er *liest*! Zum erstenmal liest er die Zeitung!

»Richard, was ist denn mit dir los? Du liest ja! Kannst du das überhaupt?«

Sein bester Freund, der Schuhputzer, sollte nicht so angeben! Nicht einmal aus Freundschaft hat er jemals eine Zeitung bei Richard gekauft.

»Ach, laß mich doch in Ruhe, du Großmaul!«

»Schlechte Laune, was? Was steht drin? Gibt's Krieg?«

»Kriege! Die gibt es ja immer! Laß mich in Ruhe, verdammt nochmal!«

Und wieder vertieft sich Richard in seine Lektüre! Es ist unglaublich, fantastisch! Der Titel des Artikels: *Reinkarnation ist keine Illusion.* Über fünf Spalten erzählt der Redakteur die Geschichte einer Frau, die sich an ihr früheres Leben in Irland, vor hundertfünfzig Jahren, erinnert!

Richard Swinks Familie stammt aus Irland. Seine flammendroten Haare und seine blaugrünen Augen zeugen heute noch von seiner Herkunft. Aber das Leben in Irland vor hundertfünfzig Jahren interessiert Richard überhaupt nicht. Nein, es ist die Reinkarnation, die ihn fasziniert. Er, der sich einen Dreck um alles kümmert, der an nichts und niemanden glaubt, entdeckt gerade in der Morgenausgabe etwas Wesentliches: Man lebt, man stirbt und . . . man kann wieder geboren werden! Noch nie hatte Richard über seinen eigenen Tod nachgedacht. Wer sich niemals Gedanken über sein Leben macht, der denkt auch nicht darüber nach, wann und wie es enden wird.

Richard hat zwar nicht die Weisheit mit Löffeln gegessen, aber er hat auch kein Brett vor dem Kopf. Und heute, jetzt gerade, beginnt er etwas zu begreifen:

Wenn man lebt, merkt man nicht, daß man lebt!

Von diesem Augenblick an begnügt sich Richard nicht mehr damit, seine Zeitungen zu verkaufen. Er liest sie leidenschaftlich, wie übrigens alle Amerikaner im Sommer 1955. Denn die unheimliche Geschichte von Bridey Murphey erhitzt die Gemüter im ganzen Lande.

Bridey Murphey ist eine Frau, die um das Jahr 1800 in Irland lebte. Aber sie ist auch eine andere: Ruth Simons, eine Frau, die 1955 in Amerika lebt.

Eines Tages, ohne Vorankündigung, erzählte sie, sie hätte schon einmal gelebt! Seltsame Erinnerungen tauchten in ihrem Gedächtnis auf – ganz präzise Bilder, Namen, Ereignisse! Vor hundertfünfzig Jahren, irgendwo auf einer fernen Insel, wo sie – als Amerikanerin des 20. Jahrhunderts niemals gewesen ist!

Selbstverständlich lachten anfangs alle über sie. Auch Wissenschaftler und Journalisten. Aber gerade diese machten mit ihren spöttischen Berichten und besserwisserischen Abhandlungen daraus einen Fall, den immer mehr Menschen in Amerika mit Spannung verfolgten. Die Kirche beschloß, kurzen Prozeß mit der publicity-süchtigen Mrs. Simons, alias Murphey zu machen und bat sie, sich in die Hände von Fachleuten zu begeben – für die Rettung ihrer Seele sozusagen. In Wirklichkeit sollte die Verrückte endlich entlarvt werden!

Die Verrückte machte aber einen sehr vernünftigen Eindruck! Sie ist mit allen Tests einverstanden. Und sie bleibt dabei: Ruth Simons ist eine Reinkarnation von Bridey Murphey!

Nun, auch wenn über eine Milliarde Menschen auf der Erde ganz fest an Reinkarnation glauben, wir – im Abendland –, wir schütteln meist herablassend den Kopf, wenn wieder einmal davon die Rede ist. Unsere westlichen Religionen drohen zwar mit der Hölle und verheißen das Paradies – aber, das ist eben etwas ganz anderes!

Wie dem auch sei, Ruth Simons, ungefähr vierzig Jahre alt und ihren Mitbürgern noch nie durch irgendwelche Absonderlichkeiten aufgefallen, lebt im Jahre 1955 in Pueblo, im Staate Colorado. Sie hat einen Ehemann, ein gemütliches Haus, mehrere Kinder, Kühlschrank, Fernsehapparat und ein reizendes Muttermal auf der rechten Wange. Mit einem Wort, es gab nichts, aber auch gar nichts Außergewöhnliches über sie zu berichten, bis zu

dem Tag, als Ruth plötzlich bei Freunden übel wird. Sie steht auf, murmelt ein paar Entschuldigungsworte, wird erschreckend blaß und bittet um ein Glas Eiswasser:
»Es tut mir leid ... mir ist schwindlig ... ich gehe ein wenig nach draußen, frische Luft wird mir guttun.«
Sie redet nicht so wie sonst. Sie spricht nicht nur leise, sondern auch gleichgültig, eintönig, abwesend. Besorgt führt sie ihr Mann in den Garten:
»Darling, was ist mit dir? Geht's besser? Ruth? Sag doch was ...«
»Nenn mich nicht Ruth! Ich heiße Bridey!«
Wie eine Furie rennt sie wieder ins Wohnzimmer und schreit wie von Sinnen:
»Ich habe schon ein anderes Leben gelebt! Ich erinnere mich jetzt an alles ganz genau! Ich bin ... ich bin Bridey Murphey. Ich wohne in Irland, das Haus ist klein ... ich trage ein langes, schwarzes Kleid. Mein Vater sitzt im Gefängnis. Wir haben die Schlacht von Dublin verloren, die Engländer zielen auf uns mit ihren Gewehren, sie wollen mich erschießen – ich verstecke mich, ich renne!«
Allgemeine Bestürzung bei allen Anwesenden – Zeugen dieses Ausbruchs von Schizophrenie – ein beliebtes Wort damals in Amerika! Keiner traut sich, Ruth auch nur anzufassen. Alle halten entsetzt den Atem an, während sie völlig exaltiert, mit allen Details, den irischen Aufstand vom 23. Juli 1803 schildert: Robert Emmet kämpft bis zuletzt gegen die Engländer, Feuer bricht aus, Frauen und Kinder fliehen, Männer fallen wie tote Fliegen ...
Erschöpft und schweißgebadet, reißt Ruth die Augen weit auf, schaut erstaunt um sich und fällt dann wie eine beiseite gelegte Marionette in einem Sessel zusammen. Die Krise ist vorüber. Es dauert eine Weile, bis sie sich wieder gefangen hat – und als ihre Freunde sie mit

Fragen bestürmen, antwortet sie nur müde, unbeschreiblich müde:

»Was... was wollt ihr von mir? Irland? Ich verstehe nicht... was ist los mit euch?«

Ein paar Tage später hat ihr Mann sie überredet, zu einem Facharzt zu gehen. Zu einem Psychiater. Nicht, daß er am Verstand seiner Frau zweifelt, aber seit dem Vorfall – seit diesem Anfall – ist er beunruhigt: Ruth erzählt immer wieder wirres Zeug. Und anscheinend merkt sie es selber nicht einmal.

Der *Fall Murphey* erschüttert bald ganz Amerika. Er ist das Gesprächsthema Nummer eins geworden, und als ein erstaunliches, dickes Buch darüber veröffentlicht wird, gehen eine Million Exemplare innerhalb weniger Wochen über die Ladentische.

Selbstverständlich berichten die Zeitungen täglich über die früheren Erlebnisse von Ruth, alias Bridey. Ein spannender Artikel in jeder Ausgabe. Fortsetzung folgt.

Richard Swink entdeckt auf einmal eine ganz neue Welt, voller Rätsel und Überraschungen. Er verfolgt den Fall mit Leidenschaft. Er glaubt daran. Er glaubt an die Geschichte. Auch er glaubt jetzt, wie viele Amerikaner, an die Reinkarnation. Mrs. Simons muß früher Mrs. Murphey gewesen sein! Berühmte Ärzte, anerkannte Wissenschaftler, Historiker und Experten aller Art stellen ihr immer wieder neue Fallen. Vergeblich. An ihrer Geschichte ist nicht zu rütteln – sie lügt nicht! Sie ist keine Simulantin. Sie verrät sogar Einzelheiten über den irischen Aufstand, die nur ganz wenige Historiker kennen. Woher weiß sie das alles? Sie weiß auch, wie sie gestorben ist.

Richard verschlingt jeden Tag die neuen Berichte in den Zeitungen. Nach und nach ist er wie besessen von der

Idee der Reinkarnation. Auch Millionen Amerikaner denken an nichts anderes in diesem Sommer 1955.

Und plötzlich meinen viele, auch schon einmal gelebt zu haben. Es vergeht kaum eine Woche, ohne daß ein neuer Fall bekannt wird.

Richard schreit die neuen Sensationen aus:

»Ein Amerikaner erinnert sich an seine beiden früheren Leben!

Im Jahre 1800 war er Indianer! Im 16. Jahrhundert war er ein spanischer Soldat!

Drei Leben für einen einzigen Menschen!«

Einige Tage später:

»In Toronto lebt heute eine Frau, die im Jahre 1092 in Italien verbrannt wurde!«

»In Los Angeles erzählt ein Journalist über sein Leben als Kellermeister in Deutschland im 17. Jahrhundert!«

Und in Buffalo besteht eine Frau sogar darauf, ihr aufregendstes Leben als Pferd gelebt zu haben. Sie war Zuchthengst. Leider kann sie sich nicht mehr genau erinnern, wie sie – oder er – die Stuten beglücken durfte. Das Ganze wird allmählich zur Farce. Und die empörten Stimmen werden immer lauter. Aber das stört Richard Swink in keiner Weise. Er läßt sich nicht so leicht von seinem neuen Glauben abbringen. Er hat ja so lange darauf warten müssen, überhaupt an etwas zu glauben.

Eines Tages erschüttern ihn die Enthüllungen eines Spezialisten, der mit der Aufklärung der Reinkarnationsfälle von höchster wissenschaftlicher Stelle beauftragt worden war:

»Die genaue Untersuchung der bekannt gewordenen Fälle – so verschieden sie alle voneinander sein mögen – kommt zu einem verblüffenden Ergebnis: Alle ›Wiedergeborenen‹ starben in ihrem früheren Leben eines gewaltsamen Todes. Diese Feststellung legt folgende

Schlußfolgerung nahe: Bedingung dafür, sich an ein früheres Leben erinnern zu können, ist, dieses unter Gewalteinwirkung verlassen zu haben.«

Die Irin Bridey Murphey ist das Paradebeispiel für diese Bedingung: Von den Engländern verfolgt, starb sie in der Folterkammer des Gefängnisses von Dublin, nach entsetzlichen Qualen.

Der Indianer wurde von den Weißen zu Tode gesteinigt. Der spanische *Conquistador* erlag den tödlichen Pfeilen der Indianer in Mexico. Die Italienerin aus Toronto wurde von der Inquisition als Hexe verbrannt. Der ehemalige deutsche Kellermeister aus Los Angeles wurde vergiftet. Ja, sogar der Hengst wurde erschossen!

Richard Swink hatte bisher nie gewußt, was er eigentlich mit seinem Leben anfangen solle. Jetzt weiß er das. Aufgeregt läuft er zu dem Schuhputzer:

»Tommy, endlich hab' ich's kapiert! Hör zu! Ich erinnere mich nicht an meine früheren Leben, weil ich ganz normal gestorben bin! Es ist ganz einfach! Wenn ich mich später an mein jetziges Leben erinnern will, dann muß ich gewaltsam sterben!«

»Ich glaub', du spinnst, Richard! Warum willst du dich denn an dieses verdammte Leben erinnern? Soooo aufregend ist es auch wieder nicht!«

»Stimmt. Aber du verstehst überhaupt nichts! Wenn ich mich mal an dieses Leben erinnere, dann bedeutet es, daß ich *lebe*! In einem *neuen* Leben. Und es wird vielleicht ein besseres!«

»Also mir genügt eines!«

»Begreifst du denn nicht? Du kannst so oft leben, wie du willst! Wenn dir eins von deinen Leben nicht gefällt, bringst du dich halt um! Und du kriegst ein neues! Es ist fantastisch, Junge! Du bringst dich immer wieder um, bis du mit dem Leben endlich zufrieden bist! Ist es nicht toll?«

Am nächsten Morgen steht wieder eine Sensation auf der Titelseite der Lokalzeitung von Shaunee. Ein neuer, junger Zeitungsverkäufer schreit aus:

»Richard Swink, zwanzig Jahre alt, wollte ein neues Leben durch Tod! Er machte heute Nacht Hara-Kiri!«

Viel später erfuhren die Amerikaner die Wahrheit über den *Fall Murphey*. Ein Industrieller aus Pueblo namens Morey Bernstein, hatte zwei Leidenschaften: Hypnose und Geschichte. Irische Geschichte!

Er lernte zufällig Ruth Simons kennen und spürte sofort: Diese seelisch labile Frau ist das passende Objekt für meine Hypnose-Experimente! Er hatte ein gutes Gespür.

Morey Bernstein war ein guter Historiker, ein guter Hypnotiseur, ein guter Geschäftsmann und ein ausgezeichneter Schriftsteller, der viele Millionen Dollar mit seinem Buch über den *Fall Murphey* verdient hat. Unter Pseudonym versteht sich.

Jahrelang hat er viele Amerikaner, viele Wissenschaftler und Gutgläubige an der Nase herumgeführt – lächerlich gemacht. Das ist kein Verbrechen.

Aber hat er nicht auch den Tod eines jungen, lebenshungrigen Zeitungsverkäufers auf dem Gewissen?

Das war ein Verbrechen – gewissermaßen der *perfekte Mord*!

Iwan

Jeden Morgen, wenn er aufwacht, läuft Iwan sofort
zum Fenster und schaut gespannt hinaus. Ob das Wetter heute schön ist? Hoffentlich, denn er hat Ferien,
und es gibt im Augenblick nichts Wichtigeres für ihn,
als nach den langen Wintermonaten endlich mit seinen
Freunden draußen zu toben.
Iwan ist ein fröhliches Kind – elf Jahre alt, ziemlich
pummelig, mit Bürstenhaarschnitt, und auf seiner
Stupsnase sitzt eine kleine Brille. Er sieht aus wie ein
frecher, lustiger Kobold – und er ist auch einer, aber
ein netter!
Seine Eltern sind bescheidene Arbeiter. Die Familie
wohnt in Leningrad, in einem viel zu engen Haus –
eigentlich eher in einer halb verfallenen Holzhütte am
Rande der Stadt. Aber es ist trotzdem wunderbar hier,
viel schöner als in den hohen grauen Mietskasernen,
die überall wie bösartige Zellen wuchern und Iwan bald
den Blick zum Himmel versperren werden! Um das
Häuschen herum liegt nämlich ein Garten – ein winzi-
ges Blumenparadies, das die Stadtplaner zum Glück
noch nicht verschluckt haben.
Heute strahlt die Sonne, es wird ein toller Tag! Seine
Babuschka sitzt schon unter dem Kirschbaum und
stickt wie üblich Kopftücher. Sie stickt ja immer, das
ganze Jahr über, obwohl sie für diese Arbeit nur ein
paar Kopeken bekommt. Aber immerhin, damit kann
sie ein wenig zum Lebensunterhalt der Familie beitra-

gen, und es gibt ihr das Gefühl, noch nützlich zu sein, noch gebraucht zu werden. Das ist sehr wichtig für alte Leute!

Iwan liebt seine Großmutter über alles auf der Welt! Was auch immer ansteht, sie macht jeden Spaß mit. Ja, sie gibt den Kindern sogar pfiffige Ratschläge, wenn sie irgendwelche Streiche aushecken. Außerdem kennt sie die spannendsten Geschichten und niemand kann so gut erzählen wie sie. Alle Freunde von Iwan beneiden ihn um seine Babuschka.

»Guten Moooooorgen! Ich koooooomme gleich!«

Und schon wirbelt der Bub aus dem Haus, läuft zu seiner Oma und umarmt sie stürmisch. Aber die alte Frau rührt sich nicht. Sie sitzt erstarrt, zusammengesunken in ihrem Stuhl – die bunten Kopftücher liegen neben ihr auf dem Boden. Mit einem heftigen Ruck richtet sie sich auf, zuckt am ganzen Körper, verdreht die Augen und ringt nach Luft. Iwan weicht überrascht zurück, schaut sie ungläubig an und bleibt einige Sekunden lang wie angewurzelt vor ihr stehen.

»Babuschka, sag doch was! Babuschka, was ist mit dir?«

Die Großmutter hängt jetzt leichenblaß in ihrem Stuhl – mit offenem Mund. Sie hört nichts, sie sagt nichts. Zu Tode erschrocken rennt der Junge auf die Straße und schreit verzweifelt: »Hilfe! Hilfe!«

Eine Viertelstunde später rast ein Krankenwagen los und fährt die ohnmächtige alte Frau mit heulender Sirene in die Tcheweniewsky-Klinik. Iwans Eltern waren nicht zu Hause – also begleitet er seine Oma ins Krankenhaus.

Auf der Notaufnahme-Rampe warten schon die Sanitäter. Mit wenigen geübten Griffen holen sie die Tragbahre heraus und verschwinden gleich mit der Kranken, ohne sich um das Kind zu kümmern, das nun völlig verlassen in dem langen, weißen Gang steht. Eine Schwester huscht an ihm vorbei und sagt – als ob das ein Trost wäre:

»Mach dir keine Sorgen, Kleiner, sie spürt nichts mehr, es ist bald vorbei. Dein Vater wird gleich da sein. Setz dich dort hin und warte.«

Iwan wartet also, den Tränen nahe, aber er weint nicht. Er wartet eine ganze Stunde lang, allein in diesem schrecklichen Gang mit den vielen Türen, die dauernd auf und zu gehen. Jedes Mal springt er auf, wenn ein Mann im weißen Kittel an ihm vorbeiläuft und setzt sich wieder enttäuscht hin. Eine alte, liebe Krankenschwester versucht ihn zu trösten, aber er hört nicht auf das, was sie sagt. Er starrt nur auf die Türen.

Endlich kommt ein Arzt aus der Intensivstation heraus und erklärt einem jungen Assistenten gelassen, aber laut und deutlich, so daß Iwan jedes Wort hören und verstehen kann:

»Herzinfarkt. Keine Chance, sie zu retten. Zu alt. Das Herz schlägt einfach zu schnell. Da ist nichts mehr zu machen.«

In diesem Augenblick stürzt der Vater von Iwan in die Klinik, wechselt aufgeregt ein paar Worte mit einer Schwester in der Notaufnahme und läuft blindlings zu dem Arzt, der eben das Todesurteil über Babuschka gefällt hat.

Die beiden Männer gehen nun einige Schritte langsam hin und her vor der offen stehenden Tür des Zimmers, wo die Sterbende liegt. Sie unterhalten sich leise, der Vater nickt betroffen und folgt schließlich dem Arzt in die Intensivstation, ohne den Jungen zu bemerken, der dicht hinter ihm steht.

Also schleicht sich auch Iwan in den Raum hinein. Es ist

ein häßlicher Raum mit kalten, weißen Kachelwänden, und in der Mitte – eine dicke Glasscheibe. Dahinter liegt Babuschka zwischen fürchterlichen Apparaten – alle piepsen und blinken merkwürdig. Und die vielen Schläuche! Der Junge zittert, er ballt die Fäuste zusammen und murmelt vor sich hin: »Nein, sie darf nicht sterben! Ich will nicht! Ich will nicht!« Eine unbändige Wut steigt in ihm hoch. Er vergißt sogar seinen Kummer, geht entschlossen zu dem Monitor hin und stiert auf die dünne, grüne Linie, die wild darüber läuft, so schnell, wie das Herz der alten Frau schlägt.

Außer sich vor Zorn schreit Iwan plötzlich: »Warum Babuschka? Warum gerade sie? Ich will nicht, daß sie stirbt!«

Erst jetzt bemerkt eine Schwester die Anwesenheit des Jungen und holt sofort den Vater aus dem Raum nebenan.

Sanft legt Gregori seine Hand auf die Schulter des Kindes:

»Iwan, du darfst nicht hier bleiben. Bitte, geh wieder hinaus und warte dort auf Mutti. Sie kommt gleich. Komm, Kleiner!«

Aber der Junge bewegt sich nicht von der Stelle, er schaut nicht einmal seinen Vater an. Mit weit aufgerissenen Augen und mit einer unheimlichen Härte im Gesicht setzt er sich auf einen Hocker vor dem Monitor und fixiert die verrückt spielenden leuchtenden Pünktchen. Er ist so stark angespannt, daß der Arzt den Vater zurückhält, als der Iwan am Arm fassen will. Der Junge ist wie versteinert, der Schweiß läuft ihm über die Stirn und er knirscht mit den Zähnen. Er ist nicht mehr er selber. Dann, auf einmal, beginnt er zu sprechen – mit einer tiefen, festen Stimme, und die Worte klingen seltsam metallisch in dem Raum:

»Ich will, daß du langsamer läufst! Ich will, daß du langsamer läufst!«

Diesen Satz wiederholt er immer wieder, immer lauter und hartnäckiger. Es ist ein Befehl, keine Bitte: »Ich will, daß du langsamer läufst!«, bis der Rhythmus des aufgezeichneten Elektrokardiogramms sich tatsächlich nach und nach beruhigt und schließlich völlig regelmäßig wird. Eine halbe Stunde später öffnet Babuschka die Augen, und Iwan wacht aus seiner Erstarrung auf. Die Großmutter lächelt sehr müde, aber sie atmet ganz normal! Der Arzt, Doktor Andropow, ist eine anerkannte Kapazität im Leningrader Herzzentrum – ein Mann der Wissenschaft, der nur an die Wissenschaft glaubt, und an sonst gar nichts. Er versteht nicht, was er eben mit seinen eigenen Augen gesehen hat. Rein medizinisch betrachtet ist es unmöglich, daß ein altes, krankes Herz, das so rasend schlug, innerhalb so kurzer Zeit sich wieder völlig erholt. Es ist ein Wunder, aber Doktor Andropow hält nichts von Wundern. Also bagatellisiert er den Vorfall, als er sich von Vater und Sohn verabschiedet:

»Wir behalten sie einige Tage zur Beobachtung da. Sie braucht jetzt vor allem Ruhe und Erholung.«

Drei Tage später erleidet die alte Frau einen Rückfall. Der Arzt weist seine Sekretärin an:

»Benachrichtigen Sie sofort die Familie und bestehen Sie darauf, daß der Junge mitkommt, hören Sie? Er soll unbedingt mitkommen!«

Kurz darauf setzt sich Iwan wieder auf den Hocker vor dem Monitor und wieder hypnotisiert er im Trancezustand die wild zuckende, kleine grüne Linie, bis sie allmählich langsamere und dann regelmäßige Herzschläge von Babuschka aufzeichnet. Dieses Mal sind nicht nur Doktor Andropow und der Vater dabei. Mehrere Ärzte der Tchenewiesky-Klinik sind Zeuge dieser unorthodoxen, aber offensichtlich erfolgreichen Behandlungsmethode.

Drei Wochen lang besucht Iwan seine Großmutter täglich im Krankenhaus und kuriert sie auf seine Weise, bis zu dem Tag, an dem sie als völlig genesen entlassen wird. Jetzt sitzt sie wieder unter dem Kirschbaum im kleinen Garten und stickt Kopftücher. Iwan tobt draußen mit seinen Freunden und genießt seine Ferien – ein ganz normaler Junge – ein netter, lustiger Kobold, der schon längst den Alptraum vergessen hat! Im Leningrader Herzzentrum hingegen hat man ihn nicht vergessen. Der »Fall Iwan« erhitzt die Gemüter und wird sogar an die höchste Stelle im Ministerium weitergeleitet. Spezialisten für »mentale Kräfte« sollen sich mit den Akten beschäftigen!

Einige Monate später wohnt Iwan mit seiner Großmutter und seinen Eltern in Moskau. Der Familie wurde großzügig eine schöne Wohnung in der Stadt zugeteilt. Gregori ist jetzt kein bescheidener Arbeiter mehr – er hat eine sehr gut bezahlte Stelle im Verteidigungsministerium. Die Mutter braucht auch nicht mehr arbeiten zu gehen. Das ganze Leben der Familie hat sich schlagartig verändert. Nur Babuschka stickt immer noch Kopftücher. Warum auch nicht, wenn sie Spaß daran hat? Sie fühlt sich gesund wie schon lange nicht mehr, und ihr Herz schlägt mit der Regelmäßigkeit eines frisch geölten Uhrwerks.

Immer dann, wenn ihr Enkel Zeit hat, geht sie unermüdlich mit ihm auf Entdeckungsreisen durch die Hauptstadt. Moskau ist voller Geheimnisse und Überraschungen für die alte Frau und das Kind.

Alle sind recht glücklich. Der Junge besucht jetzt eine der

besten Schulen weit und breit – eine Schule für privilegierte Kinder – aus welchen Gründen auch immer. Es gefällt ihm dort sehr gut, und er hat auch schnell neue Freunde gefunden. Aber leider gehört er nicht ganz umsonst zu den Auserwählten. Dafür muß er schon etwas tun: Anstatt mit den anderen Schülern ins Sportstadion zu gehen, muß er sich zweimal in der Woche im »Institut für Wissenschaften« melden und immer wieder neue Tests und Experimente über sich ergehen lassen. Das ist der Preis, den die Familie für ihr neues, sorgloses Leben zahlen muß.

Als Professor Linarow Iwans Eltern in Leningrad besuchte, hatte er erklärt:

»Ihr Sohn verfügt über ganz erstaunliche, ungewöhnliche Talente. Es liegt im Interesse der Wissenschaft und der Sowjetunion – übrigens auch für Sie wäre es von Vorteil –, daß wir seine verblüffenden Begabungen auf die Probe stellen und gründlich untersuchen. Der Fall dieses Kindes ist von höchster Bedeutung für die Forschung. Kommen Sie nach Moskau! Sie werden es nicht bereuen!«

Bis jetzt haben sie es auch nicht bereut. Seit vier Monaten leben sie in Moskau, und seit vier Monaten grübelt ein Team von Wissenschaftlern über die unerklärlichen mentalen Kräfte des elfjährigen Jungen. Er hält spielend den härtesten Prüfungen stand und löst jede Aufgabe, die ihm gestellt wird. Ein Rätsel das Ganze. Alle Experten sind am Ende ihres Lateins! Schließlich verfaßt das Institut einen vertraulichen Bericht und schickt ihn an den Obersten Sowjet:

»Die Wissenschaft ist außerstande, die paranormalen Phänomene in dem Fall des jungen Iwan Gregorjewitsch Tarkowski zu erklären. Das Kind schafft es, allein durch seine mentalen Kräfte, Macht über elektronische Apparate auszuüben, insbesondere über Radar, Computer und äußerst komplizierte Meß- und Kontrollinstrumente aller Art. Bei den Experimenten, die wir mit ihm durchgeführt haben, konnte er Flugzeuge umleiten und Navigationsgeräte stören. Das Erstaunlichste dabei ist, daß die Entfernung für ihn keine Rolle spielt. Er ist auch in der Lage, natürliche, von der Technik unkontrollierte Phänomene zu beeinflussen – wie die Normalisierung der Herzfrequenz der Großmutter beweist.«

Und der Bericht endet mit folgendem schwerwiegenden Satz:

»Nicht auszudenken, welche Dienste dieses Kind der Sowjetunion leisten könnte!«

Die Familie weiß selbstverständlich nichts von alledem und genießt die Privilegien, die ihr Iwans Kräfte beschert haben. Nur Babuschka macht sich langsam Sorgen.:

»Der Bub sieht sehr müde aus, sehr abgespannt. Ich fürchte, daß diese ganzen Experimente ihn zu sehr belasten. Er braucht Ferien, am Schwarzen Meer vielleicht. Dort könnte er sich ein bißchen erholen! Gregori, du solltest mit Professor Linarow darüber reden.«

Und noch etwas beunruhigt die gute, alte Frau: Sie versteht nicht, warum das »Institut« der Familie strengstens verboten hat, mit irgend jemandem über den Fall von Iwan zu reden. Ja, man hat ihnen sogar gedroht, damit sie den Mund halten! Warum nur? Tag für Tag versucht die Großmutter ihren Sohn davon zu überzeugen, zum Wohl des Kindes auf das schöne Leben zu verzichten und nach Leningrad zurückzukehren. Aber Gregori will davon nichts wissen:

»Du siehst alles viel zu schwarz! Diese Männer, die sich um Iwan kümmern, sind Wissenschaftler. Sie wissen genau, was sie tun. Außerdem, es scheint dem Jungen doch Spaß zu machen, mit ihnen zusammen zu arbeiten!«

Babuschka schweigt wieder, aber es ist wahr: Iwan ist kein fröhliches Kind mehr. Er ist sehr ernst geworden, verschlossen und seltsam abwesend.

Die Monate gehen ohne sonderliche Vorkommnisse vorüber bis zum 14. Mai 1983. An diesem Tag besucht Professor Linarow erneut die Familie:
»Wir müssen einige Tage mit Iwan verreisen. Machen Sie sich keine Sorgen deswegen. Er ist bald zurück!«
Am nächsten Morgen fliegt der Junge mit einer Sondermaschine zum Raumfahrtzentrum »Kosmodrom« bei Baikonour.
In Moskau ahnt Babuschka nichts Gutes. Ihre Kräfte lassen nach, und zum erstenmal seit sie Leningrad verlassen hat, bleibt sie – krank vor Angst um ihren Enkel – im Bett liegen. Es ist zu viel Aufregung für ihr altes Herz.
Währenddessen versucht Oberst Tchewenko in Baikonour Iwan ein wenig aufzumuntern. Er spielt sogar Fußball mit ihm im Hof der streng abgeriegelten, geheimen Militärbasis. Aber, wie gesagt, Iwan ist kein lustiger, netter Kobold mehr – und es gibt jetzt Wichtigeres für ihn, als draußen zu toben. Er weiß zwar nicht, was man von ihm hier erwartet, aber das Ganze ist kein Spiel mehr. Das spürt er – und es macht ihm Angst. Außerdem ist es das erste Mal, daß er weit weg von seiner Familie ist, weit weg von Babuschka.
Professor Linarow, der seit Monaten das Kind »betreut« und immer überall begleitet, erscheint im Hof:
»Komm, Iwan! Genug gespielt! Jetzt wird es ernst! Ein neues Experiment wartet auf dich, und du mußt es schaffen!«
Der mittlerweile zwölfjährige Junge folgt dem Professor gehorsam durch unendliche Gänge, bis sie einen riesigen Raum betreten – das Herz des Raumfahrtzentrums. Alle

Informationen und Daten, die die sowjetischen Spionage-Satelliten rund um die Erde sammeln, werden hier eingespeichert und auf den unzähligen kleinen Monitoren aufgezeichnet. Iwan verschlägt es den Atem. Hier, in diesem unheimlichen Raum, wird die gesamte westliche Luftfahrt überwacht!

»Setz dich vor diesen Bildschirm und konzentriere dich. Du bist gleich dran!«

In diesem Augenblick ist es acht Uhr auf dem Luftstützpunkt Clenston, in den USA. Captain John Fleeton, Testflieger bei der U. S. Air Force, klettert in seine neue F 27 – den Prototyp eines Kampfflugzeugs, ein Meisterwerk der Elektronik. Acht Uhr dreißig: Ronald Mac Goven sitzt gespannt mit der Lotsen-Mannschaft im Tower und gibt die Starterlaubnis. Wenige Sekunden später verschwindet die F 27 wie eine Rakete in den amerikanischen Himmel.

Ein kleiner weißer Punkt erscheint auf dem Bildschirm vor Iwan in Baikonour.

»Iwan, siehst du diesen Punkt da, der sich langsam bewegt?«

»Ja, Herr Professor . . .«

»Du mußt es schaffen, ihn anzuhalten! Wenn du es schaffst, haben wir eine Überraschung für dich! Du darfst mit deiner Familie zum Schwarzen Meer fahren und wochenlang dort Ferien machen. Na, was meinst du?«

»Toll! Ach, das kriege ich schon hin, kein Problem, Herr Professor!«

»Dann mach schon!«

Iwan konzentriert sich und starrt auf den winzigen Punkt, wie damals in der Leningrader Klinik, als Babuschka so krank war. Ferien mit Babuschka! Das war schon immer ihr Traum, einmal im Leben zum Schwarzen Meer zu fahren!

Der kleine Punkt läuft ganz langsam, ganz regelmäßig.

»Iwan! Konzentriere dich! Du hast nicht viel Zeit!«

»Ja, Herr Professor, ja, ich schaff's schon!«

Der Junge starrt auf das Pünktchen – und alle im Raum starren auf ihn. Alle warten skeptisch auf das angekündigte Wunder, doch im Augenblick sehen sie nur, wie der Punkt läuft und läuft.

Endlich beginnt Iwan zu sprechen, leise vor sich hin, mit dieser seltsamen tiefen, festen Stimme:

»Du mußt langsamer werden! Ich will es! Langsamer! Noch langsamer!«

Im Tower von Clenston brüllt Ronald Mac Goven:

»John?! Was ist los? Halte die Geschwindigkeit konstant!«

»Ich versuch's ja! Was glaubst du denn? *Ich* sitz' in der Kiste!«

Die neue F 27 verliert immer mehr an Höhe und Geschwindigkeit! Also doch ein Konstruktionsfehler? Der Pilot bemüht sich buchstäblich, alle Hebel in Bewegung zu setzen, aber vergeblich. Sie sind alle blockiert!

»Verdammt, John! Tu endlich was! Schalte die Automatik aus!«

»Es geht nicht! Hier ist die Hölle los! Ich kann nichts tun, die Bordinstrumente sind alle hin!«

»Spring sofort ab! Zum Teufel mit der Kiste! Spring ab, John!«

»Ronald! Der Schleudersitz klemmt! Es ist aus!...«

Im Tower von Clenston herrscht Totenstille. In Baikonour auch. Der kleine Punkt bewegt sich kaum noch.

Noch wenige Sekunden, und der Prototyp F 27 wird mit seinem Testpilot John Fleeton abstürzen.

Genau um diese Zeit flitzt ein Krankenwagen durch die Moskauer Straßen. Babuschka liegt ohnmächtig darin, ihr Herz schlägt rasend, aber nicht mehr lange. Noch auf dem Weg zur Klinik stirbt die alte Frau.

In diesem Augenblick zuckt Iwan in Baikonour vor dem Bildschirm zusammen. Er ist erschöpft und zittert. Schweißgebadet und verzweifelt schaut er den Professor an:

»Komm, Iwan, mach weiter! Du hast es fast geschafft! Weiter!«

»Ich – ich kann nicht, Herr Professor, es geht nicht, es geht nicht mehr.«

Mit einem Schlag hat der Junge seine rätselhafte Kraft verloren. Und auf dem Monitor bewegt sich der kleine Punkt wieder schneller und regelmäßig. Drei Minuten später landet John Fleeton mit seiner Maschine heil in Clenston.

Wochenlang haben die Techniker die F 27 auseinandergenommen und jeden kleinsten Teil akribisch durchgecheckt. Alles war in bester Ordnung. Nicht der geringste Konstruktionsfehler konnte festgestellt werden. Beim zweiten Testflug ging auch alles glatt.

Im Sommer 1983 reisen Iwan und seine Eltern nach Leningrad zurück. Zurück in die halb verfallene Holzhütte am Rande der Stadt. In der Zwischenzeit waren die Stadtplaner leider sehr aktiv, und der Blick zum Himmel war für immer verbaut. Ein Glück, daß Babuschka das nicht mehr erleben mußte.

Zelle 341

12. Januar 1982, 8 Uhr morgens. Ein Wagen des Justizministeriums hält vor der Pforte der Strafanstalt von Fresnes – diesem im Zweiten Weltkrieg leider sehr berüchtigten Gefängnis am südlichen Rand von Paris.

Das Tor geht langsam auf – die schwarze Limousine fährt durch und rollt etwa 100 Meter weiter bis zum Haupteingang des Gebäudes.

Der Oberaufseher wartet schon. Beflissen eilt er zu dem Dienstwagen und öffnet die Tür. Ein Mann steigt aus – er ist etwa fünfzig Jahre alt, groß und schlank, von gepflegter Erscheinung. Er wirkt sehr vornehm.

Wortlos, mit einem knappen Kopfnicken, grüßt er den Mann in Uniform, der ehrerbietig flüstert:

»Hätten Sie die Güte, mir zu folgen, hier entlang bitte!«

Die beiden Männer betreten das Gebäude und gelangen wenige Minuten später in einen Umkleideraum. Hier tauscht der Besucher seinen noblen Zweiteiler mit Weste gegen den gewöhnlichen blauen Sträflingsanzug. Jetzt unterscheidet er sich oberflächlich betrachtet kaum noch von den übrigen Inhaftierten.

Mit dem Oberaufseher an seiner Seite geht er nun durch die kahlen Gänge. Diese scheinen kein Ende zu nehmen. Ein Gang und noch ein Gang – eine Gittertüre und noch eine Gittertüre. Unter den neugierigen Blicken der Häftlinge überqueren sie dann den Gefängnishof und betreten endlich ein großes, eiskaltes Büro im Erdgeschoß des Nebengebäudes.

Der Direktor, ein kleiner, magerer und sichtlich nervöser Mann erwartet sie bereits und empfängt seinen neuen Gast mit betonter Höflichkeit:

»Wir haben alle Vorbereitungen getroffen. Ich hoffe, Sie werden keinerlei Anlaß zur Beanstandung haben. Wenn es Ihnen recht ist, wird der Aufseher Laperre Sie nun zu Ihrer Zelle begleiten.«

Der neue Sträfling folgt dem Aufseher bis zu seinem Quartier in einem ziemlich verwahrlosten Hinterhaus. Kurz darauf betritt er in gefaßter Haltung die Zelle 341. Die schwere Eisentür fällt knirschend hinter ihm zu. Kaum hat er sich in dem engen Raum umgesehen, schon ertönt eine Stimme:

»Nun, wie fühlen Sie sich? Platzangst?«

Ein paar Zimmer weiter erscheint sein Gesicht auf einem Bildschirm. Und er antwortet gleichmütig:

»Nein, nein, meine Herren, machen Sie sich meinetwegen keine Sorgen. Ich leide nicht so bald an Klaustrophobie. Es kann losgehen!«

Vor dem Bildschirm sitzt ein Mann im weißen Kittel. Er schaltet ein Tonbandgerät ein und gesellt sich zu seinen beiden Kollegen hinter einem Ungetüm von Apparaturen. Kreuz und quer verlaufen Kabel und Leitungen, bunte Kontrollichter blitzen auf, überall Knöpfe und Tasten.

Was geht hier vor? Ist der neueingelieferte Häftling etwa so lebensmüde, daß er mit einem derartigen technischen Aufwand überwacht werden muß?

Nein. Er hat weder Selbstmordgedanken, noch besteht die Gefahr, er könne fliehen wollen. Trotzdem wird er rund um die Uhr strengstens beobachtet. Warum? Eben das ist die Frage. Und weil man darauf eine Antwort haben will, sitzt er in Zelle 341.

Der Häftling in Zelle 341 heißt Raimbaud. Dr. Raimbaud. Er ist Professor für Parapsychologie an der Medizinischen Fakultät der Pariser Universität und ist eine in Fachkreisen weltweit anerkannte Persönlichkeit. Professor Raimbaud hat sich keine strafbare Handlung zuschulden kommen lassen und er wurde auch nicht von einem Gericht zu irgend etwas verurteilt.

Nein, wenn er heute hinter Gittern sitzt, so geschieht das ganz und gar auf seinen eigenen Wunsch: Dr. Raimbaud hat sich bereit erklärt, tagelang, wochenlang, ja monatelang, wenn es sein muß, sich einem ungewöhnlichen Test zu unterziehen. Er wird Versuchskaninchen spielen – wie gefährlich das auch immer sein mag. Er ist mit allem einverstanden und hat seinen beiden Mitarbeitern befohlen, das Experiment bis zur äußersten Grenze voranzutreiben. Das Rätsel der Zelle 341 aufzuklären.

Nachdem Dr. Raimbaud die paar Quadratmeter seiner Zelle inspiziert hat, liegt er nun auf der harten Pritsche und denkt nach. An der Wand, über der Lagerstatt, sind viele Striche, Kreuze und Buchstaben eingeritzt, aber nur zwei davon interessieren ihn: »R. L.« Er weiß nur zu gut, was sie bedeuten: Raymond Latour. Der Name eines Opfers der eigenwilligen Zelle 341. Nur seinetwegen ist Dr. Raimbaud hier!

Drei Jahre vorher, am 15. Januar 1979, so gegen 5 Uhr morgens, dreht der Aufseher Laperre seine letzte Runde, bevor er von seinem Kollegen abgelöst wird. Draußen ist es noch dunkel und sehr kalt. Er geht an dem Gefängnistrakt neben dem Hauptportal vorbei, dann die hohe, mit grellen Scheinwerfern beleuchtete Mauer entlang und kommt schließlich zu dem verwahrlosten Nebenhaus, zum sogenannten »Domizil der Todeskandidaten«. Hier ist wirklich kein Entkommen möglich. Reine Routine für Laperre.

Seit 30 Jahren ist er Gefängniswärter in Fresnes und noch nie hat ein zum Tode Verurteilter versucht, aus diesem Kerker zu entfliehen.

An diesem Wintermorgen jedoch bemerkt er zum ersten Mal etwas Ungewöhnliches: Ein weißes Band hängt aus einem Fenster und flattert im Winde – aneinandergeknotete Leinentücher! Ein Ausbruch!

Sekundenschnell schlägt er Alarm. Die Sirenen heulen in der Morgendämmerung, die grellen Strahlen der Scheinwerfer gleiten über das Gelände, suchen jeden Winkel ab, bewaffnete Männer schwärmen in alle Richtungen aus, während Laperre in die Zelle des Ausbrechers stürzt – in die Zelle 341.

Das Fenster steht offen. Die Gitterstäbe sind durchgesägt. Und – Laperre traut seinen Augen nicht – der Häftling liegt auf der Pritsche! Er zappelt und strampelt wie ein Verrückter, er kämpft gegen irgend jemanden – im Traum. Ja, er schläft und wird anscheinend von fürchterlichen Alpträumen heimgesucht.

Als die Wärter ihn endlich wachrütteln, zittert er noch am ganzen Leib vor Angst. Aber er kann noch so oft seine Unschuld beteuern, bei Gott schwören, er habe das Gitter nicht durchgesägt und habe auch nicht die geringste Ahnung, wer es getan haben könnte – da wird nicht lange gefackelt! Ein Fluchtversuch wird hart bestraft! Eine halbe Stunde später wird Raymond Latour – R. L. – in die von allen Häftlingen so gefürchtete Dunkelzelle verbannt.

Allerdings kann sich niemand im Gefängnis das seltsame Verhalten des jungen Sträflings erklären. Er saß zwar in Einzelhaft im Bau der Kapitalverbrecher, aber er war nicht zum Tode verurteilt. 1979 wird zwar in Frankreich noch geköpft, aber nur ganz selten. Die Gefängnisse sind jedoch so überfüllt, daß die Verwaltung sich den Luxus nicht leisten kann, Zellen sozusagen unbewohnt zu lassen. Nur deswegen saß der 19jährige Latour ein Jahr lang in Zelle 341. Zwei Wochen nach dem mysteriösen Fluchtversuch sollte er sowieso wegen guter Führung in das Hauptgebäude verlegt werden. Nur noch drei Monate, und dann wäre er frei gewesen! Welcher Teufel mag ihn geritten haben, so eine Dummheit zu begehen? So kurz vor seiner Freilassung?

Nach einer Woche Dunkelhaft kommt Raymond Latour wieder in die Zelle 341. In der Zwischenzeit ist das Fenster mit einer Metallplatte gesichert worden, und das Licht dringt nur noch durch einen engen Schlitz herein.

Tagsüber liegt er nun völlig apathisch auf seiner Pritsche – er ist nur noch ein Schatten seiner selbst. Früher – vor dem unbegreiflichen Fluchtversuch – da hat er noch mit den Wärtern gesprochen, aber jetzt? Kein Wort mehr. Nichts. Wozu auch? Es glaubt ihm sowieso niemand! Außerdem, er ist am Ende seiner Kräfte, denn nachts findet er keinen ruhigen Schlaf mehr. Die schrecklichen Anfälle wiederholen sich immer häufiger und immer heftiger.

Aber so leicht macht man keinem Wärter was vor – Anfälle vortäuschen, das ist ein alter Trick in allen Gefängnissen der Welt – und er zieht nur selten!

Der alte Laperre hat Mitleid mit dem Jungen. Wie alle anderen ist er zwar auch davon überzeugt, daß er simuliert, aber er versucht trotzdem, ihn aufzumuntern und vor allem zur Vernunft zu bringen:

»Mensch, Junge, hör doch auf mit dem Theater! Du machst alles nur noch schlimmer dadurch! Du machst dich völlig fertig – und uns alle auch!«

Aber es hilft nichts. Jede Nacht verwandelt sich Raymond Latour in eine tobsüchtige Kreatur. Drei Monate lang – bis zum Tag seiner Freilassung.

An diesem Tag muß er noch die unvermeidliche Moral-
predigt des Direktors über sich ergehen lassen. Sie ist
schnell gehalten:
»Kopf hoch, Junge, du mußt jetzt erstmal Arbeit finden,
das ist das Wichtigste. Der Rest kommt dann von ganz
allein! Mach's gut – und auf Nimmerwiedersehen! Will
ich hoffen!«
Raymond antwortet mit einem kleinlauten »Ja, Herr
Direktor«, verabschiedet sich und geht zur Tür. Er steht
schon fast im Gang, als er sich plötzlich ganz aufgeregt
noch einmal umdreht:
»Was ich noch sagen wollte, Sie müssen es mir glauben,
Herr Direktor! Warum sollte ich jetzt noch lügen? Ich
weiß wirklich nicht, was jede Nacht mit mir los war! Ich
konnte nichts dafür. Und, die Gitterstäbe, die habe *ich*
nicht durchgesägt, *ich* war es nicht!«
Der Direktor blickt ihn erstaunt an. Aber er hat keine
Lust, die alte Geschichte wieder aufzurollen und winkt
nur müde ab:
»Ja, ja, ist schon recht! Lassen wird das!«
Das war leichter gesagt als getan, denn noch im selben
Jahr erleiden die beiden nächsten Häftlinge der Zelle 341
das gleiche Schicksal wie ihr Vorgänger. Genau die gleichen Anfälle. Haargenau die gleichen. Drei Simulanten
innerhalb so kurzer Zeit, das ist zuviel! Und so wird die
»341« zum Gesprächsstoff Nummer eins. Für die Häftlinge wie für die Wärter. Es wird viel erzählt und viel
dazugedichtet – bald entsteht eine gruselige Legende um
die »Zelle der Tobsüchtigen«.
Der alte Laperre spielt eine wesentliche Rolle dabei:
»In meinen dreißig Dienstjahren hab' ich mindestens
zwanzig Kerle gehabt, die von der 341 direkt in die Klaps-
mühle gekommen sind! Wenn ihr mich fragt, in diesem
verfluchten Loch geht es nicht mit rechten Dingen zu!«

Besorgt, diese dumme Angelegenheit könne die Gemüter noch mehr erregen und am Ende sogar seinem guten Ruf schaden, entschließt sich der Direktor, etwas zu unternehmen: Er wendet sich an Dr. Louis, den Gefängnisarzt, und bittet ihn, eine kurze, leichtverständliche, aber dennoch schön wissenschaftliche Abhandlung über den Fall zu verfassen:

»Doktor, Sie wissen schon, was wir brauchen! Fakten gegen Hirngespenster! Also, Simulation, Verfolgungswahn, Klaustrophobie, Schuldgefühl und Selbstzerstörung. Das Übliche halt!«

»Herr Direktor, ich bedaure, aber eine fachmännische Beurteilung dieser drei aufeinanderfolgenden Fälle übersteigt bei weitem meine Kompetenz. Ich fürchte nämlich, wie haben es hier eben *nicht* mit dem Üblichen zu tun! Ich möchte einen Kollegen zu Rate ziehen.«

So wird Dr. Raimbaud – Professor für Parapsychologie an der Pariser Medizinischen Fakultät – mit dem rätselhaften Innenleben der »Zelle der Tobsüchtigen« betraut. Da der Gefängnisdirektor sich allerdings wenig kooperativ erweist, schaltet der Professor das Justizministerium ein und erscheint eines Tages höchstpersönlich in Fresnes mit einem offiziellen Schreiben vom Minister selber. Darin steht:

»Kraft meines Amtes erteilte ich hiermit Herrn Dr. Raimbaud die Erlaubnis zur Durchführung seiner Studie in der Strafanstalt von Fresnes. Seinem Wunsch entsprechend soll er in der Zelle 341 untergebracht werden und dort das normale Leben eines Inhaftierten führen. Über die Dauer des Experiments haben nur er oder seine Mitarbeiter zu entscheiden . . .«

Wie jeden Abend lösen sich die Assistenten vor der Nachtschicht am Bildschirm ab: »Und? Gibts was Neues?«

»Nein. Nichts Besonderes.«

Auf dem Monitor ist Raimbaud undeutlich zu erkennen. Er liegt auf der Pritsche und schläft ruhig, wie schon gestern und vorgestern – wie seit einer Woche schon. Doch mitten in dieser Nacht hört der Assistent plötzlich ein leises Geräusch. Er schiebt sofort den Lautstärkeregler ganz nach oben und vernimmt jetzt deutlich ein Schluchzen, dann ein Murmeln: »Collonges... Collonges...« Dr. Raimbaud wiederholt diesen Namen immerzu – und er weint dabei.

Als er am nächsten Morgen aufwacht, ist er in bester Verfassung und scheint sich an nichts zu erinnern. Wie vorher besprochen, sagen ihm seine Assistenten kein Wort über den nächtlichen Vorfall. In den nächsten sieben Nächten verfolgt die Kamera den zunehmend unruhigen Schlaf des Professor. Er zuckt, bekommt Krämpfe, und er träumt unentwegt: man ahnt – es wird etwas passieren.

In der Nacht vom dritten auf den vierten Februar ist es dann soweit: Der Assistent beobachtet auf dem Bildschirm, wie Raimbaud plötzlich aus dem Bett springt, einen Hocker nimmt, ihn unter das Fenster stellt, darauf steigt und mit großer Anstrengung aus dem Fenster lugt. Sein Gesicht ist von Angst entstellt, wie bei jemandem, der genau weiß, daß seine letzte Stunde geschlagen hat. Der Assistent verständigt sofort die anderen: Sein Kollege, der Direktor, der Oberaufseher – alle kommen angelaufen und verfolgen nun auf dem Bildschirm das fürchterliche Schauspiel, das in Zelle 341 abläuft: Raimbaud springt vom Hocker, rennt gegen die Eisentür, legt sein Ohr ganz dicht an das Schloß und horcht gespannt. Er bebt vor Angst. Dann weicht er mit einem Sprung zurück und drückt sich an die Wand. Mit beiden Händen umschließt er seinen Hals und schreit: »Nein, ich will nicht sterben!«

Schon seit einer guten Viertelstunde sitzen die Männer schweigend vor dem Bildschirm – ohne einzugreifen. Die Spannung ist fast unerträglich geworden, aber sie müssen das Experiment bis zur äußersten Grenze vorantreiben. Sie dürfen es jetzt noch nicht abbrechen! Sie dürfen nur mit Raimbaud über den Lautsprecher reden:

»Professor, hören Sie mich? Wovor haben Sie Angst? Bitte antworten Sie!«

Dazu ist er nicht mehr in der Lage. Statt dessen packt er wieder den Hocker und schleudert ihn mit aller Kraft gegen die Kamera. Das Bild ist weg – man hört nur noch ein verzweifeltes Wimmern.

Jetzt ist es genug! Die beiden Assistenten stürzen aus dem Zimmer und rennen zur Zelle. Als der Oberaufseher die Eisentür aufschließt, sehen sie Dr. Raimbaud schweißgebadet und schluchzend in der Ecke stehen. Er brüllt sie an:

»Ich bin unschuldig! Ich will nicht sterben! Ich war niemals in Collonges! So lassen Sie mich doch! Ich war es nicht!«

Wer er nicht gewesen ist, das weiß im Augenblick niemand. Aber eines steht fest: Dieser Mann hier, der tobt und vor Angst stirbt, ist nicht Dr. Raimbaud. Es ist dieselbe Person, die drei Jahre vorher Raymond Latour und dann die beiden anderen Häftlinge in der Zelle 341 immer nachts überfallen hat!

Die beiden Assistenten tragen den Professor in ein Krankenzimmer und verabreichen ihm eine hohe Dosis an Beruhigungsmitteln. Dann schläft er zwölf Stunden durch.

Als er erwacht, erinnert er sich vage an einen Alptraum:

»Eine fiebrige Unruhe befiel mich. Ein lähmendes Entsetzen, das mir den Atem verschlug und so beklemmend wurde, das ich aufstehen mußte! Aus dem Fenster sah ich, wie man unten im Hof ein Schafott errichtete. Dann hörte ich Schritte im Gang, man holte mich zur Hinrichtung.«

Erst jetzt darf Professor Raimbaud die Bilder seiner Nächte im Gefängnis sehen, den Film über sein Leben in der Zelle 341. Er ist zutiefst bestürzt und erkennt sich selber nicht: der Gesichtsausdruck, die Bewegungen, überhaupt das ganze Verhalten – alles ist so befremdend. Dieses Häufchen Elend, das wimmert und zittert, das schreit und mit verzerrtem Gesicht beteuert: »Ich war niemals in Collonges!« Das soll er sein? Nein. Das ist er nicht. Und daran zweifelt jetzt auch niemand mehr.

»Herr Direktor, jetzt können Sie nachforschen. Wir haben zwei Fakten: Eine Hinrichtung hier im Hof und einen Namen: Collonges!«

Im Umkleideraum erhält Dr. Raimbaud seinen eleganten Zweiteiler zurück und schlüpft endlich wieder in seine eigene Haut.

Währenddessen sitzt der Gefängnisdirektor vor einem großen, in schwarzes Leinen gebundenen Buch. Er überprüft systematisch Seite für Seite – alle Gefangenenlisten: Name der Häftlinge, Grunde der Verurteilung, Nummer der Zellen, Tag der Hinrichtung – alles steht hier fein säuberlich aufgeschrieben.

»Das ist ja interessant, da schau mal einer an«, entfährt es ihm plötzlich. Und schon läuft er zum Umkleideraum. Der Professor ist noch da, Gott sei Dank!

»Dr. Raimbaud! Ich habe was gefunden! Ein gewisser Pierre Gabaud ist auf der Liste von Zelle 341 eingetragen! Er hatte drei Morde begangen, alle drei in Collonges! Und er wurde in Fresnes hingerichtet! Vor 55 Jahren!«

Also – Pierre Gabaud. Aber warum nur? Warum kehrt er 1982 in seine Zelle zurück?

In den Archiven der Pariser Polizei kommt nach einigem Stöbern schließlich eine verstaubte Akte zum Vorschein. Sie enthält den Urteilsspruch über den Dreifachmörder von Collonges und den abschließenden Bericht:

»Am 12. Januar 1927 wurde der Tischlerlehrling Pierre Gabaud, der des Mordes an drei alten Frauen angeklagt war, zum Tode verurteilt. Er wurde im Hof des Gefängnisses von Fresnes hingerichtet.«

Das ist aber noch nicht alles. Ferner steht geschrieben:

»Am 3. Dezember 1945 hat der Pariser Gerichtshof das Todesurteil widerrufen und den unschuldigen Tischlerlehrling freigesprochen.«

18 Jahre nach der Hinrichtung, 18 Jahre zu spät.

Und am 21. Juni 1984 traf das französische Justizministerium eine seltsame Entscheidung: Dem Gefängnisdirektor von Fresnes wurde von höchster Stelle genehmigt, die Zelle 341 für alle Zeiten zu vermauern.

Ob der unschuldig hingerichtete Pierre Gabaud mittlerweile in seinem Grab Ruhe gefunden hat? Hoffentlich – denn in seine Zelle 341 kann er nun nie mehr zurückkehren.

Der Mann mit den Schnallenstiefelchen

Es gab einen gewaltigen Ruck! Die alte Dame wird heftig nach vorne geschleudert, der Fahrer klammert sich mit aller Kraft ans Lenkrad, fliegt aber trotzdem gefährlich nahe an die Frontscheibe heran und dann wieder brutal nach hinten. Es ist nochmal gutgegangen – zumindest für die beiden Menschen im Wagen. Aber der Schreck sitzt ihnen noch in den Knochen, sie zittern vor Angst, obwohl die Gefahr vorüber ist. Im Rückspiegel sieht die alte Frau das verzerrte Gesicht des Fahrers – entsetzt, aschgrau. Seine Lippen beben, aber er bringt kein Wort heraus. Also legt sie ihre Hand auf seine Schulter, rüttelt ihn ein wenig und stammelt:

»Was . . . was ist los? Was ist passiert?!«

Der Fahrer ist einer Ohnmacht nahe. Nur deshalb sieht er auch so aschgrau aus. Eigentlich ist er pechschwarz – ein schwarzer Taxifahrer – nichts Ungewöhnliches in New York, im Jahre 1950.

Was ist passiert? Er kann es noch gar nicht fassen, es ging alles blitzschnell. Jetzt kommt er endlich wieder zu sich, steigt langsam aus seinem Taxi und geht schwankend zu der kleinen Gruppe, die sich auf der Straße gebildet hat. Dort liegt der Mann, den er überfahren hat. Er flog mehrere Meter durch die Luft, bevor er auf dem harten Asphalt aufschlug.

»Ich . . . ich kann nichts dafür! Haben Sie gesehen! Sie haben's bestimmt gesehen! Ich konnte nichts machen! Nur bremsen!«

Niemand achtet auf den völlig verstörten schwarzen Taxifahrer. Alle starren nur ungläubig auf die Gestalt, die jetzt daliegt wie eine zerschlagene Holzpuppe. Der Mann war sicher auf der Stelle tot. Bei dem Aufprall! Aus einer klaffenden Wunde am Schädel fließt das Blut in Strömen – ein schrecklicher Anblick. Aber das ist es nicht, was die herumstehenden Menschen so bestürzt.

Als Inspektor Fergusson eine gute Viertelstunde später an der Unfallstelle eintrifft, ist er zunächst verwundert. Wegen eines tödlich überfahrenen Mannes bricht doch nicht so ein unbeschreibliches Chaos aus! Es muß etwas Schlimmeres passiert sein! Während er sich mühsam einen Weg durch die dicht zusammengedrängte Menge bahnt, legen zwei Sanitäter den toten Mann auf eine Bahre, werfen eine Decke über sein entstelltes Gesicht und heben ihn in den Krankenwagen.
Ein junger Polizist steht hilflos daneben – mit einem Zylinder in der Hand.
Sobald er den Inspektor sieht, atmet er erleichtert auf, dann schreit er:
»Warten Sie! Holen Sie den Toten wieder heraus. Ich möchte, daß der Inspektor ihn sofort genau ansieht!«
Im Laufe seiner langjährigen Karriere hat Inspektor Fergusson schon so viele Tote gesehen, normalerweise erschüttert ihn das nicht mehr. Bloße Routine. Gleichmutig neigt er sich also über die Tragbahre, zieht die Decke weg – und zuckt zusammen. Jetzt begreift er die ganze Aufregung! Bei dem Toten handelt es sich um einen Mann um die Dreißig: Er ist seltsam gekleidet, trägt enganliegende Hosen mit einem auffällig großen, schwarz-weiß karierten Muster, dazu eine Art Gehrock, am Rücken mit einer Reihe kleiner Knöpfe verziert, und auch das Schuhwerk ist sehr ungewöhnlich –

mittelhohe Stiefelchen mit Silberschnallen, museums-reif!

»Hier ist sein Hut, Herr Inspektor«, sagt der junge Polizist und hält ihm den Zylinder hin.

»Na ja, schön! Er trägt ein Kostüm! Warum nicht?! Vielleicht ist er Schauspieler, was weiß ich! Hatte er Papiere bei sich?«

»Ja, schon . . .«

Der Taxifahrer sitzt zusammengesunken auf einem Hok-ker neben dem Krankenwagen. Er zittert immer noch, obwohl die Sanitäter ihm sofort ein Beruhigungsmittel verabreicht haben.

»Haben *Sie* den Mann überfahren?«

»Ja, aber es war nicht meine Schuld, Herr Inspektor! Er stand auf dem Gehweg und ganz plötzlich, da ist er losgelaufen! Direkt auf die Straße! Direkt vor meinen Wagen!«

Der junge Polizist bestätigt seine Aussage:

»Es stimmt. Ich hatte den Mann schon eine ganze Weile beobachtet. Mit dieser Kostümierung fiel er ja auf! Er bewegte sich überhaupt nicht. Dann rannte er auf einmal auf die Fahrbahn! Ich habe gepfiffen, aber es war schon zu spät!«

»Ja, genau so war's«, erklärt ein junger Mann. »Ich kam mit meiner Freundin gerade aus dem Theater, der Mann ist uns gleich aufgefallen, ja, wir haben ihn sogar ausgelacht, wegen seiner komischen Klamotten! Er stand völlig steif hier an der Ecke, wie eine Schaufensterpuppe! Wir dachten, er zieht irgendeine Schau ab! Er rollte die Augen wie ein Verrückter, starrte auf die Ampel, als hätte er so etwas noch nie gesehen. Wir haben wirklich gelacht, er machte seine Sache sehr gut! So echt, wie im Kino!«

»Sie waren im Theater, sagen Sie. Könnte er nicht ein

Schauspieler aus dem Stück sein, das Sie gerade gesehen haben?«

»Nein, unmöglich! Das Stück spielte in London während des Zweiten Weltkrieges.«

»Gut, danke. Sie können gehen. Und gehen Sie jetzt alle! Hier gibt's nichts mehr zu sehen! Machen Sie endlich die Straße frei!«

Erst als der Krankenwagen mit dem toten Mann um die Ecke verschwunden ist, löst sich die neugierige Menge auf. Der Inspektor beruhigt noch den Taxifahrer, schreibt seine Personalien auf und bittet ihn, freundlich aber bestimmt, um seine Autoschlüssel:

»Lieber Mann, in Ihrem Zustand ist es besser, wenn Sie sich heute von einem Kollegen nach Hause fahren lassen! Kommen Sie morgen ins Revier.«

»O. K., Herr Inspektor, danke. Also, bis morgen.«

Fergusson und der junge Polizist sind nun endlich allein:

»Haben Sie die Papiere?«

»Wie man's nimmt! Das hier habe ich in seiner Tasche gefunden.«

»Nur eine Visitenkarte? Sonst nichts?«

»Ich dachte, es genügt zuerst mal. Ich konnte ihn nicht durchsuchen, ich war allein hier und hatte alle Hände voll zu tun.«

»Ist schon gut.«

Es ist eine interessante Visitenkarte. Genauso altmodisch wie die Kleidung des Mannes. Darauf steht: »Rudolph Fentz«, und eine Adresse in der Fifth Avenue. Der Inspektor fährt sofort hin und steht wenig später vor einem kleinen Antiquitätenladen. Das Geschäft ist geschlossen, aber im ersten Stock brennt noch Licht. Fergusson muß mehrmals klingeln, bis die Besitzerin des Ladens sich endlich nach unten bemüht, sichtlich verärgert über die Störung:

»Rudolf Fentz? Kenn' ich nicht!«

»Aber, schauen Sie! Auf seiner Visitenkarte steht deutlich diese Adresse.«

Die Frau setzt ihre Brille auf, dreht die kleine Karte hin und her und liest laut Namen und Adresse. Dann schaut sie hoch, sehr erstaunt:

»Tut mir leid, Herr Inspektor, aber diesen Namen habe ich noch nie gehört!«

»Wie lange wohnen Sie schon hier?«

»Seit achtzehn Jahren.«

»Und Sie wissen nicht, wem der Laden früher gehört hat?«

»Dieses Geschäft ist uralt. Ich habe keine Ahnung, wann es gegründet wurde, oder von wem. Es hat oft den Besitzer gewechselt!«

»Darf ich Ihr Telefonbuch benützen?«

»Bitte, kommen Sie hinauf.«

Einen Rudolph Fentz gibt es nicht in dem dicken New Yorker Telefonbuch des Jahres 1950. Fergusson wundert sich nicht, er ist nur ein wenig enttäuscht.

Am nächsten Morgen fährt er nicht ins Revier, sondern direkt ins Leichenhaus. Dort übergibt man ihm einen Beutel mit den persönlichen Dingen, die bei dem Toten gefunden wurden: Eine schon seit langem nicht mehr im Umlauf befindliche Bronze-Münze, eine Rechnung über drei Dollar, von einem Stall in der Lexington Avenue, für die Verpflegung eines Pferdes und das Unterstellen eines Pferdewagens, alte ungültige Geldscheine im Wert von siebzig Dollar und schließlich ein Brief, an Rudolph Fentz adressiert. Auf dem Kuvert – ein Poststempel aus dem Jahr 1886, Juni 1886! Also genau 64 Jahre alt! Fassungslos steckt Fergusson all diese Schätze aus grauer Vergangenheit wieder in den Beutel, begibt sich eilends damit zum Revier und hängt sich ans Telefon. Der Beamte der Fingerabdruck-Zentralkartei leiert gleichgültig seinen Bericht herunter:

»Wir haben die Fingerabdrücke Ihres Komikers kontrolliert. Bei uns in New York haben wir nichts gefunden. Ich habe nach Washington telegraphiert, tut mir leid, Inspektor, Ihr Mann muß ein braver Bürger gewesen sein. Uns ist er jedenfalls nie untergekommen!«

In den Archiven der New Yorker Hauptpost blättert sich Fergusson zwei Stunden lang die Finger wund. Alle Telefonbücher der vergangenen Jahre hat er schon durch: 1949 – nichts. 48 – nichts. 47, 46, 45 . . . nirgendwo die Spur eines Rudolph Fentz. 1939 . . . da steht er endlich! Rudolph Fentz Junior, 12 Market Street – und dazu eine Telefonnummer selbstverständlich. Sie hilft dem Inspektor allerdings nicht viel weiter, denn im Laufe der letzten zehn Jahre wurden alle Nummern in New York geändert. Aber immerhin, jetzt hat er etwas in der Hand – eine neue Adresse. Und die Straße gibt es noch. Dort wird Inspektor Fergusson endlich dem Mann mit den Schnallenstiefelchen auf die Spur kommen!

Das Haus mit der Nummer 12 in der Market Street war baufällig und wurde von oben bis unten saniert und renoviert. Eine Katastrophe für die meisten Bewohner: Die Mieten wurden danach so erhöht, daß niemand mehr in der Lage war, die neuen Preise zu bezahlen. Nur ein altes Ehepaar konnte es sich leisten, weiterhin in seiner Wohnung zu bleiben. Nur diese beiden Alten könnten sich also vielleicht noch an Rudolph Fentz erinnern.

Sie sind entzückt und freuen sich, Besuch zu bekommen, und wenn es welcher von der Polizei ist!

»Fentz Junior? Aber ja, Herr Inspektor, ich kannte ihn! Du doch auch, Gladys, nicht wahr?«

»Ja, ich war mit seiner Frau sogar recht gut befreundet.

Es hat uns sehr leid getan, daß Sie New York verlassen haben.«

»Wissen Sie, wohin sie gezogen sind?«

»Nach Florida! Schade. Wir haben uns aus den Augen verloren.«

»Wie alt war Mister Fentz?«

»Ungefähr 60.«

Fergusson rechnet schnell im Kopf nach: etwa 60 im Jahre 1940, also wäre er um das Jahr 1880 geboren.

»Haben Sie seinen Vater gekannt?«

»Nein, wir haben ihn nie gesehen, nicht wahr, Gladys?«

»Der Vater? Nein. War er nicht schon lange tot? Ach ja, jetzt weiß ich es wieder! Mrs. Fentz hat ein einziges Mal mit mir über ihren Schwiegervater gesprochen. Er soll vor langer Zeit verschwunden sein. Ja, er war verschollen, glaube ich.«

»Warum sind die Fentz' von New York weggezogen?«

»Sie wollten schon immer nach Florida, und als Mister Fentz pensioniert wurde, reisten sie unmittelbar danach ab!«

»Wissen Sie auch, wo er gearbeitet hat?«

»Sicher. Gleich um die Ecke, bei der Bank gegenüber!«

»Vielen Dank! Sie waren mir eine große Hilfe!«

Fünf Minuten später sitzt Fergusson vor einem unfreundlichen Bankfilialleiter – einem Wichtigtuer, der keine Zeit hat für einen Inspektor der New Yorker Polizei:

»Ich bitte Sie, wir haben anderes zu tun, als jetzt nachzuprüfen, ob der oder jener vor zehn bis fünfzehn Jahren bei uns gearbeitet hat! Für solche Informationen ist unsere Hauptverwaltung zuständig. Dort finden Sie alle Akten, alles, was Sie brauchen. Viel Glück dabei! Sie entschuldigen, ich werde erwartet!«

Bei der Hauptverwaltung wird Inspektor Fergusson von einem zum anderen geschickt und schließlich landet er bei der Abteilung für »Sozialwesen, Versicherungen und Renten«. Dort findet ein Aktenwurm mit langen, flinken Fingern sofort den gesuchten Namen:

»Fentz. Hier! 1940, Ruhestand. Mehrmals umgezogen, wohnhaft in Florida, 1945 gestorben – Ehefrau lebt aber noch. Bekommt von uns regelmäßig Witwenrente. Wird monatlich überwiesen. Kontonummer, Adresse, Telefonnummer, was brauchen Sie?«

»Alles. Danke.«

Kurz und bündig – nicht gerade freundlich, aber funktioniert ausgezeichnet. Ein Aktenwurm eben.

Am nächsten Abend klingelt das Telefon bei der Witwe Fentz, in Florida.

»Hallo, wer ist am Apparat?«

»Inspektor Fergusson. Spreche ich mit Mrs. Fentz?«

»Ja.«

»Ich bitte um Entschuldigung, daß ich so spät noch störe. Ich rufe aus New York an. Ich bin hier Inspektor bei der Polizei.«

»Polizei! New York? Was kann ich für Sie tun?«

»Ich möchte Sie nur fragen, ob Sie Ihren Schwiegervater gekannt haben.«

»Meinen Schwiegervater? Nein. Warum fragen Sie?«

»Es ist alles recht kompliziert.«

»Trotzdem möchte ich wissen, worum es geht, Herr Inspektor!«

»Also, gestern ist hier in New York ein Mann namens Rudolph Fentz tödlich verunglückt und er war angezogen wie im letzten Jahrhundert!«

»Ich verstehe nicht!«

»Ich auch nicht, Mrs. Fentz! Vielleicht können Sie mir helfen!«

Und der Inspektor erzählt der alten Witwe die ganze Geschichte. Sie hört geduldig zu, ohne ihn zu unterbrechen.

»Mrs. Fentz, sind Sie noch da?«

»Ja, aber ich verstehe kein Wort! Mein Mann ist doch vor fünf Jahren gestorben!«

»Es kann sich auch gar nicht um Ihren Mann handeln, das weiß ich! Er war schon 65 als er starb, und der Rudolph Fentz, der gestern überfahren wurde, war höchstens 30! Deswegen frage ich sie eben, ob Sie Ihren Schwiegervater gekannt haben. Verstehen Sie?«

»Nein! Was spielt das für eine Rolle?«

»Mrs. Fentz, mir ist völlig bewußt, wie merkwürdig Ihnen meine Frage vorkommen muß. Das Ganze ist absurd, ich weiß! Nicht nur für Sie. Wir stehen vor einem unbegreiflichen Rätsel.
Warum haben Sie eigentlich Ihren Schwiegervater nicht gekannt?«

»Weil er verschwunden ist, als mein Mann noch ein Kind war.«

»Wie das? Verschwunden? Nicht gestorben?«

»Das hat die Familie nie aufklären können. Mein Schwiegervater rauchte leidenschaftlich gerne Zigarren, und seine Frau konnte den Geruch auf den Tod nicht leiden. Also ist er jeden Abend nach dem Essen spazieren gegangen, um draußen seine Zigarre zu rauchen. Eines Abends kam er nicht zurück – und man hat nie wieder etwas von ihm gehört.«

»Ist das alles?«

»Ja. Die Familie hat jahrelang nach ihm suchen lassen, leider vergeblich.«

»Haben Sie vielleicht eine Photographie von ihm?«

»Nein, Inspektor, damals war es nicht so üblich wie heute. Wir hatten ein Ölbild von ihm.«

»Und wie war er darauf gekleidet?«

»Soweit ich mich erinnere, ja... genauso wie Sie es vorhin beschrieben haben. Besonders an die Hose mit den schwarz-weißen Karos, und auch an die Stiefelchen mit den Silberschnallen kann ich mich gut erinnern!«

Zusammen mit dem Chef der Vermißtenabteilung wühlt Inspektor Fergusson tagelang in den riesigen Archiven der New Yorker Polizei, bis er eine vollständige Liste aller Personen zusammen hat, die im Laufe des Jahres 1886 verschollen sind. Und er findet, was er sucht: nicht nur den Namen »Rudolph Fentz«, sondern auch eine genaue Beschreibung des Mannes, wie seine Familie ihn damals geschildert hat: »29 Jahre alt, enganliegende Hose mit schwarz-weiß kariertem Muster, Gehrock, im Rücken geknöpft, Zylinder und Stiefelchen mit Silberschnallen.

Was soll nun Inspektor Fergusson in seinen Abschlußbericht schreiben? Etwa: »Rudolph Fentz, 29 Jahre alt, 1886 vermißt gemeldet – wiederaufgetaucht 1950 in New York, etwa 30 Jahre alt, bei einem Verkehrsunfall umgekommen«? Einfach verrückt! Der Polizist hat nämlich nichts übrig für Übernatürliches, für sogenannte »Zeitreisen« und »gekrümmten Raum«. Sein Beruf erlaubt es ihm auch nicht, sich in diesen höheren Sphären aufzuhalten. Er muß auf dem Boden der Tatsache bleiben! Aber wie, wenn die Tatbestände jeglicher Vernunft hohnlachen?

Also forscht er weiter nach und schaltet alle erdenklichen Stellen ein, auch INTERPOL, und verlangt jetzt eine Liste aller Personen, die im Laufe des Monats Juni 1950 auf dem gesamten nordamerikanischen Kontinent vermißt gemeldet wurden. Abends nach dem Dienst studiert er jede Akte, die auf seinem Schreibtisch landet. Egal woher sie kommt! Es muß eine logische Erklärung geben. Und er wird keine Ruhe geben, bis er sie findet.

Eines Tages bekommt er einen Hinweis aus Montreal. Dort, in Kanada, sucht man seit Juni einen jungen Schauspieler – 33 Jahre alt. Er wollte schon immer sein Glück in New York versuchen, aber niemand weiß, ob er jemals dorthin gefahren ist. Jetzt geht alles ganz schnell. Einige Anrufe, ein paar Fernschreiber, ein Besuch bei einem alten Kostümverleiher um die Ecke, und der Fall »Rudolph Fentz« ist gelöst.

Das heißt, nicht ganz. Eine Frage bleibt noch offen – und wird es immer bleiben: Wo ist Rudolph Fentz geblieben – der aus dem Jahr 1886? Untergetaucht? Heute, 1950, pafft vielleicht ein 93jähriger Greis in aller Ruhe immer noch seine Zigarre?

Verrückt . . . sozusagen

Ein Mann steht auf dem Gehsteig und winkt einem Taxi. Der Wagen rollt langsam auf ihn zu und hält an. Der Fahrer kurbelt die Scheibe herunter und fragt brummelnd:

»Wohin?«

Der Mann gibt keine Antwort und verzieht keine Miene. Er öffnet die Hintertür, steigt ein, macht es sich auf dem Rücksitz des Taxis bequem und wartet.

»Wo wollen Sie denn hin?«

»Das überlasse ich Ihnen.«

»Wie bitte?«

»Fahren Sie irgendwohin.«

»Gerne. Und wo ist das . . . irgendwo?«

»Was weiß ich! Überall!«

»Für Stadtrundfahrten bin ich aber nicht zuständig!«

»Ich will auch nicht in der Stadt herumgefahren werden, sondern aus der Stadt heraus!«

»Mit dem Taxi?«

»Nein! Bringen Sie mich irgendwohin, von wo aus ich die Stadt verlassen kann.«

»Man kann von überall die Stadt verlassen! Möchten Sie nach Norden, nach Süden, zum Busbahnhof, zum . . .«

»Was fragen Sie mich?! Es spielt doch keine Rolle, von wo aus man eine Stadt verläßt! Fahren Sie meinetwegen zum Busbahnhof! Ja, mit dem Bus, warum eigentlich nicht?«

Der Taxichauffeur mustert seinen seltsamen Fahrgast im Rückspiegel, zuckt schließlich die Achseln und startet: »Gut, also zum Busbahnhof! Wissen Sie, mir ist das ja völlig egal, wohin ich Sie fahre. Hauptsache, Sie wissen es!«

»Es ist tödlich für den Menschen, immer von vornherein zu wissen, wohin er will.«

Ein komischer Vogel, dieser Fahrgast! Dabei macht er äußerlich einen ganz normalen, ja eigentlich ausgesprochen guten Eindruck. Er ist etwa fünfundvierzig Jahre alt und wirkt vornehm, sowohl in seiner – zugegeben – etwas merkwürdigen Ausdrucksweise, als auch in seinem Benehmen. Er ist elegant gekleidet, nur die Krawatte hängt ein wenig schief und auch der Kragen könnte besser sitzen. Sonst – tadellos. Eine Kleinigkeit allerdings macht den Taxifahrer stutzig: Der Mann will verreisen, hat aber überhaupt kein Gepäck bei sich. Nicht einmal den obligatorischen Aktenkoffer, den Geschäftsleute sonst überall mit sich herumtragen. Und obwohl ihm anscheinend völlig gleichgültig ist, wohin er fährt, schaut er dauernd auf seine Uhr.

»Haben Sie es eilig? Soll ich schneller fahren?«

»Lieber Mann, man hat es oft eilig im Leben, aber das ist nur eine Sache der Einstellung, finden Sie nicht auch? Nein, Sie brauchen nicht schneller zu fahren. Man kommt immer an. Irgendwann – sozusagen . . .«

Der Fahrer zieht es vor, von nun an zu schweigen. Es hat keinen Sinn, sich mit solchen Fahrgästen zu unterhalten, nicht einmal über das Wetter! Zehn Minuten später hält der Wagen vor dem Busbahnhof. Der Mann steigt aus, zahlt mit einem großen Schein und winkt großzügig ab, als der Fahrer ihm sein Wechselgeld geben will:

»Behalten Sie es nur. Wenn man eine Stadt verläßt, ist Kleingeld unwichtig. Lästig. Finden Sie nicht auch?«

»Das kommt drauf an! Aber, na gut, vielen Dank!«

»Nichts zu danken. Es kommt immer und überall darauf an . . . sozusagen.«

»Also, gute Reise!«

»Wenn jeder, der einem eine gute Reise wünscht, es ehrlich meinte, gäbe es keine Katastrophen mehr, finden Sie nicht auch? Aber die Katastrophe ist eigentlich die Welt selber . . . sozusagen.«

Und weg ist er, verschwunden im Gewühl der Busreisenden. In der Halle bleibt er vor der Tafel mit den Abfahrtszeiten stehen und studiert eingehend jede Möglichkeit, die Stadt zu verlassen. Vom ersten Pendlerbus im Morgengrauen bis zum letzten Pullmann Palace Car für die begüterten Nachtreisenden.

Eine kleine schrumpelige Bauersfrau steht neben ihm, die Nase an der Scheibe plattgedrückt, und versucht vergeblich die kleingedruckten Zeiten zu entziffern.

»Gnädige Frau, erlauben Sie mir, Ihnen behilflich zu sein.«

»Oh, sehr aufmerksam von Ihnen, meine Brille ist im Koffer. Was steht da? 14 Uhr 25 oder 35?«

»14 Uhr 25, Haltestelle 8.«

»Danke. Alte Leute wie ich haben immer Angst, zu spät zu kommen.«

»Ja. Dabei kommen sie früh genug an, am Ende der Reise. Sozusagen.«

»Wie bitte?«

»Es ist gut für den Menschen, zu früh zu kommen, finden Sie nicht auch? Zu früh zu kommen, das bedeutet Hoffnung haben, auf etwas warten, bis die Zeit kommt, sozusagen.«

»Ja, ja, vielen Dank.«

Unser Mann hat anscheinend noch genug Zeit – also noch Hoffnung – denn er schlendert gemächlichen Schrittes zum Busbahnhofsrestaurant und bestellt einen Kaffee. Doch als der Ober ihn gleich darauf auf den Tisch stellt, springt der Mann auf und rennt los.

»Heh! Sie! Was ist mit dem Kaffee?«

»Behalten Sie ihn ruhig! Ich habe ihn ja nicht getrunken!«

»Aber auch nicht bezahlt!«

»Wer keine Zeit hat, einen Kaffee zu trinken, hat auch keine Zeit, ihn zu bezahlen. Nur wer Zeit hat, ist reich! Finden Sie nicht auch?«

Der vornehme Mann muß arm sein, denn er rennt wie verrückt, um den Bus, der gerade vor dem Restaurant losfährt, noch zu erwischen:

»Halten Sie an! Warten Sie!«

In letzter Sekunde springt er auf und klammert sich an die Griffe der schon geschlossenen Tür. Der Busfahrer hält an, drückt auf einen Knopf und die Tür öffnet sich mit einem ächzenden Seufzer. Der Schaffner hilft dem Mann einzusteigen:

»Haben Sie schon eine Fahrkarte?«

»Nein. Geben Sie mir eine.«

»Wohin wollen Sie?«

»Was für eine Frage! Nach Mailand selbstverständlich!«

»Dieser Bus fährt aber nicht nach Mailand.«

»So? Und wo fährt er hin?«

»Nach Allessandria. Und er hält in jedem Dorf! Wenn Sie nach Mailand wollen, nehmen Sie den Schnellbus in zehn Minuten. Der bringt Sie direkt hin, ohne Umwege.«

»Der direkte Weg ist nicht der Sinn einer Reise, finden Sie nicht auch? Der Umweg ist die Reise, sozusagen. Geben Sie mir eine Fahrkarte nach Allessandria.«

Ziemlich verdutzt reißt der Schaffner eine Fahrkarte von seinem Block ab. Der Mann gibt ihm einen großen

Schein. Während der Busbeamte sorgfältig das Wechselgeld abzählt, flüstert ihm der Mann ins Ohr, als handle
es sich um ein großes Geheimnis:

»Sagen Sie, gibt es in Allessandria Lokomotiven?«

»Sie meinen, Züge?«

»Züge? Nein, warum? Eine Lokomotive genügt doch!«

»Aber ich bitte Sie! Lokomotiven fahren immer nur mit
einem Zug.«

»Das ist es eben! Aber nur die Lokomotive ist wichtig.
Ohne Lokomotiven gäbe es keine Züge . . . sozusagen.«

»Wie Sie meinen! In Allessandria finden Sie bestimmt,
was Sie suchen, ob Züge oder Lokomotiven!«

Allmählich fragt sich der Schaffner, ob der vornehme
Herr noch alle Sinne beisammen hat. Als er ihm das
Wechselgeld in die Hand drücken will, wird der Mann
sogar sehr ärgerlich:

»Nein! Behalten Sie es ruhig! Für Umwege muß man
bezahlen! Das macht den Wert der Reise aus!«

»Aber ich darf es nicht behalten! Das ist gegen die
Vorschrift!«

»Vorschriften sind schuld daran, daß die Menschen direkt zum Ziel wollen, ohne zu reisen. Und die Reise ist
das Leben . . . sozusagen. Vorschriften sind tödlich!«

Die Fahrgäste, die in den ersten Reihen sitzen, lauschen
diesem skurrilen Gespräch mit gemischten Gefühlen:
Die einen ärgerlich, andere amüsiert, einige etwas beunruhigt, ja sogar verängstigt, wie die junge Frau, die neben
dem Fahrer Platz genommen hatte und jetzt ganz nach
hinten flüchtet.

»Oh, sehr freundlich von Ihnen, liebes Fräulein!«

Endlich setzt sich der Mann hin, neben den Fahrer, und
gibt Ruhe. Er strahlt über das ganze Gesicht, schaut
entzückt vor sich hin, wie ein Kind, das zum ersten Mal in
das Cockpit eines Jumbos darf. Ab und zu wirft der

Fahrer einen flüchtigen Blick auf den Sonderling. »Bei ihm ist eine Schraube locker, aber gefährlich sieht er nicht aus.« Und nach einer Weile fragt er ihn:

»Warum sind Sie denn nicht gleich mit dem Zug nach Mailand gefahren?«

»Weil es keine Rolle spielt, wohin man fährt, finden Sie nicht auch?«

»Vielleicht, aber Sie wollen nach Mailand, und wir fahren nach Allessandria!«

»Es spielt auch keine Rolle, wie man fährt. Jeder kommt eines Tages nach Mailand. Früher oder später.«

Nach dieser tiefsinnigen Feststellung lehnt sich der Mann zurück, schließt die Augen und gibt damit zu verstehen, man möge ihn nicht mit dummen Fragen belästigen. Während der ganzen Fahrt spricht er kein Wort mehr.

In Allessandria steigt er als erster aus und eilt direkt in das Restaurant:

»Zwei Kaffee, bitte!«

Der Ober wundert sich nicht. Warum auch? Der Mann bestellt gleich auch für seine Frau, die sich jetzt gerade wahrscheinlich die Nase pudert.

Als er an den Tisch zurückkommt mit den zwei Tassen, steht der Mann abrupt auf, nimmt einen Kaffee von dem Tablett und schluckt ihn mit einem Zug hinunter. Dann setzt er sich wieder:

»Meinen ersten Kaffee mußte ich stehen lassen, verstehen Sie? Es fehlte mir einer. Man soll immer nachholen, was man versäumt hat.«

Gleichgültig stellt der Ober die zweite Tasse auf den Tisch.

»Verstehen Sie mich? Man erlebt jeden Tag viele ärgerliche, kleine Zwischenfälle. Aber sie haben keine Bedeutung, finden Sie nicht auch? Zwischenfälle haben nur die Bedeutung, die man ihnen selber gibt, sozusagen. Hätten Sie die Freundlichkeit, mir zu sagen, wo ich hier eine Lokomotive finden kann?«

»Mann, Sie haben aber ganz schön getankt heute!«

»Sie verstehen mich nicht! Ich will nach Mailand und brauche nur eine Lokomotive.«

»Bei Ihnen tickt's wohl nicht richtig, was?«

Am Tisch nebenan empört sich eine Frau über die Impertinenz der Bedienung:

»Diese jungen Leute, die haben überhaupt keinen Respekt. Es ist eine Schande!«

»Gnädige Frau, Respekt ist keine lebenswichtige Tugend. Respekt hindert den Menschen nur daran, frei zu sein, finden Sie nicht auch? Wissen Sie vielleicht, wo die Lokomotiven hier sind?«

»Auf dem Bahnhof, nehme ich an!«

»Ach ja, wahrscheinlich . . . Und wo ist der Bahnhof?«

»Direkt gegenüber.«

»Dort fahren aber die Züge ab! Wo sind die Lokomotiven?«

»Sie sind ja total verrückt, der Ober hatte recht!«

»Sehen Sie, gnädige Frau, ohne Respekt ist man viel freier, finden Sie nicht auch?«

Nach dieser Belehrung verbeugt sich der Herr, verläßt das Lokal und geht zum Bahnhof. Aber plötzlich bleibt er stehen. Er zögert auf einmal: »Es ist zum Verrücktwerden, niemand will mich verstehen! Die Leute machen die Dinge immer fürchterlich kompliziert. Dabei ist alles so einfach: Ein Mann will nach Mailand fahren . . . mit einer Lokomotive, die er nur für kurze Zeit ausleihen will – und es geht nicht! Gut, wenn es so ist, dann frage ich niemanden mehr. Sonst erklärt man mir am Ende noch, daß die Lokomotiven dem Staat gehören, daß ich womöglich eine Sondererlaubnis vom Verkehrsministerium brauche, oder gar vom Innenministerium! Nein, nein... das mache ich lieber allein.«

Auf dem Bahnhofsgelände von Allessandria befinden sich genug Lokomotiven, aber an den meisten arbeiten Eisenbahner. Sie prüfen dies und jenes, kriechen unter die Maschinen, klopfen mal hier, mal da, oder sitzen einfach in den Führerständen und warten, bis die Waggons abgehängt werden. Leere Züge stehen auch herum – unbewacht und mit Lokomotiven.
»Ich kann doch nicht ein Dutzend Eisenbahnwagen bis nach Mailand mitschleppen, was soll ich damit? Herrgott nochmal, es muß doch irgendwo eine abgestellte Lok geben!«
Der Mann geht ganz ungeniert auf den Gleisen spazieren, springt zwischen den stehenden Zügen hin und her, klettert auf die Kupplungen, steigt in die Loks ein und wieder heraus – so, als hätte er sein ganzes Leben lang bei der Eisenbahn gearbeitet. Er bewegt sich so selbstverständlich, daß niemand auf die Idee kommen könnte, ihn zu fragen, was er hier eigentlich sucht! Eine Lokomotive... Und damit will er unbedingt allein nach Mailand fahren!
Endlich! Da steht eine! Zwei Männer arbeiten zwar noch an dem Zug, den sie gerade abgekoppelt haben, aber jetzt ist es ein Kinderspiel, an den beiden vorbeizukommen und unbemerkt in die Lok zu klettern. Geschafft! Im Handumdrehen hat er alles im Griff – und schon nach zwei Minuten setzt sich die schwere Lokomotive keuchend in Bewegung.
Die Eisenbahner springen mit einem Satz vom Gleis:
»Was ist los?! Wird die Lok zum Rangierbahnhof gebracht? Die hätten uns ja auch Bescheid sagen können! Das ist ja lebensgefährlich!«

»Quatsch! Sie fährt los! Komm, schnell, die kriegen wir noch!«

Eine Lokomotive ist kein Formel-1-Rennwagen, und es dauert eine ganze Weile bis sie richtig in Fahrt kommt. Während der ältere der beiden Eisenbahner zum Bahnhofsvorsteherbüro läuft, rennt der jüngere hinter der Lok her und erreicht sie auch bald. Oben, aus der kleinen Luke im Führerstand, begrüßt ihn der Lokführer freundlich:

»Sparen Sie Ihre Kräfte, junger Mann! Oder wollen Sie uns etwa bis Mailand begleiten?«

»Was tun Sie denn da! Sind Sie Lokführer?«

»Nein, warum? Ich bin Schiffbauingenieur!«

»Halten Sie an, verdammt nochmal, halten Sie an! Was machen Sie denn?«

»Was ich mache? Das sehen Sie doch: Ich fahre!«

Allmählich rollt das Monstrum schneller und das Gerassel und Gedröhne wird immer lauter. Beide Männer müssen sich die Lunge aus dem Leib schreien:

»Langsamer, Mann! So kann man nicht miteinander reden!«

»Ich habe Ihnen auch nichts zu sagen, ich habe es eilig!«

»Sie sind verrückt! Halten Sie an, bevor es zu spät ist!«

»Wer anhält, kommt immer zu spät! Machen Sie sich keine Sorgen, ich bin kein Dieb. Sie kriegen Ihre Lok in Mailand wieder. Oder glauben Sie vielleicht, ich stelle sie in meiner Garage ab!«

»Bitte! Lassen Sie mich wenigstens mitfahren!«

»Ich reise lieber allein! Wer ein Schiff bauen kann, kann auch eine Lokomotive fahren. Ich kenne mich aus. In Mailand werde ich eine Fahrkarte lösen und die Lok höchstpersönlich abgeben. Es ist alles in Ordnung. Es ist nur vorübergehend, sozusagen . . .«

Vergeblich versucht der erschöpfte Eisenbahner auf die

Lok zu springen, keine Chance. Sie rollt und rollt immer schneller Richtung Mailand.

Alle Bahnstrecken zwischen Allessandria und Mailand müssen sofort gesperrt werden und bald schrillt auf jedem Bahnhof das Telefon:
»Ein Verrückter hat eine Lok gestohlen! Braust damit allein nach Mailand!«
»Die Lok rast durch die Bahnhöfe, mit Volldampf!«
»Alle Weichen bis Mailand für die Geisterlok stellen!«
»Alle Züge, stop!«
»Mailänder Hauptbahnhof: Alarmstufe! Feuerwehr, Polizei, Krankenwagen, Hubschrauber!«
»Hauptbahnhof evakuieren!«
»Mailand! Stellwerk eins! Sie allein können die Katastrophe noch verhindern!«
Etwa eine Stunde später, nach einer wahnwitzigen Fahrt, ist der Schiffbauingenieur mit seiner Lok fast am Ziel.
Als er am Stellwerk zwei vorbeirast, drosselt er die Geschwindigkeit, bremst regelmäßig bis zum Stellwerk eins, rollt langsam vorbei und schleicht in den Bahnhof hinein. Die Lok hält – wie jede andere Lokomotive auch – direkt vor dem Prellbock, auf Gleis vierzehn.
Wozu die ganze Aufregung?
Der Mann wurde sofort verhaftet und ins Polizeipräsidium geschleppt, wo ein Krankenwagen auf ihn wartete.
Erstaunt über diesen ungewöhnlichen Empfang, voll gekränkter Würde, beschwerte er sich bei dem Psychiater:
»Herr Doktor, es ist erniedrigend, so behandelt zu werden! Die Amerikaner sind schon längst auf dem Mond gelandet, die Russen schicken Raumsonden zum Mars, sogar zur Venus, und ein freier Bürger darf nicht einmal mit einer Lokomotive nach Mailand fahren. Das ist absurd, verrückt . . . sozusagen!«

»Wie fühlen Sie sich?«

»Nicht schlecht. Ich bin müde, das ist alles. Dieser Streit mit meiner Frau... schrecklich! Heute morgen, irgendwo... ich weiß nicht mehr genau, wo... verstehen Sie? Auf einmal habe ich rot gesehen! Ich bin halb verrückt geworden!«

»Passiert Ihnen so etwas öfters?«

»Ich glaube nicht, ich kann nicht mehr klar denken...«

»Erinnern Sie sich an Ihren Namen?«

»Nein, eben nicht! Das macht mich wahnsinnig. Einzelheiten, Kleinigkeiten habe ich vergessen! Aber Einzelheiten sind unwichtig, nicht wahr? Sie hindern den Menschen nur daran, das Ganze, das Wesentliche in sich aufzunehmen, finden Sie nicht auch?«

Sein Name war Giovanni R. Er war 47 Jahre alt, verheiratet, Familienvater und tatsächlich Schiffbauingenieur. Bis zu diesem Tag hatte er ein völlig normales Leben geführt – gesund, glücklich, erfolgreich im Beruf. Am Morgen hatte er stolz seiner Frau erklärt:

»Ich bin nach Mailand versetzt worden! Zum Hauptbüro, zur Direktion! In zwei Monaten können wir umziehen, was sagst Du nun?«

Zuerst sagte sie nichts.

Er freute sich auf den neuen, wichtigen Posten, er freute sich auf Mailand! Nicht mehr zwischen Genua und Asti hin und her pendeln zu müssen! Diese langweiligen Fahrten im Zug, vorbei!

Aber seine Frau wollte das schöne Haus in Asti nicht verlassen. Und zum ersten Mal, in 15 Jahren Ehe, hatten sie sich schrecklich gestritten.

Dann auf einmal, aus heiterem Himmel, hatte er gesagt:

»Gut, wie du willst! Ich fahre eben allein nach Mailand! Aber nicht mit dem Zug. Ich kann Züge nicht mehr sehen. Wenn es sein muß, dann fahre ich mit einer

Lokomotive! Es ist unerträglich für einen Schiffbauinge-
nieur, dauernd in Zügen herumzusitzen!«
Und daraufhin knallte er die Tür zu.
Ein ganz banaler Ehestreit, eine Bagatelle sozusagen.

Das verfluchte Schloß

Es war einmal eine Dame – im Jahre 1924 – für ein
Märchen ist das gar nicht so lange her. Und wie in allen
Märchen war die Dame jung, schön, blond und geheimnisvoll. Schön wie eine Knospe, jung wie ein Früh-
lingstag, blond wie ein Kornfeld in der Mittagssonne
und geheimnisvoll wie eine Elfe in der Abenddämmerung.

Alle Bauern in der Gegend rühmten ihre Schönheit
und ihre Liebenswürdigkeit, doch die Dame zeigte sich
fast nie in der Öffentlichkeit – ein eifersüchtiger Gatte
wachte argwöhnisch über sie und erlaubte ihr kaum,
den Landsitz zu verlassen.

An einem Gewitterabend starb sie – so leise, wie sie
gelebt hatte. In diesen Zeiten, noch dazu im mystischen
Herzen der Bretagne, war das genug, um eine Legende
entstehen zu lassen. Es mußte allerdings sehr viel mehr
geschehen, um die unheimliche Geschichte des verfluchten Schlosses bis in unsere Tage hinein lebendig zu
erhalten!

Es geschah also in Frankreich vor einem halben Jahrhundert. Heute ist das Schloß nur noch eine malerische
Ruine – einsam in der von dichten Wäldern durchzoge-
nen Landschaft, verschleiert von den Nebelschwaden,
die hier fast das ganze Jahr hindurch über den stillen
Flüssen schweben. Eine Ruine – ein Haufen alter
Steine, die aus der Vergangenheit auftauchen und von

früher erzählen, gespenstisch, wie es sich in keltischen Landen gehört.

Zwischen dem Schloß und dem drei Kilometer entfernten Dorf steht nur ein kleiner von Efeu überwucherter Turm – man erkennt ihn kaum inmitten der Bäume. Darin wohnt ein einzelner Mann – der Wildhüter des Schlosses.

In einem verdunkelten Schlafgemach des Herrenhauses schweigt Monsieur de B. – der eifersüchtige Gatte. Neben ihm – zwei Diener. Auch sie schweigen. Sie sind so alt, so still, daß man sie für verstaubte Ölgemälde der Ahnengalerie halten könnte. Sie gehören zum Mobiliar, genauso wie die Ritterrüstungen in den finsteren Ecken, Treppen und Gängen.

Auf dem Bett mit dem großen Baldachin liegt die tote Dame, die jetzt gleich durch den Park in die Familiengruft getragen wird, wo sie bei den Vorfahren des ländlichen Adelsgeschlechtes ihre letzte Ruhe finden soll.

Der Arzt war nur kurz da und hatte lediglich den Tod festgestellt. Damit hatte er seine Pflicht getan, und man gab ihm zu verstehen, er möge sich nun verabschieden. Auch der Dorfpfarrer wurde gerufen, doch er kam nicht. Madame de B. war nicht katholisch, und die gestrenge Kirche erlaubte ihm nicht, der Verstorbenen die letzte Ölung zu geben, sie zu segnen oder gar zu Grabe zu geleiten.

Eine trostlose Beerdigung also an diesem Winternachmittag. Trostlos und seltsam.

Der Schreiner, der den kostbaren Sarg aus Eichenholz lieferte, ist das einzige menschliche Wesen, das nicht zum Schloß gehört – der einzige Zeuge, der später den neugierigen Dorfbewohner erzählen kann, was sich alles ereignet hat. Und da es kaum etwas zu erzählen gibt, erzählt er um so mehr:

»Das Gesicht der Toten war mit einem Spitzen-Schleier bedeckt. Die beiden Diener knieten neben dem Bett und haben leise geweint. Von dem Ehemann habe ich nur den Rücken gesehen! Er stand die ganze Zeit über am Fenster und sah hinaus. Er hat keinen Blick auf seine Frau geworfen, auch nicht, als ich sie in den Sarg legte! Ich . . . ich mußte es tun! Es war sonst niemand da! Aber ich konnte unmöglich den Sarg ganz allein durch den Park bis zum Grab tragen! Gott sei Dank ist der Wildhüter noch gekommen, er hat mir dann geholfen. Stellt euch das mal vor . . . wir, wir beide ganz allein haben sie begraben! Der Ehemann? Der hat uns nicht einmal hinausgebracht! Niemand ist mit uns zum Grab gegangen! Zu zweit haben wir es kaum geschafft, die Gruft zu öffnen! Noch dazu bei der Kälte! Das war eine elende Arbeit! Nachher bin ich mit dem Wildhüter in die Küche gegangen, ich dachte, ich bekomme ein Glas Glühwein oder so . . . aber nein, gar nichts! Er hat mich bezahlt und kein Wort geredet. Nun ja, da bin ich eben gegangen. Aber das eine sage ich euch – da stimmt etwas nicht! Ein Schreiner und ein Wildhüter begraben allein die Schloßherrin! Findet ihr das vielleicht normal? Ich nicht!«

So entstehen Legenden. Am Anfang ist es nur ein Gerücht, aber bald verbreitet es sich unheilvoll, und jeder dichtet etwas Neues hinzu, etwas Furchtbares versteht sich. Üble Nachrede, ominöse Beschuldigungen laufen durch das Land. Wen kümmert schon die Wahrheit? Hauptsache es ist spannend und schön gruselig.
Monsieur de B. – der letzte Sproß einer heruntergekommenen Adelsfamilie – hatte 1920 eine reizende, schöne Pariserin geheiratet. Sie war so jung wie das Jahrhundert – 20 Jahre alt. Nun stirbt sie plötzlich mit 24 Jahren, und man munkelt in der Gegend, sie wäre keines natürlichen

Todes gestorben. Ihr Mann hat sie umgebracht! Wie? Darüber streiten sich allerdings die Geister. Die einen behaupten, er habe sie vergiftet, die anderen sind davon überzeugt, er habe sie erstickt, einige wollen sogar wissen: sie ist lebendig begraben worden!

Bei all diesen Schauer-Geschichten ist selbstverständlich niemand mehr bereit, im Schloß zu arbeiten. Und Monsieur de B. hat nach dem Tod seiner Frau die beiden alten Diener in Pension geschickt. Auch darüber wundert man sich! Wußten sie zu viel? Mußten sie das Schloß verlassen, oder hatten sie auf einmal Angst und sind deshalb selber gegangen? Noch etwas kommt den Dorfbewohnern seltsam vor: Monsieur de B. hat seinem Wildhüter den kleinen Turm im Wald geschenkt. Wenn das kein Beweis ist! Bestimmt hat er damit sein Schweigen erkauft!

In Wirklichkeit ist Monsieur de B. so arm wie eine Kirchenmaus, er kann seinen Wildhüter nicht mehr bezahlen und schenkt ihm deswegen den kleinen Turm – als einmalige Abfindung sozusagen.

Das Schloß selbst ist völlig verwahrlost, die Ländereien sind verwildert. Frédéric de B. bewohnt nur noch ein einziges Zimmer des einst so prachtvollen Herrenhauses – er lebt zurückgezogen von allem, vereinsamt und von aller Welt verstoßen. Er ist 45 Jahre alt.

Seit dem rätselhaften Unglückstag wurde er nur einmal im Dorf gesehen, und zwar, als er den Bürgermeister mit seinem Besuch überraschte:

»Herr Graf! Bitte, bitte, nehmen Sie Platz.«

»Keine Umstände.«

»Was verschafft mir die Ehre?«

»Ich brauche Ihre Hilfe.«

»Sie . . . brauchen mich? Aber . . .«

»Lassen Sie nur. Sie wissen ja Bescheid! Also, ich suche

eine Frau, die bereit wäre, zwei Stunden am Tag für mich zu arbeiten – im Schloß. Sie sollte nur ein wenig kochen und sich um meine Wäsche kümmern.«

»Tja . . . wissen Sie . . .«

»Ich weiß! Aus diesem Grund bin ich zu Ihnen gekommen!«

»Herr Graf, ich will mein Bestes versuchen. Sie hören von mir.«

Monsieur de B. hört aber lange nichts von dem Bürgermeister. Niemand will diese Stelle. Niemand will in das berüchtigte Haus!

Endlich, im Sommer 1925, hat jemand Mitleid mit dem Schloßherrn: der Pfarrer. Er findet eine gute Seele, die für ihn kochen und waschen soll. Die gute Seele lebt im Waisenhaus auf Kosten der Bürger – sie mag froh sein, nun ihre Dankesschuld abtragen zu können! Waisen dürfen nicht wählerisch sein – 1925 schon gar nicht. Und sie haben auch keine Furcht vor finsteren Schlössern.

Als Emilie wie ein geprügelter Hund mit ihrem kleinen Koffer draußen vor Monsieur de B. steht, ist sie 22 Jahre alt. Das hohe, verrostete Gittertor quietscht, die neue Haushilfe huscht hinein und verschwindet sofort in dem unheimlichen Gemäuer.

Im Dorf herrscht höchste Aufregung, und die Leute zerreißen sich wieder die Mäuler!

Wie konnte der Pfarrer nur das arme Mädchen dorthin schicken? Dort, wo sie ganz allein unter einem Dach mit einem Witwer leben muß, mit einem Mann, der seine Frau auf dem Gewissen hat!

Der gutmütige Pfarrer bemüht sich, seine Gemeinde zu besänftigen und beschwört sie, endlich diese bösen Beschuldigungen ein für allemal bleiben zu lassen – doch es hilft nichts!

Und das Volk hatte recht! Ein Jahr später triumphieren die bösen Zungen: Der Bürgermeister traut Monsieur de B. und Emilie. Der Amtsschreiber und der Wildhüter dienen als Trauzeugen – sonst ist niemand geladen. Der Ehemann ist 47 Jahre alt, seine Frau erst 23.

Kurz nach ihrem 24. Geburtstag, an einem Gewitterabend, stirbt Emilie, die zweite Schloßherrin.
Dieses Mal durfte der Pfarrer die Sterbesakramente reichen. Ansonsten läuft alles genauso wie beim ersten Todesfall: Der Schreiner liefert den kostbaren Sarg aus Eichenholz, legt die tote Frau hinein und trägt sie zusammen mit dem Wildhüter durch den Park zur Familiengruft. Er bekommt auch dieses Mal nichts zu trinken, wird bezahlt und geht. Das ganze Dorf wartet auf ihn!
Die Rolle gefällt dem Schreiner allmählich und er läßt sich nicht lange bitten:
»Das Gesicht der Toten war mit dem gleichen Spitzen-Schleier bedeckt, der Mann stand genauso die ganze Zeit über am Fenster . . . Und er hat den Pfarrer weggeschickt. Warum? Warum durfte der Pfarrer nicht mit dem Wildhüter und mir zum Grab gehen? Ich bin mir ganz sicher, es war Mord! Die beiden jungen Frauen sind von diesem Ungeheuer umgebracht worden. Und was macht unser Bürgermeister? Nichts! Überhaupt nichts! Ich geh' jetzt zu ihm, ich will endlich wissen, was bei uns los ist!«

Der Bürgermeister wüßte es auch gerne. Natürlich macht er sich Gedanken, aber was soll er unternehmen? Der Arzt hat beide Male den Totenschein ordnungsgemäß ausgestellt! Vielleicht erfährt er mehr, wenn er ihn besucht und direkt fragt? Doch der Doktor bedeutet ihm höflich, aber unmißverständlich, die Angelegenheit ginge ihn nichts an:

»Ich habe die Totenscheine ausgestellt, wie das Gesetz es befiehlt. Das muß Ihnen genügen! Ich bin an meine Schweigepflicht gebunden, und ich sehe keinerlei Veranlassung, sie zu verletzen. Wenn Monsieur de B. über die Todesursachen seiner Gattinnen schweigt, so ist das sein gutes Recht!«

»Aber, Herr Doktor . . . im Dorf erzählt man . . .«

»Was *man* im Dorf erzählt, interessiert mich nicht! *Ich* muß ja nicht gewählt werden, Herr Bürgermeister! Wenn Sie Zweifel an den natürlichen Todesursachen haben, so steht es Ihnen frei, zum Grafen zu gehen. Oder zur Gendarmerie. Damit habe ich nichts zu tun!«

Dabei bleibt es. Der Bürgermeister geht weder zum Schloß noch zur Polizei. Wenn der Arzt nichts Ungewöhnliches vermutet, und wenn keine Klage vorliegt, ja, dann kann er nichts unternehmen. Jede Ermittlung wäre zwecklos.

Die Zeit vergeht ohne sonderliche Vorkommnisse. Die erhitzten Gemüter beruhigen sich wieder, und die Dorfbewohner leben eigentlich ganz zufrieden mit ihrer Legende, die sie berühmt und interessant macht. Eines Tages jedoch schlägt Monsieur de B. wieder zu! Er hat tatsächlich die Unverfrorenheit, zum dritten Mal mit einer jungen Braut auf dem Standesamt zu erscheinen – mit der Tochter seines Wildhüters! Einem achtzehnjährigen Mädchen, das vor kurzem das Heim verlassen hat, wo es aufgewachsen ist.

Wie üblich dauert die Zeremonie nur einige Minuten. Als der Bürgermeister die obligatorische Formel ausspricht: »Wer gegen diese Ehe Einwände vorbringen möchte . . .« ja, da hofft er insgeheim, ein Wunder möge geschehen, und irgend jemand schreit ganz laut auf! Aber wer sollte bei dieser Hochzeitsgesellschaft Einwände haben? Der Bräutigam? Das junge Mädchen – fast noch ein Kind?

Kaum. Oder etwa der zukünftige Schwiegervater – der Wildhüter? Bliebe nur noch der Amtsschreiber, der schon zum zweiten Mal die unbesetzte Rolle des Trauzeugen übernimmt – und der hat in seiner dürren Beamtenseele keine Einwände.

Draußen vor dem kleinen Raum hat sich das ganze Dorf versammelt. Alle warten finster und betroffen, bis die *Jungvermählten* herauskommen.

Amélie de B. erscheint als erste, sie stützt sich an ihren Vater. Einige Meter hinter ihnen – der neue Ehemann: 50 Jahre alt. Alle drei steigen in den Pferdekarren des Wildhüters, Amélie setzt sich gehorsam neben ihren Blau-Bart-Gatten, und sie fahren ab unter den vorwurfsvollen, stummen Blicken der Dorfbewohner. Jeder denkt dasselbe:

»Armes Kind! Welche Schande! Der Vater hat es bestimmt verkauft. Warum? Das wissen die Götter! Wahrscheinlich steckt er mit dem Mörder unter einer Decke!«

Wie dem auch sei, ob es einem gefällt oder nicht – Monsieur de B. hat wohl das Recht, sich zu verheiraten, so oft er will. Und dem Wildhüter steht es ebenfalls frei, wem auch immer die Hand seiner Tochter zu geben. Daß diese Leute nicht reden, daß sie keinerlei Kontakt zu anderen Menschen haben – das ist kein Verbrechen. Und es ist auch kein Verbrechen, zweifacher Witwer zu sein. Es darf allerdings der kleinen Amélie jetzt wirklich nichts zustoßen! Auf gar keinen Fall!

Die Monate gehen dahin und es passiert auch nichts. Im Dorf liegt jeder immerzu auf der Lauer – man spioniert nach, man schleicht um das Schloß herum, man fragt ganz nebenbei den Wildhüter, wenn er mal ins Dorf kommt, wie es denn seiner Tochter ginge, ob sie glücklich sei und so weiter... Doch dieser antwortet immer gleichmütig und einsilbig. Aus ihm ist nichts herauszubringen. Und mit der Zeit läßt das Interesse schließlich nach.

Auf dem Schloß lebt Amélie eher wie eine Dienerin, als eine Herrin. Sie kümmert sich um Hühner und Kaninchen, um die Wäsche, um das Essen – eine Hausfrau wie alle anderen auch. Nur, sie geht nie ins Dorf. Niemals! Und vom Dorf kommt nie jemand ins Schloß – niemals! Nur der Arzt.

An einem stürmischen Gewitterabend wird er ans Sterbebett der dritten Madame de B. gerufen. Sie ist gerade 24 Jahre alt geworden! Der Wildhüter holt den Dorfpfarrer und bestellt bei dem Schreiner den dritten kostbaren Sarg aus massivem Eichenholz.

Diesmal reicht es! Dieses Mal ist einmal zu viel!

Die berittene Polizei trabt zu dem verfluchten Schloß und platzt kurz vor der Beerdigung herein. Ein alter, verzweifelter Mann steht am Fenster und schaut hinaus. Das Gesicht der Toten ist mit einem Spitzen-Schleier bedeckt – der Dorfpfarrer und der Arzt stehen stumm in einer Ecke.

»Was geht hier vor!« schnauzt der eine Gendarm, ohne Rücksicht auf die Gefühle der Trauernden. Der Graf murmelt nur:

»Sie ist gestorben . . . Es ist wie ein Fluch . . .«

»Herr Doktor, was meinen Sie dazu?«

»Ich glaube nicht an einen Fluch. Madame de B. ist an Schwindsucht gestorben.«

»Und Sie, Herr Pfarrer, haben Sie etwas zu sagen?«

»Nein. Diese Frau ist christlich von uns gegangen. Ich habe ihr die Sterbesakramente gegeben.«

Der Wildhüter wischt sich verstohlen eine Träne ab – aber auch er hat der Polizei nichts zu sagen. Diese Leute reden eben nicht!

»Monsieur de B. . . . die Umstände zwingen uns, Sie zu

bitten, jetzt sofort mit uns zu kommen! Darf ich Sie bitten, uns zu folgen.«

»Ja ... ich komme... Ich bin verflucht ... ich bin verflucht!«

Einen Tag danach erhängt sich der Graf im Stadtgefängnis, und schon zwei Wochen später ist die Polizei mit den Ermittlungen zu Ende.

»Erste Madame de B. – an galoppierender Schwindsucht gestorben. Punkt. Aus.

Zweite Madame de B. – an galoppierender Schwindsucht gestorben. Punkt. Aus.

Dritte Madade de B. – an galoppierender Schwindsucht gestorben. Punkt. Aus.«

Erst jetzt, da er von Amts wegen dazu gezwungen wird, erzählt der Wildhüter über seine langjährige Freundschaft mit dem Grafen, der ihm während des Krieges das Leben rettete.

Monsieur de B. war verzweifelt darüber, keinen Erben zu haben. Deswegen heiratete er dreimal kurz hintereinander. Jedesmal mit der Hoffnung, endlich einen Sohn zu bekommen, der neues Leben und Fröhlichkeit in das absterbende Schloß bringen würde.

Die beiden ersten Frauen starben an Schwindsucht – das wußte der Wildhüter wohl, als er seine Tochter bat, den Grafen dennoch zu heiraten und ihm einen Erben zu schenken. Mit diesem Kind, mit diesem neuen Leben, wollte er sich seinem Freund, dem Grafen, für sein eigenes gerettetes Leben dankbar erweisen.

Er war ein guter Mann, der aber leider nicht viel über Schwindsucht wußte. Keine seltene Krankheit damals – aber eine Krankheit, über die man nicht sprach. Schwindsüchtige waren Ausgestoßene in diesen Zeiten.

Auch der Arzt wußte selbstverständlich Bescheid über die Todesursachen – und nach jeder Beerdigung ließ er

das Sterbezimmer mit Formalin desinfizieren. Ja, schon –
aber es genügte nicht. Man hätte alles verbrennen müssen, die alten Teppiche aus grauer Vorzeit, die schweren
Samtvorhänge, das himmlische Bett mit dem großen
Baldachin.

In den Großstädten, da wußte man, wie tückisch und
ansteckend diese Krankheit ist. Aber auf dem Land, weit
ab von jeder Zivilisation, lebte man noch rückständig und
abergläubisch. Man wußte nicht, daß ein Hochzeitsbett
ein tödliches Nest von Tuberkel-Bazillen sein konnte.

Was bleibt übrig von der gruseligen Legende? Nur Zufälle. Seltsame Zufälle.

Depesche aus dem Jenseits

Hauptmann Marchall teilt die letzte Munition an seine 35 Männer aus. Wortlos wie immer. Aber heute abend tut er es mit so ernster Miene, als spende er ihnen mit den letzten Patronen zugleich die letzten Sakramente. Die Soldaten wissen längst, woran sie sind. Ihnen ist klar: mit diesen Patronen werden sie morgen früh ganz bestimmt nicht Salut schießen!

Sie sitzen alle im Kreis wie die Pfadfinder um ihr Lagerfeuer – aber es brennt kein Feuer. Keiner redet mit dem anderen. Jeder hängt seinen eigenen Gedanken nach, kämpft allein gegen die Angst.

20 Kugeln pro Mann – und eine einzige für den Hauptmann!

Bevor er sich zu seinen Männern auf den Boden setzt – was er sonst nie tut – zeigt er ihnen die tödliche kleine Kugel, die er in seiner Hand hin und her rollen läßt. Er lächelt dabei, als hätte er Spaß an dem Spiel und sagt: »Meine letzte Murmel – die darf ich nicht verlieren!«

Das ist deutlich. Mehr braucht er nicht zu sagen. Alle wissen, was diese Worte bedeuten: »Lieber sterben als in die Hände des Feindes fallen!« Seit einer Woche haben jeden Tag zwei Kameraden versucht, bis zu den alliierten Einheiten durchzukommen und Verstärkung zu holen. Ohne Erfolg. Sie wurden alle aufgespürt, gefoltert und auf grausamste Weise verstümmelt. Der Belagerer warf ihre entstellten Leichen vor die Tore der Festung, zur

Warnung: »Wehe, wenn ihr aus eurem Loch herauskriecht!«

Sie sitzen in der Falle. Dürfen auch sie – wie ihr Hauptmann – eine erlösende Kugel für sich behalten? Wer im
Krieg dabei erwischt wird, hat mit den härtesten Konsequenzen zu rechnen! Aber was spielt das jetzt noch für
eine Rolle?

Ein paar Soldaten verstecken eine solche »Reserve-Patrone« in ihrer Uniform, so unauffällig wie möglich.
Hauptmann Marchall blickt unentwegt zu Boden und legt
sogar seinen Kopf auf die Knie, womit er sagen will:
»Macht nur, Jungs! Eine Kugel mehr oder weniger,
darauf kommt es hier nicht an!«

Nach einer Weile steht er wieder auf und reibt sich die
Augen, als hätte er nur so vor sich hingeträumt und gar
nichts bemerkt. Jetzt aber muß er sich wieder zur Ordnung rufen und seine Pflicht tun. Er muß seine Männer
vor der letzten Schlacht aufmuntern.

Wir schreiben das Jahr 1915, und der Erste Weltkrieg
durchbricht alle Dämme – er wütet sogar in der Wüste,
nahe der ägyptischen Grenze. Hauptmann Marchall, der
dort dieses Häuflein Soldaten befehligt, weiß definitiv,
daß die Lage nicht nur »verzweifelt ist, sondern hoffnungslos«. Es kann sich nur noch um Stunden handeln. In
der Morgendämmerung kommt der letzte Angriff, und
sie werden die Festung nicht mehr halten können – es
wird ihr allerletzter Kampf sein. Es ist sinnlos, jetzt noch
auf Hilfe, auf Verstärkung zu hoffen. Alle Unternehmungen in dieser Richtung sind bisher fehlgeschlagen.
Hauptmann Marchall hat sich etwas von seinen Männern
entfernt. Er sitzt abseits und betrachtet die kleine Kugel
in seiner Hand – sie hat sich allmählich erwärmt und fühlt
sich nun ausgesprochen angenehm an – nicht mehr so

eisern-eisig kalt wie vorhin. Beide haben sich aneinander gewöhnt, und je näher der Tod heranrückt, desto fester klammert sich der Hauptmann an diese Begleiterin seiner letzten Stunden – sie wird ihm helfen, Haltung zu bewahren, den anderen beizustehen und dem Ende mutig entgegenzugehen.

Die Nacht geht so schleichend vorüber, als wolle sie für diese Männer ewig dauern. Was mag in diesem Augenblick in jedem einzelnen vorgehen? Hauptmann Marchall denkt über das seltsame Schicksal nach, das ihn hierher verschlagen hat, genau dahin, wo sein Urgroßvater vor über einem Jahrhundert im Dienste des Vaterlandes sein Leben gelassen hat. Vielleicht nicht gerade in dieser gottverlassenen Wüstenfestung aus Sand und bröckelndem Gestein mitten im Sinai – aber doch irgendwo hier in der Nähe.

Er war auch Hauptmann, genau wie er selbst! Er nahm 1798 unter General Bonaparte an dem berühmten Ägyptenfeldzug teil.

Der damals noch nicht dreißig Jahre alte zukünftige Kaiser wollte am Nil seine prachtvollen Strategien erproben, die er auf der Militärakademie erdacht hatte. Auf Generalstabskarten war das alles nur ein leichtes, faszinierendes Spiel, da konnte man ganz nach Belieben die Zinnsoldaten hin und her rücken. Die umgekippten Figürchen brauchte man nur wieder einzusammeln und neu aufzustellen; frisch und unversehrt standen sie dann da, bereit zu erneutem Angriff!

Krieg ist aber keine Spielerei – in Ägypten erfuhr Bonaparte das zum ersten Mal. Dort, im Sinai, blieben die erschossenen Soldaten mausetot im Sand liegen – die konnte man nicht einfach wieder aufbauen! So endete Hauptmann Marchall 1798 unter der machtvollen ägyptischen Sonne – gefallen auf dem Felde der Ehre ...

117 Jahre danach wartet nun sein Urenkel in derselben Gegend auf den gleichen »Heldentod« – nach einem erbitterten Feldzug gegen die gleichen Feinde wie damals. Ironie des Schicksals oder gerechte Vergeltung?

Hinter den Dünen am Horizont verblassen die Sterne. In zwei Stunden spätestens werden die Türken das kleine Fort stürmen. Hauptmann Machall verteilt die letzten Tropfen Trinkwasser an seine 35 Männer – einen halben Becher für jeden. Und zum Essen – nichts! Seit zwei Tagen schon nicht mehr. Das ist aber nicht das Schlimmste! Wenn es nur Munition gäbe! Ja, dann hätten sie vielleicht eine Chance, die Türken noch einmal abzuwehren. Aber mit 19 Patronen pro Mann können sie genausogut in die Luft schießen!

Verzweifelt sucht Marchall nach irgendeiner Idee, wie er seine Soldaten wenigstens verstecken könnte. Das wäre vielleicht eine letzte Anstrengung wert: Nicht gleich auf die Türken schießen, sondern ruhig abwarten, bis sie alle über die Mauern in das Fort eingedrungen sind und dann erst schießen. Die altbewährte Überrumpelungstaktik!

Da zuckt der Hauptmann erschrocken zusammen – sein Leutnant hat ihm auf die Schulter getippt:

»Wir haben Besuch!«

»Jetzt schon?«

»Nein, nein . . . noch nicht! Nur dieser Mann hier . . . Er behauptet, er käme in dem Auftrag, Ihnen einen wichtigen Brief höchstpersönlich zu übergeben!«

Neben dem Leutnant steht eine unheimliche Gestalt, eingehüllt in einen weiteren Burnus, die Kapuze tief über das Gesicht gezogen. Marchall mustert ihn mißtrauisch und reißt ihm mit einem Ruck die Kapuze vom Kopf:

»Wer bist du?«

Erst da bemerkt er, daß er einen Greis vor sich hat, einen

uralten, verhutzelten Araber, der verängstigt ist – und sichtlich am Ende seiner Kräfte. Nein, dieser Mann ist kein feindlicher Spion! Er ist erschöpft, als wäre er schon seit einer Ewigkeit auf dem Weg zu ihm – zu Fuß durch die Wüste. Noch einmal fragt Marchall, jetzt allerdings viel ruhiger:

»Wer bist du? Du hast einen Brief für mich?!«

Der Alte kommt näher, zögernd. Auch er ist mißtrauisch und schaut dem Hauptmann direkt in die Augen. Er sagt aber immer noch kein Wort. Zweifel quälen ihn – das sieht man ihm an!

»Du bist sehr müde, komm, setz dich.«

Der Alte setzt sich und kramt in seinem Gewand. Er holt tatsächlich einen Brief hervor, preßt ihn aber mit beiden Händen ganz fest an seine Brust. Dann, endlich, spricht er:

»Bist du der Hauptmann Marchall?«

»Ja, der bin ich.«

Nach einer kleinen Pause wiederholt der Mann seine Frage, und jetzt zittert seine Stimme:

»Bist du wirklich der Hauptmann Marchall? Wirklich?«

»Ja doch! Was willst du von mir? Wer bist du? Wie heißt du? Wer schickt dich?«

Der alte Araber wirft sich Marchall vor die Füße – dann wendet er sich gegen Mekka, verbeugt sich wieder, küßt den Boden und stammelt lange Gebete, in denen »Allah kerím«, Gott ist gnädig, immer wiederkehrt! Und er lächelt selig über sein ganzes gutes zerfurchtes Gesicht!

Die beiden französischen Offiziere verstehen zwar kein Wort – aber ganz offenkundig bedankt sich der Greis bei Allah – »Allah ákbar«... Gott ist groß!

Hauptmann Marchall kann sich beim besten Willen nicht vorstellen, was für eine wichtige Nachricht der alte Mann für ihn haben könnte, aber die Freude des Mannes, ihn endlich gefunden zu haben, rührt ihn doch. Er beugt sich nieder und hilft dem *Boten* auf die Füße. Nun endlich bekommt er den geheimnisvollen Brief!

Es ist nur ein einziges Blatt, ohne Kuvert, und so oft gefaltet, daß es klein wie ein Kärtchen aussieht. Ganz oben ist ein Name hingekritzelt. Mit Tinte, die sehr verblaßt ist – man kann die Schrift kaum noch entziffern! Aber bei genauerem Hinsehen kann man doch lesen: *Hauptmann Marchall*. Keine Frage, diese Nachricht ist an ihn gerichtet. Behutsam faltet Marchall das vergilbte Papier auseinander und im flackernden Licht einer Petroleumlampe beginnt er, sich den Brief Wort für Wort zusammenzubuchstabieren.

Da sagt der alte Araber auf einmal:

»Mein Vater hätte dir den Brief so gern selber gegeben, aber Allah hat es anders gewollt . . . er hat bestimmt, daß ich es an seiner Stelle tun darf.«

»Dein Vater? Was willst du damit sagen?«

»›Lies den Brief, er ist sehr wichtig‹ . . . hat mein Vater gesagt als er starb. Ich weiß nicht, was darin steht, ich kann nicht lesen! Mein Vater konnte es auch nicht, aber er wußte, wie wichtig diese Botschaft ist. Er hat dich so lange gesucht!«

Hauptmann und Leutnant wechseln vielsagende Blicke: »Der Alte ist wirklich sehr verwirrt« – so etwa, milde ausgedrückt. Je nun – ob klar im Kopf oder nicht, seine Mission hat er jedenfalls erfüllt. Er hat den Brief *DEM* übergeben, an den er gerichtet war!

Der Hauptmann hat jetzt die Anrede entziffert: *Mein lieber Marchall* – also kennt ihn der Absender persönlich und wahrscheinlich sogar sehr gut . . . *Mein lieber Marchall!* Weiter . . . *Unverzüglich nach Empfang dieses Befehls . . .* – also stammt der Brief von einem Vorgesetzten . . . *nach Empfang dieses Befehls, den ich Ihnen durch . . . diesen jungen Eingeborenen übermittle . . .*

Den jungen Eingeborenen? Was wird hier gespielt? Dieser Greis mit seinen Gebeten und dem ganzen Getue hat ihn also doch hereingelegt! Wie konnte er nur so gutgläubig sein! Niemand in einem Umkreis von mindestens 50 Kilometern weiß, daß er mit seinen 35 Kameraden hier in dieser Festung von den Türken belagert wird – nur der Feind weiß es!

Marchall liest den Brief erst einmal nicht weiter – er sucht sofort nach der Unterschrift und traut seinen eigenen Augen nicht! Da steht *BONAPARTE!* Das ist ein Ding der Unmöglichkeit! *Napoleon Bonaparte, Komma, den . . . soundsovielten . . .* das ist kaum noch zu lesen . . . *1798!* 1, 7, 9, 8, ja! 1798, das Jahr der Ägypten-Expedition von Bonaparte!

»Wer hat dir diesen Brief gegeben?«

Ganz ruhig, als wäre es das Selbstverständlichste von der Welt, sagt der alte Wüstensohn:

»Der General Bonaparte hat ihn meinem Vater gegeben, und mein Vater hat ihn dann mir gegeben, kurz bevor er gestorben ist . . . und er sagte mir – du mußt den Hauptmann Marchall finden!«

Und der Araber erzählt die schier unvorstellbare Geschichte dieses Briefes, der 117 Jahre lang in der Wüste unterwegs war.

1798 steht Napoleon Bonaparte kurz vor seiner ersten Niederlage am Nil. Er ist noch nicht Kaiser der Franzosen – nur ein junger, karrieresüchtiger General, der gerade im Begriff ist, restlos zu versagen und alle Hoffnungen, die in ihn gesetzt wurden, schändlich zu enttäuschen. Aber vor dem endgültigen Rückzug muß er wenigstens seine Truppen zusammentrommeln. Den Hauptmann

Marchall, einen seiner fähigsten und ergebensten Offiziere, hatte er mit der heikelsten Mission betraut: Er sollte mit seinem Regiment so weit wie möglich in die Wüste vordringen und die Stammesoberhäupter, die Scheichs, dazu überreden, doch noch Pakte mit Frankreich abzuschließen. General Bonaparte schreibt also seinem Offizier, jenem Hauptmann Marchall, und vertraut die Botschaft einem 22jährigen Araber namens Malúk an. Denn nur Eingeborene haben jetzt noch eine Chance, bis zu den Truppen in der Wüste durchzukommen!

Malúk, stolz auf den Auftrag, macht sich mit dem Brief des Generals auf den Weg. Und er findet auch das französische Lager – doch er kommt zu spät. Hauptmann Marchall und seine Soldaten haben das kleine Fort schon verlassen. Anstatt zum Hauptquartier am Nil zurückzukehren, streift Malúk wochenlang, monatelang, jahrelang durch die Wüste und sucht den Hauptmann.

Bonaparte hat sich schon längst, 1804, zum Kaiser gekrönt, da sucht Malúk, allein in der Unendlichkeit von Sand und Dünen, fernab jeglicher Zivilisation immer noch nach Hauptmann Marchall!

Er stirbt 1874 im Alter von 98 Jahren! Sein Sohn, der damals schon 48 Jahre alt war, soll nun den Auftrag übernehmen ...

Malúks Sohn verspricht seinem sterbenden Vater, weiter nach Hauptmann Marchall zu suchen und ihm – Inschallah! So Gott will! – den Brief persönlich zu übergeben.

In diesen Zeiten, in diesem Wüstenland, bei diesen Menschen, die ihre eigenen Jahre nicht zählen, da fragt man nicht nach dem Sinn. Man stellt überhaupt keine Fragen. Nur der Glaube zählt – allein die Ergebenheit in den Willen Allahs und das Vertrauen darauf: Was er bestimmt hat, das wird geschehen.

41 Jahre lang folgt der Sohn den Spuren des toten Vaters und kommt eines Tages – eben 1915 – wieder einmal an der kleinen Festung vorbei. Er hatte sie früher schon zwischen den Dünen entdeckt – verlassen von allen Menschen. Und immer dann, wenn er sich eine Weile ausruhen wollte, oder wenn Sandstürme drohten, hatte er dort Zuflucht gefunden.

Heute abend ist er erschöpft, am Ende seiner Kräfte. Er ist 89 Jahre alt und er hat sein Lebensziel, das Ziel seines Vaters immer noch nicht erreicht. Er hat es nur bis zu *seiner* Festung geschafft!

»WER DA?«

Zu Tode erschrocken, so plötzlich fremde Menschen in Uniform, überhaupt Menschen aus dem Nichts auftauchen zu sehen, stammelt der Greis nur:

»Ich suche – Hauptmann Marchall . . .«

Auftrag ausgeführt – Mission erfüllt – nach 117 Jahren!

Hauptmann Marchall, Urenkel von Hauptmann Marchall, liest nun den Brief weiter: »*Unverzüglich nach Empfang dieses Befehls, den ich Ihnen durch diesen jungen Eingeborenen übermittle, holen Sie die eisernen Kisten heraus, die unter dem linken Tor der Festung in 3 Meter Tiefe vergraben sind. In den Kisten befinden sich Waffen und Munition, außerdem finden Sie Kanonen und Schießpulver. Verlassen Sie sofort mit dem Regiment das Lager und ziehen Sie sich in Richtung ägyptische Grenze zurück. Drei Pisten führen zur Küste, denen weichen Sie aus! Halten Sie sich strikt an meine Zeichnung. Sie gibt den einzig sicheren Weg an. Die 5 Wasserstellen sind genau markiert. Ich erwarte Sie! Gezeichnet: Napoleon BONAPARTE.*«

NAPOLEON! Der Hauptmann zittert am ganzen Leib vor Aufregung und Erschütterung. Denn dieser Brief ist echt – ganz eindeutig. Und vielleicht bringt er die Rettung! Die 35 Männer graben fieberhaft unter dem linken Tor und tatsächlich – in drei Meter Tiefe finden sie die eisernen Kisten. Mit Waffen aus dem 18. Jahrhundert halten sie die Türken eine Stunde später in Schach und verlassen unmittelbar darauf die Festung, wie es Bonaparte dem Urgroßvater Marchalls befohlen hatte.

Ob 1798 oder im Jahre 1915 – der Krieg in der Wüste ist immer gleich. Nur wer genug Munition und Trinkwasser hat, kann gewinnen oder sich wenigstens aus diesem Inferno retten! Der eigentliche Feind ist jetzt nicht mehr der Türke. Der Feind, den es zu bezwingen gilt, ist die Wüste mit ihren erbarmungslosen Fallen, die sie allen in gleicher Weise stellt: die Sonne, die Hitze, der Durst und vor allem... die Aussichtslosigkeit in der unendlichen Weite, die sich ohne das kleinste Gebüsch bis zum Horizont von Düne zu Düne dehnt.

Das weiß Hauptmann Marchall! Ist es nicht ein Wahnsinn, daß er seine Männer in dieses Abenteuer schickt, nur weil Napoleon vor 117 Jahren diesen Weg – und nur diesen Weg gewiesen hat?! Hätten sie nicht doch besser im Fort warten sollen, bis... ja, bis wann? Bis die vom Himmel gesandte, ausgebuddelte Munition gänzlich verschossen ist? Oder bis sie verdursten?

Napoleon hat auf seiner Zeichnung fünf Wasserstellen markiert. Was ist, wenn sie heute ausgetrocknet sind?

Sie waren nicht ausgetrocknet. Nach fünf Tagen erreichte Hauptmann Marchall das Lager der alliierten Truppen. Mit 36 Männern – seinen 35 Soldaten und einem uralten, gewissenhaften Briefboten. Keiner war auf dem Felde der Ehre gefallen. Das verdankten sie nur der einmaligen Verbindung von Napoleons strategischem Genie mit dem unerschütterlichen Glauben an Allah!

Rien ne va plus für Archibald

Faites vos jeux! Rien n'va plus!
Wir sind im Spielcasino – in Monte Carlo. Immer wieder
sagt der Croupier auch heute abend den knappen rituel-
len Satz. Es klingt fast wie ein Befehl: Rien n'va plus – das
Spiel ist aus! Unbewegt aber dennoch mit scharfem Blick
verfolgt er, wie die kapriziöse Kugel auf der Roulette-
Drehscheibe im Kreis herum flitzt. Sie wischt mit dem
typischen rasselnden Geräusch vorbei, das allen leiden-
schaftlichen Spielern wie Musik in den Ohren klingt.
Dann auf einmal springt sie auf, hüpft ins Rot, hopst ins
Schwarz, rast von einer Seite zur andern quer durchs Feld
– Impair und Manque, Rot, Passe! Vorüber! Nein, sie
reißt wieder aus und pendelt zwischen den Ziffern hin
und her – zögert noch ein letztes Mal und bleibt endlich in
einem Fach liegen.

Dem Croupier gegenüber steht ein hochgewachsener
Mann. Ein guter alter Bekannter des Hauses. Während
die meisten Spieler um den Roulettetisch herum Platz
genommen haben und ihre Blicke auf das Spiel heften,
wandert er lieber von Tisch zu Tisch, sitzt mal hier, mal
da – vollkommen lässig, so im Vorbeigehen.
Er ist etwa 50 Jahre alt und sieht blendend aus in seinem
dunkelblauen Blazer mit goldenen Knöpfen und Tressen
und mit dem Wappen seiner Yacht auf der linken Brust-
tasche. Alles in allem eine imponierende Erscheinung –
selbst in dieser hochkarätigen Gesellschaft fällt er auf.

Auch er verfolgt gespannt die launische Kugel, doch er verzieht dabei keine Miene. Nur seine ungewöhnlich hellen Augen glitzern fiebrig und verraten etwas von seiner Aufregung. Dieser Mann hat nämlich gerade zweihunderttausend Francs gesetzt – alles auf die Zwölf!

Er gibt an, Deutscher zu sein und nennt sich Grant – Archibald Grant, was nicht unbedingt wie ein deutscher Name klingt. Er spricht fließend französisch mit starkem deutschen Akzent – eine Spur zu stark vielleicht.

Deutscher oder nicht – die Herkunft eines Herren, der jeden Winter mit seiner fünfunddreißig Meter langen Yacht und dreißig Mann Besatzung in den Hafen des Fürstentums einläuft, interessiert niemanden im Spielcasino von Monte Carlo.

Abend für Abend setzt er ein Vermögen auf Spiel – nur das zählt. Wie gerade eben – zweihunderttausend Francs auf die Zwölf! Goldfrancs wohlbemerkt, denn wir schreiben das Jahr 1898 – die Blütezeit der *Blüten* an der Côte d'Azur!

Die Kugel bleibt endlich liegen.

»Die 7!« ruft der Croupier und streicht flink die Münzstapel ein.

Archibald Grant würdigt den Bankhalter keines Blickes und sieht regungslos zu, wie seine zweihundertausend Goldfrancs den Besitzer wechseln. Dann wendet er sich mit derart autoritärer Stimme, daß alle aufhorchen, an den Angestellten, dem die Abwicklung des Spiels obliegt:

»Ich will den Direktor sprechen, sofort!«

Der Croupier verliert niemals die Haltung in solchen Situationen. Die Hausordnung schreibt ihm ganz genau vor, wie er sich zu verhalten hat, was auch immer geschieht. Er braucht nur kurz zu nicken, und der Chef de

partie übernimmt den Fall – eine unauffällige Gestalt, die zwischen den Spieltischen hin und her schlendert und mit Argusaugen darüber wacht, daß alles seine Ordnung hat. Mit Kennermiene verbeugt er sich vor dem Deutschen und sagt leise, mit ausgesuchter Höflichkeit:
»Wenn Sie mir folgen wollen, Monsieur.«
Aufrecht und stolz wie ein Spanier schreitet Archibald Grant hinter ihm her durch die luxuriös ausgestatteten Salons bis zu dem feudalen Appartement des Direktors. Je später die Gäste, desto höher ihre Verluste – das weiß der Direktor aus langjähriger Erfahrung. Also ist joviale Freundlichkeit das beste:
»Monsieur Grant, welche Freude, Sie wieder bei uns zu sehen! Bitte, nehmen Sie doch Platz!«
»Nein, danke. Ich brauche nicht zu sitzen, um Ihnen zu sagen, was Sie jetzt tun werden. Ich habe eben zweihunderttausend Francs verloren und ich will sie zurück haben!«
»Monsieur Grant, dies hier ist kein Fundbüro, sondern eine Spielbank.«
»Halten Sie die Luft an und hören Sie mir genau zu! Ich brauche das Geld. Morgen früh muß ich meinen 30 Matrosen ihre Heuer auszahlen. Also – entweder Sie geben mir mein Geld zurück, oder ich sprenge diese verdammte Spielhölle in die Luft!«
Der Besitzer der Spielbank, ein gewisser Camille Blanc, der – im Augenblick leider unerreichbar – in Paris seinen dubiosen Geschäften nachgeht, hat dem Direktor strikte Anweisungen gegeben, als er ihm den verantwortungsvollen Posten anvertraute: »Stets Nachsicht üben und Verständnis zeigen – noch für die wunderlichsten Launen der steinreichen Gäste des Fürstentums, die schließlich dem Spielcasino die Ehre erweisen, ihr Vermögen mit ihm zu teilen und es ihm bestenfalls sogar ganz zu überlas-

sen! Nachsicht üben, ja, aber immer hart bleiben!« Nun, das ist eine Kunst, die in höchstem Maße Geduld und Taktgefühl erfordert. Der Direktor verfügt über beides und versucht es jetzt mit der Taktik Nummer Eins – mit aalglatter Freundlichkeit:

»Monsieur Grant, Sie wollen mir doch nicht erzählen, Sie könnten wegen dieses Verlustes Ihre Matrosen nicht entlohnen? Das kann ich mir nicht vorstellen! Ein Mann wie Sie! Gehört Ihnen doch eine ganze Flotte, wie Sie uns des öfteren . . .«

»Das geht Sie nichts an!«

»Gewiß, gewiß. Nun, was die Angelegenheit heute abend betrifft, da kann ich beim besten Willen nicht viel für Sie tun! Selbst wenn ich wollte – mir sind die Hände gebunden. In solchen Fällen entscheidet nur Monsieur Blanc, ob eine Ausnahme gemacht werden kann oder nicht.«

»Dann rufen Sie ihn sofort an!«

»Monsieur Blanc ist verreist. Sie müssen leider mit mir vorliebnehmen. Unser Haus ist selbstverständlich bemüht, den hochgeschätzten Gästen so weit wie möglich entgegenzukommen, wenn sie vor dem vollendeten Ruin stehen. Wir erstatten großzügig den Preis für eine Fahrkarte erster Klasse nach Nizza, aber ein solches Angebot an Sie grenzt an Beleidigung fürchte ich! Wer eine so prachtvolle Yacht besitzt, fährt kaum mit der Eisenbahn nach Nizza, nicht wahr, Monsieur Grant?«

»Ich sage es zum letzten Mal: Geld zurück oder das ganze Haus fliegt in die Luft!«

»Sie wollen die Bank sprengen? Nun, vielleicht gelingt es Ihnen bei Ihrem nächsten Besuch! Dieses Gebäude in Stücke zu schlagen, das dürfte Ihnen allerdings kaum gelingen!«

»Und aus welchem Grund, lieber kleiner Herr Direktor, sollte das so schwierig sein?«

Der Verlierer treibt es ein wenig zu weit und wird arrogant. Kein Problem – für solche Fälle empfiehlt die Hausordnung die Taktik Nummer zwei – beschwichtigenden Humor:

»Monsieur Grant, es macht Freude, so mit Ihnen zu plaudern, wirklich! Aber bitte, stehen Sie nicht so herum, setzen Sie sich endlich! Ich möchte Ihnen etwas verraten – unter uns gesagt, dieses pompöse Gebäude gefällt mir auch nicht! Dieser Zuckerbäcker-Stil! Genau wie die Pariser Oper, fürchterlich! Nun, über Geschmack kann man nicht streiten. Aber dieses fragwürdige Kunstwerk hat wenigstes etwas für sich – es ist sehr stabil, sehr robust aus riesigen Quadersteinen gebaut . . . leider! Und es wird uns sicherlich alle beide überleben! Nicht einmal das Erdbeben vor einigen Jahren konnte es erschüttern. Es bekam nicht den kleinsten Riß!«

Jetzt kocht der Deutsche vor Wut:

»Ach so? Sie machen sich über mich lustig? Gut, von mir aus. Nun will ich Ihnen etwas verraten! Ich besitze eine ganze Flotte, ja, das stimmt, aber ich bin kein gewöhnlicher Reeder. Ich bin Pirat! Meine Privat-Yacht ist kein Vergnügungsdampfer, sondern ein getarnter Panzerkreuzer! Und mit seinen vier Kanonen großen Kalibers, lieber Herr Direktor, ist es für mich und meine Männer ein Kinderspiel, Ihre angebliche Festung so lange zu beschießen, bis sie in Schutt und Asche sinkt! Verstanden? Ich gebe Ihnen zwei Stunden Zeit! Sie werden diesen Camille Blanc schon ausfindig machen! Wenn nicht, in zwei Stunden . . . Peng! Verstanden?«

Archibald Grant dreht sich auf den Absatz um, verläßt das Zimmer, wirft die Tür hinter sich zu und marschiert hocherhobenen Hauptes aus dem Spielcasino. Der Hausdetektiv folgt ihm diskret und berichtet kurz danach dem ratlosen Direktor, der deutsche Kapitän seit mit einem Beiboot zu seiner Yacht *Garbino* zurückgerudert und sein sogenanntes Piratenschiff habe direkt vor der Spielbank Anker geworfen.

Blufft der Deutsche? Wahrscheinlich ja. Aber was ist, wenn er tatsächlich die Trümpfe in der Hand bzw. an Bord hat?

Zehn Minuten bevor das Ultimatum abläuft, schleichen sich zwei Männer in Gehrock und Zylinder aus dem Spielcasino hinaus, laufen zum Steg und steigen in eine Nußschale, die sie zur Yacht *Garbino* bringt.

Auch sie haben strenge Anweisungen erhalten. Die Devise heißt: Erstens unnachgiebig bleiben, zweitens nachgeben! Je nachdem.

Archibald Grant bricht in schallendes Gelächter aus, als die beiden Gestalten an Bord auftauchen:

»Bringen Sie mir mein Geld?«

»Nein. Wir haben lediglich den Auftrag, Ihnen zu sagen, daß Sie niemanden mit Ihrem Auftritt beeindruckt haben. Der Direktor ist aber nicht nachtragend und läßt Sie wissen, daß Sie jederzeit wieder Ihr Glück in unserem Haus versuchen dürfen!«

»Wie gütig, wie großzügig von ihm! Vielen Dank für die Einladung, meine Herren. Aber . . . das Spiel ist aus!«

Der Kapitän pfeift auf den Fingern – ein kurzes Schrillen in der tiefen Stille der Nacht – und im Handumdrehen stellen sich 30 Mann in Reih' und Glied auf, kampfbereit.

Ganz langsam, als genieße er die Würze des Augenblicks, zieht Archibald Grant die Planen von den mächtigen vier Kanonen.

Die Spielbankangestellten erstarren vor Schreck, wechseln einen flüchtigen Blick miteinander und gehen unmittelbar zur zweiten empfohlenen Verhandlungstaktik über: nachgeben. Wortlos überreichen sie dem Deutschen eine kleine Tasche mit zweihunderttausend Goldfrancs und machen sich schleunigst aus dem Staub.

»Bis morgen!« ruft ihnen der Kapitän noch nach und amüsiert sich königlich mit seinen *Piraten*.

Zum ersten Mal in seiner Geschichte hatte das Spielcasino von Monte Carlo kapituliert. Die Sache mußte unbedingt geheim bleiben – der Ruf des Hauses stand weltweit auf dem Spiel.

Bei der Krisensitzung, die der Direktor in der Morgendämmerung einberufen hat, waren sich alle darüber einig: Kein Wort an die Presse, kein schriftliches Protokoll über den Vorfall und selbstverständlich Hausverbot für Archibald Grant!

»Der läßt sich hier bestimmt nicht mehr blicken!« meinte der Direktor.

Da täuschte er sich aber gewaltig!

Schon am nächsten Abend steht Archibald Grant vor dem Eingang und streitet sich heftig mit den Hausdetektiven:

»Ach so? Hausverbot? Gut, von mir aus! Aber das letzte Wort ist nicht gesprochen, ich komme wieder! Und dann werden Sie was erleben, darauf können Sie Gift nehmen!«

Erst zwei Jahre später ankert die *Garbino* wieder an der Côte d'Azur. In dem kleinen Hafen von Villefranche, zwischen Nizza und Monte Carlo. Dort gibt es keine Spielbank, aber ein junger Mann, William Le Queue, wohnt in dem Städtchen – und Archibald Grant will ihn unbedingt kennenlernen.

William Le Queue, 25 Jahre alt, arbeitet seit dem 1. Januar 1900 im Spielcasino von Monte Carlo. Er soll den bald in Pension gehenden Hausdetektiv ablösen und wird gerade eingearbeitet. Die Direktion hält es allerdings nicht für notwendig, ihn von dem peinlichen Vorfall vor zwei Jahren in Kenntnis zu setzen. Der Deutsche ist nicht mehr aufgetaucht, die Sache ist also erledigt.

William sitzt gerade allein auf der Terrasse eines kleinen Hafenrestaurants und genießt die ersten warmen Sonnenstrahlen des Frühlings. Heute hat er seinen freien Tag, erst morgen muß er nach Monaco zurückfahren. Er ist also bester Laune und freut sich, als ein hochgewachsener Mann mit dunkelblauem Blazer und lächelnden blauen Augen ihn unvermittelt anspricht. Die feinen Gäste im Spielcasino sind nicht so freundlich zu ihm!

»Junger Mann, warum so allein? Darf ich mich zu Ihnen setzen und Ihnen Gesellschaft leisten?«

Nach drei Stunden und einigen Gläsern Wein sind sie die besten Freunde von der Welt.

»William haben Sie heute abend schon etwas vor? Ich lade Sie zum Dinner auf meine Yacht ein! Hätten Sie Lust? Es wäre mir eine Freude!«

Welcher junge kleine Angestellte eines Spielcasinos würde eine solche Einladung ablehnen? William verbringt einen traumhaften Abend an Bord der *Garbino*. Er betet insgeheim, die Zeit möge stehenbleiben, und als sein Gastgeber ihm den Vorschlag macht, in einer Luxuskabine an Bord zu übernachten, läßt er sich nicht lange bitten! Ein Gute-Nacht-Trunk, eine letzte Zigarette... und er versinkt bald in einen tiefen, sehr tiefen Schlaf.

Zwölf Stunden später – es ist schon zwei Uhr nachmittags – wacht er mit unerträglichen Kopfschmerzen auf. Im ersten Augenblick weiß er nicht, wo er ist. Erst allmählich erinnert er sich an den gestrigen Abend.

Auf einmal stutzt er. Was ist denn das für ein Geräusch? Die Yacht fährt ja! Er fliegt die Treppe zum Deck hinauf und traut seinen noch vernebelten Augen nicht. Weit und breit kein Land in Sicht. Die *Garbino* fährt auf offener See mit Volldampf voraus, Kurs nach Süden! Und das ist nicht alles: Über Nacht hat sich die vornehme dreißig Mann Besatzung in einen Haufen gröhlender Seeleute verwandelt, mit denen bestimmt nicht gut Kirschen essen ist.

William bekommt es mit der Angst zu tun und würde am liebsten über Bord springen, da hört er, wie der Kapitän – freundlich wie gestern – ihn von der Brücke aus ruft:

»William? Gut geschlafen?«

»Ja, danke. Aber wo sind wir? Ich muß sofort nach Monte Carlo!«

»Aber ja doch, ich weiß! Ich komme gleich!«

Es dauert ein paar ewige Minuten, bis Archibald Grant erscheint – mit einem Blatt Papier und mit einem Stift.

»Unterschreibe hier unten rechts!«

»Was ist das?«

»Ach, nichts Wichtiges! Meine lieben Matrosen haben heute Nacht ein Spielchen mit uns getrieben, weißt du... Sie dachten, eine kleine Seereise würde dir Spaß machen. Und nun haben Sie Angst! Sie glauben, daß du zur Polizei gehst, sobald du an Land bist... wegen Entführung und so! In meiner Eigenschaft als Kapitän habe ich selbstverständlich die Verantwortung übernommen. Aber sie wollen es schriftlich haben! Ich habe schon unterschrieben, fehlt nur noch dein Name, und die guten Seelen sind beruhigt und fahren dich sofort zurück!«

William fällt ein Stein vom Herzen. Er kritzelt seine Unterschrift auf das Dokument, ohne zu lesen, was da eigentlich genau steht. Nicht gerade klug von einem angehenden Hausdetektiv! Aber er ist ja so froh, heute abend doch noch rechtzeitig im Spielcasino sein zu können.

Seine Erleichterung ist leider nur von kurzer Dauer! Archibald Grant reißt ihm das Papier aus der Hand und brüllt:

»So, kleiner Detektiv, und nun runter mit dir! Und keine Mätzchen!«

»Aber . . . woher wissen Sie . . .«

»Ich weiß alles über dich und deine gottverdammte Spielbank! Die werden mich jetzt kennenlernen, die Schufte! Das verspreche ich dir!«

Die Matrosen brechen in Gelächter aus, sie sind völlig aus dem Häuschen! Und auch der Kapitän krümmt sich vor Lachen.

William Le Queue hat nicht den leisesten Schimmer, was das Ganze zu bedeuten hat. Er ahnt auf alle Fälle nichts Gutes. Der teuflich ausgetüftelte Plan des *Deutschen* übersteigt auch bei weitem seine schlimmsten Befürchtungen!

Zwei Tage lang fährt die *Garbino* unter deutscher Flagge gemächlich auf Südkurs, bis die nordafrikanische Küste am Horizont auftaucht.

»Captain, wir sind bald da!« ruft der Mann am Ruder.

»Also los, bewegt euch!«

Während die Yacht in sicherer Entfernung die Küste entlang schippert, machen sich die dreißig Matrosen eifrig an die Arbeit. In zwei Stunden verwandeln sie die schöne Privat-Yacht in ein regelrechtes Kriegspatrouillenboot – mit allem Zubehör für einen Großangriff! Dann taufen sie die Yacht um, übermalen den alten Namen *Garbino* mit großen, unübersehbaren Buchstaben: C.A.G.N.E.S. *Cagnes* – ein französischer Name steht nun da! Die deutsche Flagge wird eingeholt und bald flattert die Trikolore am Mast.

William traut sich endlich zu fragen, was diese Maskarade eigentlich soll . . . und welche Rolle ihm dabei zugedacht ist.

»Was haben Sie vor? Warum haben Sie mich entführt?«

»Warum? Da kannst du bald deinen Spielbankdirektor selber fragen! Hausverbot! Nein, nicht mit mir! Die Stunde meiner Rache hat geschlagen. Wie ich das anstellen will? Ganz einfach, kleiner Detektiv, wir werden gleich einen britischen Frachter entern! Die *Liverpool* kreuzt gerade einige Meilen von uns entfernt und bringt eine Menge Gold nach Konstantinopel. Sei ganz unbesorgt, wir wollen niemandem weh tun, wir wollen nur das Gold!«

»Aber . . . das ist ja Piraterie! Sie sind verrückt! Dafür werden Sie gehängt!«

»Nein, ganz bestimmt nicht! Vergiß nicht, daß wir jetzt unter französischer Flagge fahren. Die Briten machen uns keine Schwierigkeiten.«

»Das kann nicht lange gut gehen, die französische Regierung wird beweisen, daß sie damit nichts zu tun hat!«

»Das will ich auch hoffen! Aber es wird leider zu spät sein. Man wird mühelos aufdecken, daß die *Cagnes* in Wirklichkeit die getarnte *Garbino* war. Nicht ich, sondern DU wirst am Galgen hängen! Und deine Spielbank wird den Briten das Gold zurückzahlen müssen!«

»Die Spielbank von Monte Carlo? Wieso die?«

»Weil dieses Schiff DIR gehört! Du hast es vor zwei Tagen im Namen der Spielbank gekauft, mit Unterschrift und Siegel und vor dreißig Zeugen! Die ganze Welt wird erfahren, daß die Spielbank von Monte Carlo pleite ist, und sogar vor Piraterie nicht zurückschreckt, um ihren Tresor wieder flott zu kriegen!«

»Sie sind verrückt!«
»Na, wart's nur ab!«

Als die *Liverpool* friedlich in Schußnähe liegt, brüllt Archibald Grant: FEUER! Vier Panzergranaten explodieren nur wenige Meter vor dem britischen Frachter. Die *Cagnes* fährt mit Volldampf direkt auf ihn zu und der *französische* Kapitän ruft mit seinem starken deutschen Akzent in das Sprachrohr:
»Maschinen stop oder wir versenken Sie!«
Empört zeigt ihm der englische Kapitän mit dem rechten Zeigefinger einen Vogel und weist mit dem linken Zeigefinger auf seine Flagge, den Union Jack, was im Klartext heißt: »Du spinnst wohl! Wir sind doch Engländer!«
»FEUER!« brüllt der Franzose wieder, und wieder flitzen vier Granaten übers Meer; eine davon trifft voll den Kamin des *Feindes*. Kurz darauf entert Archibald Grant zusammen mit seinen bewaffneten *Soldaten* den Goldfrachter und befiehlt dem versteinerten Briten:
»Frankreich hat England den Krieg erklärt! Wir konfiszieren das Gold – Befehl der Regierung!«
Kopfschüttelnd übergeben die Engländer die kostbare Fracht an den Franzosen. Von einem Kriegszustand haben sie zwar noch nichts erfahren, aber sie haben sowieso keine Wahl – fünfundzwanzig Gewehre halten sie in Schach.

Auf der Rückreise nach Villefranche verwandelt sich die *Cagnes* wieder in ihre ursprüngliche Gestalt, und zwei Tage später geht die *Garbino* an der Côte d'Azur vor Anker, so, als ob nichts geschehen wäre. Archibald Grant ist seiner Sache sehr sicher! Bevor William an Land gebracht wird, droht ihm sein väterlicher Freund:
»Kein Sterbenswörtchen, verstanden? Sonst ... Peng,

mein Lieber! Laß deinen Direktor schön brav zurückzahlen!«

Armer kleiner Detektiv! Was soll er tun? Am besten erzählt er seinem Chef die Wahrheit, obwohl er überzeugt ist, daß keine Menschenseele sie ihm abnehmen wird. Doch zu seinem großen Erstaunen, glaubt der Direktor jedes Wort seines Abenteuerromans und er fragt ihn sehr besorgt:
»Dieser Archibald Grant ist jetzt also im Besitz eines von Ihnen eigenhändig unterschriebenen Kaufvertrages der *Garbino*?«
»Ja.«
»Und Sie haben die Yacht im Auftrag der Spielbank gekauft, so steht es im Vertrag?«
»Ja.«
»Gut. Sie können nichts dafür. Es ist einzig und allein meine Schuld. Ich fahre sofort nach Paris zum Kriegsministerium!«

Seit die Engländer Jeanne d'Arc in Rouen auf dem Scheiterhaufen verbrannt haben, waren die Beziehungen zwischen England und Frankreich immer kühl und distanziert. Jetzt – Anfang des Jahres 1900 – droht wieder eine Kriegserklärung! Aber beide Regierungen, in Paris und in London, retten schließlich den Frieden!
Camille Blanc – der Besitzer der Spielbank – überzeugte die hohen Politiker jenseits und diesseits des Ärmelkanals, daß der gute Ruf seines weithin berühmten Hauses keinen Schaden erleiden dürfe.
Waren nicht die reichen Engländer die beständigsten Gäste in Monte Carlo? Sollte die empörende Geschichte bekannt werden, gäbe es einen Skandal!
Und was Frankreich betrifft – hatte es nicht erst vor

einem Jahr – 1899 – endlich mit dem Fürstenhaus der Grimaldi einen für beide Staaten einträglichen Vertrag unterzeichnet?

Eine sehr verzwickte Lage für alle Betroffenen!

Die französische Regierung zahlte schließlich die Gold-Rechnung an England. Die englische Regierung versprach ewiges Schweigen.

Das Spielcasino von Monte Carlo rieb sich die Hände, es blüht und gedeiht bis zum heutigen Tage.

Archibald Grant hatte wieder einmal . . . verspielt. Ob er sich darüber ärgerte? Wohl kaum, denn immerhin gelang es ihm, mitsamt seinen Piraten unterzutauchen – und die Goldbeute, ein Riesenvermögen, hat ihn gewiß über die entgangene Rache für das »Hausverbot« hinweggetröstet.

Der fliegende Teppich

Montag morgen, 31. Mai 1971.
In Cleveland, der pulsierenden Hafenstadt am Südufer
des Eriesees im amerikanischen Bundesstaat Ohio, stehen ein Vater und sein halbwüchsiger Sohn einander
gegenüber wie Ölgötzen. Sie befinden sich im Vorzimmer des Mode-Psychotherapeuten Dr. Harrison. Der berühmte Seelenklempner sitzt unterdessen gemütlich hinter seinem weißen Acryl-Schreibtisch und beobachtet
lauernd, geradezu amüsiert die beiden neuen Patienten
durch die blinde Glasscheibe, die er zwischen dem
Sprechzimmer und dem Wartezimmer hat einbauen lassen. Diese hinterhältige Schlüsselloch-Methode mag
hochgradig unfein sein – aufschlußreich ist sie immer!
Besonders wenn neue Patienten zu ihm kommen. Und
ganz besonders, wenn es sich – wie heute morgen – um
einen Vater mit seinem Sohn handelt. Wer von beiden
braucht hier eigentlich eine Therapie? Das Kind? Dieser
14jährige Junge mit seinem aufgesetzten, arroganten
Grinsen, der sich jetzt lässig in einen tiefen Sessel hinein-
gelümmelt hat, mit Wonne seine Gleichgültigkeit zur
Schau trägt und den Vater damit zur Weißglut bringt?
Oder ist es der Vater, der natürlich nicht versteht, warum
er mit seinem Sprößling auf einmal nicht mehr fertig
wird?
Dr. Harrison läßt die beiden noch eine Weile schmoren,
obwohl er jetzt im Bilde ist: Nicht nur bei dem Sohn
Michell ist ein Rädchen locker. Auch der Vater, Mr. Ho-

ward, braucht dringend eine Lektion. In Sache Erziehung. Merkt er denn nicht, daß er schon allein durch sein aufgeblasenes Gebaren den Sohn geradezu provoziert, sich gegen die väterliche Autorität aufzulehnen? Das alte Lied. Und das am Montag morgen. Nun ja, herein mit den beiden!

Mister Howard und Sohn werden durch den Wartezimmer-Lautsprecher zum Doktor gebeten. Der Vater marschiert großspurig herein, gefolgt von einem latschenden Schnösel von Sohn.

»Mister Howard, bitte, nehmen Sie Platz. Du auch, Michell.«

»Haben wir denn schon Brüderschaft getrunken?«

»Ooh ... verzeihen Sie bitte diesen dummen Ausrutscher, Mister Howard Junior! Möchten Sie sich vielleicht hier hinsetzen? Bitte sehr!«

»Na also, warum nicht gleich!«

Der Junior versinkt in dem Sessel und legt sogleich die Füße auf den glänzenden, weißen Acryl-Schreibtisch. Nun schaut er stolz und zufrieden in die Runde und wartet auf die empörte Reaktion seines Alten. Es ist so einfach, ihn zu ärgern! Nicht einmal hier kann er sich beherrschen. Da! Er schreit schon!

»Michell! Benimm dich! Setz dich anständig hin!«

»...und bohre nicht in der Nase und sag dem lieben Onkel schön brav guten Tag! Zu Befehl, Daddy! Herr Professor, erlauben Sie mir, Ihnen einen guten Tag zu wünschen. Wie liebenswürdig von Ihnen, doch noch einen Termin für meine Nichtigkeit frei gemacht zu haben!«

Dr. Harrison ist Psychiater von Beruf. Solche Familienszenen sind bei ihm an der Tagesordnung. Er blättert scheinbar geschäftig seine Akten durch und wartet bis Vater und Sohn geruhen, seiner Anwesenheit Rechnung zu tragen. Als sie endlich für eine Sekunde die Luft anhalten, ergreift er sofort die günstige Gelegenheit und fragt, ohne aufzuschauen:

»Seit wann?«

Die knappen zwei Worte verwirren den Vater derart, daß ihm zunächst nichts einfällt. Er sitzt mit offenem Munde da, während der 14jährige klar und deutlich, gefaßt und höflich antwortet:

»Seit ich nicht mehr bei meiner Großmutter leben darf. Seit einem Jahr ungefähr. In den letzten Wochen wurde die Lage allerdings katastrophal.«

Jetzt endlich sprudelt der Vater seine Litanei heraus:

»Herr Doktor, Sie können es mir glauben! Es ist mir weiß Gott nicht leicht gefallen, heute mit meinem Sohn hierher zu kommen. Normalerweise werde ich allein mit allem fertig! Aber ... aber ich bin am Ende meines Lateins! Wir hatten niemals Schwierigkeiten mit Michell – bis vor einem Jahr! Aber dann, aus heiterem Himmel, wurde er frech und ungezogen, arrogant und von Tag zu Tag aggressiver! Er treibt sich nur noch herum, ohne ein Wort, wann er uns die Ehre erweisen will, nach Hause zu kommen! Stellen Sie sich vor – neuerdings weigert er sich sogar, mit uns am Tisch zu sitzen! Pubertät hin, Pubertät her – das geht entschieden zu weit! Meine Frau und ich, wir sind völlig am Ende.«

Michell grinst und stellt ostentativ wieder die Füße auf den Schreibtisch. Mr. Howard schüttelt dieses Mal nur noch gottergeben den Kopf:

»Womit haben wir das verdient ...?«

Der Arzt lächelt nachsichtig und wendet sich an den Jungen:

»Michell, was sagst du dazu?«

»Mein Vater hat recht. So bin ich!«

»Macht es dir Spaß, den Buhmann zu spielen?«

»Nein. Überhaupt nicht. Es ist doof und langweilig. Aber
es bleibt mir nichts anderes übrig.«

»Was willst du damit erreichen?«

»Ich will wieder zu meiner Großmutter. Das ist alles.«

Jetzt kommt man der Sache schon näher.

Mr. Howard ist nach seiner heftigen Rede auffallend
ruhig geworden und fühlt sich offenbar nicht wohl in
seiner Haut. Er seufzt tief und beginnt, dem Arzt ein paar
Kleinigkeiten zu erzählen: Michell ist sein einziges Kind,
und vor zwei Jahren ist die Mutter plötzlich gestorben.
Damals konnte er sich nicht um den Jungen kümmern –
aus beruflichen Gründen – verstehen Sie? Also lebte
Michell in einer anderen Stadt bei seiner Großmutter.
Aber nur ein Jahr lang! Dann heiratete Mr. Howard
wieder und holte sofort sein Kind wieder zu sich. Doch
gleich am ersten Tag begannen die Probleme! Der Junge
wollte nicht einmal mit seiner neuen Mutter sprechen!
Das ist alles, Herr Doktor, und seitdem ist die Hölle los!

Ja, das ist alles. Ein klarer Fall. Der Psychiater bittet den
Vater, im Vorzimmer zu warten und unterhält sich nun
allein mit Michell – von Mann zu Mann sozusagen.

»Du willst unbedingt zu deiner Großmutter zurück?«

»Ja, Herr Doktor.«

»Und dein Vater will nicht. Was sagt deine Großmutter
dazu?«

»Sie war sehr glücklich, als ich bei ihr lebte. Sie liebt mich
und ich liebe sie.«

»Wie alt ist sie?«

»Fünfundsiebzig.«

»Ist sie gesund?«

»Oh ja! Sie ist genauso wie meine Mutter war! Fröhlich
und immer lustig!«

»Michell, hör mir jetzt gut zu. Wenn dein Vater sein
Einverständnis nicht freiwillig gibt, wirst du nichts errei-

chen, denn er hat das Gesetz auf seiner Seite. Du mußt es anders anfangen. Wir beide schaffen das schon – schrittweise! Bis zu den Ferien kommst du zweimal in der Woche zu mir – zum Schein. Ich weiß, daß du nicht krank bist! Ganz allmählich benimmst du dich dann besser! Ich spreche gleich mit deinem Vater und ich verspreche dir: die Ferien wirst du bei deiner Großmutter verbringen! Aber das bleibt unter uns! Einverstanden?«

»Ja! Danke, Herr Doktor! Also, wir sehen uns bald. Soll ich meinen Vater bitten hereinzukommen? Ich warte solange draußen.«

Michell steht auf, verabschiedet sich artig von Dr. Harrison und geht ins Vorzimmer hinaus:

»Daddy, jetzt bist du dran. Ich warte hier auf dich.«

Völlig entgeistert schaut Mr. Howard seinen Sohn an. Seinen freundlichen, braven, lieben Sohn! Wie hat es der Psychiater nur hingekriegt, den Jungen innerhalb von fünf Minuten so vollkommen umzukrempeln? Berufsgeheimnis!

Nun sitzt Mr. Howard vor dem Mann der Wissenschaft, der ihm seine Diagnose mit der adäquaten Öligkeit darstellt:

»Lieber Mr. Howard – wir stehen offenkundig vor einem akuten Fall einer Pubertätsneurose, die ich – um alle für Sie wahrscheinlich unverständlichen Fachausdrücke zu vermeiden – als Vater-Sohn-Syndrom bezeichnen möchte. Ich will kein Referat darüber halten, seien Sie unbesorgt! Nur soviel sollten Sie wissen und auch verstehen: Michell braucht im Augenblick sehr viel Liebe und Aufmerksamkeit. Allein aus diesem Grund benimmt er sich so auffallend. Selbstverständlich ist er sich selber dessen nicht bewußt.«

»Aber ich liebe meinen Sohn doch!«

»Zeigen Sie es ihm! Schenken Sie ihm das, was ihm zur

Zeit so sehr am Herzen liegt: Wunderschöne Ferien bei seiner Großmutter!«

»Wenn ich jetzt nachgebe, verliere ich ja jegliche Autorität!«

»Nein. Vorerst sagen Sie ihm nichts darüber und schikken ihn zweimal die Woche zu mir. Ich verspreche mir viel von diesen psychotherapeutischen Sitzungen. Und sollte Michell sich tatsächlich wieder fangen – wovon ich überzeugt bin – dann beweisen Sie ihm, wie sehr Sie ihn lieben und lassen Sie ihn die Ferien mit der Großmutter verbringen. Ich meine, es wäre einen Versuch wert.«

»Dr. Harrison, ich vertraue Ihnen voll und ganz. Ich gebe meinen Jungen in Ihre Hände!«

Mr. Howard ist beruhigt, aber vor allem ist er erleichtert – entlastet von jeder Verantwortung. Nun soll der fabelhafte Spezialist zeigen, was er kann! Michell leidet unter einem Vater-Sohn-Syndrom? Na schön, so schlimm ist es also nicht. Nur eine vorübergehende Krise. Wenn er frech ist, kann er nichts dafür, wenn er aus der Schule fliegt, kann er nichts dafür, wenn er sich benimmt wie das hinterletzte Ferkel, dann kann er auch nichts dafür! Geduld und Verständnis sind angesagt, der Junge wird nicht mehr bestraft werden und bald – in ein paar Wochen schon – darf er ohnehin zu seiner heißgeliebten Großmutter. Ferienwunsch geht auf Rezept in Erfüllung. Wie schön für alle, wie praktisch!

Michell spurt wie alle es von ihm erwarten: Zweimal die Woche legt er sich auf die Seelenmassagebank des Psychiaters – zur Beruhigung seines Vaters und ganz nebenbei auch zum Wohl von Dr. Harrisons Bankkonto! Eine Hand wäscht die andere – das hat er kapiert. Und zu Hause dosiert er sorgfältig seine »Lieber-Junge-Vorstellungen« bis es endlich soweit ist: Anfang Juli fahren Vater und Sohn nach New York zur Großmutter Betty!

Welch eine prachtvolle alte Dame mit ihren 75 Jahren! Sie lebt allein, seit ihr Mann im Zweiten Weltkrieg in Europa gefallen ist. Später starb ihr Sohn, und schließlich, vor zwei Jahren, verlor sie auch noch ihre Tochter – Michells Mutter. Aber trotz all dieser Schicksalsschläge ist Betty keine triste Großmutter. Ganz im Gegenteil! Sie liebt das Leben und überhaupt alles was lebt mit tiefer Leidenschaft: die Kinder, die Vögel, die Katzen, die Musik, den Wind, die Sonne und den Regen. Und ihren einzigen Enkel Michell liebt sie geradezu abgöttisch. Heute empfängt sie ihn mit offenen Armen! Nach der langen, überschwenglichen Begrüßung schaut sie ihrem Schwiegersohn scharf in die Augen und fragt knapp, mit rüdem Ton:

»Was ist passiert?«

Der Vater erzählt umständlich von der psychischen Krankheit des Kindes, von den notwendigen Sitzungen beim Therapeuten, die übrigens unbedingt auch während der Ferien fortgesetzt werden müssen. Der Fall sei schon an einen Kollegen in New York überwiesen worden, und er erwarte den Jungen zweimal in der Woche!

»Quatsch! Das ist doch dummes Zeug!«

»Wie du meinst. Dann nehme ich Michell gleich wieder mit! Du bist ja genauso verrückt wie er!«

Nein, Granny ist nicht verrückt, und mit diesem Holzkopf von borniertem Schwiegersohn wird sie allemal fertig:

»Bitte . . . verzeih mir! Die Freude, euch zu sehen . . . das war ein bißchen viel für mich! Aber im Ernst . . . geht es Michell wirklich so schlecht?«

»Ja. Die bisherige Therapie läßt allerdings hoffen, daß er sein seelisches Gleichgewicht bald wieder findet.«

»Ah ja, das ist dann etwas anderes. Nun, du hast mein Wort! Das arme Kind . . .«

Schon am nächsten Tag fährt der Vater wieder ab. Endlich! Die Großmutter und der Junge winken artig hinterher, bis der Wagen um die Ecke biegt, dann fallen sie sich lachend in die Arme, wie listige Spitzbuben, die etwas ausgeheckt haben.

»So, mein Junge, das hätten wir geschafft! Und was fange ich jetzt mit dir an, du Psychopath!«

»Klingt doch echt gut, oder? Aber keine Angst, Granny, ich bin ganz normal, ich mußte nur so ein Theater machen, sonst hätte er mich nicht wieder zu dir gelassen.«

»Du brauchst mir nichts zu erzählen! Und wir beide, wir gehen auch bestimmt nicht zu diesem Seelendoktor! Du mußt nur auf andere Gedanken kommen, das ist alles. Überleg mal – was möchtest du in den Ferien machen?«

»Ich möchte fliegen! Irgendwohin, ganz weit weg! Mit dir zusammen!«

»Fliegen? Darauf wär' ich nicht gekommen! Eine tolle Idee, warum eigentlich nicht? Also gut, meinetwegen, morgen geht's los! Adieu, verehrter Schwiegersohn mit deiner Seelenmassage! Wir schicken dir schöne Postkarten! Wie hättest du sie am liebsten, bunt oder schwarzweiß?«

Wir erwähnten es schon, Großmutter Betty ist eine ungewöhnliche alte Dame! Schon nachmittags geht sie zu ihrer Bank und hebt ein kleines Vermögen von ihrem Konto ab. Sie hat genug Geld. Vor fünf Jahren, als sie 70 Jahre alt wurde, hat sie nach einem langen Arbeitsleben ihre Molkerei verkauft – das kleine, aber einträgliche Geschäft, das sie von ihrem Mann geerbt hatte.

Michell springt in die Luft vor Freude, als der Kassierer die vielen grünen Scheine abzählt und sie der alten Frau mit hochgezogenen Brauen überreicht. Sie will nämlich nur bares Geld. Schecks und Kreditkarten findet sie viel zu unpersönlich! Auch im Reisebüro nebenan sorgt sie mit ihrem Enkel für verständnisloses Kopfschütteln:

»Wir wollen morgen spät nachmittag irgendwohin fliegen. Weit weg. Was können Sie uns empfehlen?«

»Hin und zurück?«

»Nein. Nur hin. Dann sehen wir schon weiter.«

»Und in welche Richtung soll die Reise ungefähr gehen?«

»Das ist egal! Aber übers Meer, ja, übers Meer, das wäre schön!«

»Also nach Europa. Paris? London? Rom?«

»Wie lange dauert der Flug nach Europa?«

»Je nachdem acht, neun Stunden ungefähr.«

»Dann noch weiter!«

Die Reisebüroangestellte verkneift sich mühsam eine freche Bemerkung und fragt schließlich zuckersüß:

»Wie wär's mit Tel-Aviv? Da hätten Sie zuerst den Atlantik und dann das Mittelmeer! Abflug 16 Uhr. Bis es dunkel wird, haben Sie bestimmt genug vom Wasser!«

»Gut, Tel-Aviv. Zwei Tickets bitte!«

Und Großmutter Betty zahlt bar.

Donnerstag, 8. Juli 1971, 16 Uhr – Take-off nach Tel-Aviv . . .

Welch ein herrliches Gefühl! Noch schöner als im Traum. Die alte Dame und der Junge haben sich noch nie so wohl, so frei, so glücklich gefühlt. Sie lachen und kichern, lassen sich von den Stewardessen verwöhnen, hier ein Schlückchen Champagner für die Oma, da Popcorn für den Kleinen. Darf's sonst noch etwas sein? Komisch, im Himmel sind die Menschen viel freundlicher als unten! Schade, daß die Maschine nach dem langen Flug schon

zur Landung in Tel-Aviv ansetzt! Da sagt die Großmutter, so nebenbei:
»Im Grunde genommen ist es nicht das Ziel einer Reise, was wirklich zählt. Die Reise an sich ist das Wichtigste.«
»Dann laß uns doch gleich weiterfliegen, Granny!«
»Warum nicht? Es ging ja viel zu schnell!«
Im Flughafengebäude von Tel-Aviv rennen sie sofort zum Schalter ihrer Fluggesellschaft, freuen sich, daß noch zwei Plätze in der Maschine nach New York frei sind, Granny zahlt bar, Michell kritzelt schnell eine Postkarte für seinen Vater voll und schon geht die Reise weiter: Take-off nach New York . . .

Verrückt! Eine verrückte Reise, die genau 58 Tage dauerte . . . Vom 8. Juli bis zum 3. September 1971.
Großmutter Betty, in der festen Überzeugung, daß ihre Therapie alle Heilmethoden der Psychiater auf der ganzen Welt in die Tasche steckt, wird für ihren Enkel zur »fliegenden Oma«. 58 Tage lang – die Nächte selbstverständlich inbegriffen – fliegen sie pausenlos über den Atlantik zwischen New York und Amsterdam hin und her. Immer die gleiche Route. Das Ziel der Reise ist ja nicht das Wesentliche für die beiden – sie wollen nur eines: Fliegen! Die Erde mit all ihren kleinen und großen Problemen vergessen, ihr buchstäblich entfliehen.

Nach einer Woche Pendelreise über den Wolken gehen sie nicht einmal mehr durch den Zoll! Sie bleiben gleich in der Transithalle – mal in New York, im *J. F. Kennedy Airport*, mal in Amsterdam, im *Schiphol-Terminal*. Und an beiden Flughäfen sind sie nun so berühmt, daß sich das Bodenpersonal hüben wie drüben mit Hingabe um die sonderbaren Fluggäste kümmert. Die kurze Wartezeit bis zum nächsten Start dürfen sie selbstverständlich in der

VIP-Lounge herumbringen, während die Fluggesell-
schaft Tickets, Postkarten und sonstiges eifrig besorgt.
Großmutter zahlt bar. Ein einziges Mal verpassen sie die
Maschine nach Amsterdam. Betty mußte schnell zu ihrer
Bank und ihr Konto plündern.
Manchmal macht aber der Flugplan den beiden einen
Strich durch die Rechnung. Dann müssen sie wohl oder
übel für eine Nacht am Boden bleiben und sie im Hotel
verbringen. Allerdings niemals in New York! Mister
Howard, in der Zwischenzeit stolzer Besitzer einer grotesken Postkartensammlung, könnte womöglich auf die
dumme Idee kommen, seinen fliegenden Sohn vom siebten Himmel herunterzuholen! Nein, wenn es sich wirklich nicht anders einrichten läßt, dann übernachten Betty
und Michell in Amsterdam, im Hotel *Fromer* direkt am
Flughafen. Und immer im Zimmer 103. Auch wenn sie
nur ein paar Mal dort geschlafen haben – in diesem
Zimmer fühlen sie sich zu Hause. Und am nächsten
Morgen verschwinden sie mit der ersten Frühmaschine
wieder nach New York . . .

Den drei Crews, die sich auf dieser Fluglinie regelmäßig
abwechseln, kommt die Sache allmählich doch bedenk-
lich vor! Wie lange soll das Spiel noch dauern? Was steckt
nur dahinter? Sogar der Verdacht auf Schmuggel kommt
langsam auf. Der Zoll filzt sie, findet natürlich nichts –
und die beiden lachen sich halb kaputt!
Am Freitag, dem 3. September landen sie spät abends in
Amsterdam. Michell bringt seine Großmutter ins Bett –
in ihr Totenbett im Zimmer 103, Hotel *Fromer*.
Das alte, müde Herz schafft nicht noch einen Flug von
Amsterdam nach New York. Zum letzten Flug ist Betty
allein aufgebrochen.
Michell wacht die ganze Nacht bei ihr – erst am frühen

Morgen verständigt er die Hoteldirektion und erledigt alle Formalitäten. Dann schickt er ein Telegramm an seinen Vater:

»Granny gestorben. Stop. Warte auf dich. Stop. Hotel Fromer. Amsterdam. Stop. Dein Sohn.«

Horden von Journalisten stürmen an diesem Tag die Hotelhalle. Jeder drängt Michell, die tolle Story mit seiner fliegenden Oma zu erzählen, die Geschichte dieser verrückten Flugreise an den meistbietenden exklusiv zu verkaufen. Aber der 14jährige Junge ist jetzt erwachsen und hält sich die Reporter vom Leibe. »Lassen Sie mich in Ruhe – bitte«, so spricht er jetzt. Ruhig, gefaßt.

»Wie geht es dir?« fragt ihn der Vater, »es ist ja Wahnsinn, ein Kind in deinem Alter! Was habt ihr euch beide nur dabei gedacht?«

»Mehr als du ahnst! Du brauchst dir keine Sorgen zu machen, mir geht es gut. Und damit das ein für alle Mal klar ist zwischen uns – von Wahnsinn keine Spur! Ich fliege allein nach New York zurück. Das verstehst du doch, oder?«

Die Kuh des Beamten

In den dreißiger Jahren sprach man noch nicht von der »Dritten Welt« – auch nicht von Entwicklungsländern. Diese Gebiete nannte man schlicht und einfach: die Kolonien. Für die beiden großen Kolonialmächte unseres Jahrhunderts waren die Zeiten noch rosig – England und Frankreich fühlten sich noch auf fast allen Kontinenten zu Hause, besonders in Afrika – der Dependance des alten Europa sozusagen, denn Spanien, Portugal und auch Deutschland hatten bei der Verteilung der sogenannten Schutzgebiete im 19. Jahrhundert kräftig mitgemischt!

Nun, wer sich heute für die Beamtenlaufbahn entscheidet, der landet meist bei der Post oder bei der Bahn, in Schulen oder Ämtern aller Art. Nur selten reisen die kleinen Staatsbediensteten im Auftrag der Regierung durch die Welt.

Früher war das anders! Die Kolonialmächte entsandten ganze Regimenter von Beamten in ihre überseeischen Besitzungen, denn es galt die primitiven Völkerstämme zu erziehen, zu verwalten – kurz, nach dem Vorbild des Mutterlandes zu kolonisieren.

Überall auf der Welt, aufgrund welcher Vorurteile auch immer, sind die Beamten eine dankbare Zielscheibe für faule Witze, was die Arbeitsmoral angeht. Ihre Kollegen in den Kolonien waren aber noch viel schlimmer dran! Sie wurden regelrecht als Witzfiguren hingestellt. Die Karikaturisten hatten ihre Freude an ihnen und verbreiteten das unverwüstliche Bild der stinkfaulen Kolonialherren – im wahrsten Sinne des Wortes: den ganzen Tag über liegen sie schlapp, alle Viere von sich gestreckt auf einer Veranda, sie schwitzen und schlürfen von früh bis spät mehr oder weniger starke alkoholische Getränke, die den Herren von eingeborenen Schönheiten devot dargereicht werden.

Man glaube ja nicht, ein solches Bild hätte der Wirklichkeit entsprochen – bei den vielen Kolonien rund um die Welt unter allen Breitengraden, in tropischer Hitze und in arktischer Kälte!

Außerdem soll es selbst in dem mörderisch heißen Klima der subtropischen Zonen Kolonialherren gegeben haben, die vor den dürftig bekleideten Eingeborenen niemals anders als in Stresemann und Zylinderhut erschienen. So zum Beispiel Monsieur Charles-André M... de B... Wir verzichten darauf, hier seinen vollen Namen preiszugeben, denn einige Mitglieder seiner illustren Familie spielen heute noch eine wesentliche Rolle in den höheren Sphären der französischen Politik. Nennen wir ihn also schlicht Charles-André.

Ein Edelmann par excellence. Und so wurde der untadelige Sproß eines alten Adelsgeschlechtes mit der Aufgabe betraut, den afrikanischen *Wilden* einen Hauch von Kultur zu vermitteln – vor allem sollte er ihnen die Grundlagen der französischen Lebensart beibringen!

Charles-André war wie geschaffen für diesen Posten, denn er verkörperte tatsächlich das Bild, das Frankreich gerne von sich selbst in aller Welt verbreiten wollte: demnach ist ein Franzose von Natur aus distinguiert und kultiviert, ehrlich und loyal mit letzter Konsequenz und er besitzt einen ausgeprägten Sinn für Humor. Charles-André verfügte in reichem Maße über all diese gallischen

Eigenschaften! Hier ein Beweis dafür: In dem Vorwort seiner später veröffentlichten Memoiren schreibt er:

Auch wenn ich vor Scham vergehe, ich will beichten, daß ich ein korrupter Beamter gewesen bin. Meine Bestechlichkeit wurde verschwiegen, meine Schwäche wurde vertuscht. Hätte die Justiz von meinem Vergehen erfahren, würden mich die gerechten Gesetze meines Landes mitleidlos verurteilt haben. Wie viele Jahre hätte ich dann im Gefängnis verbracht? Und wie schmerzhaft wäre mir die Aberkennung der bürgerlichen Ehrenrechte gewesen! Heute, da die Zeit den Schleier der Verjährung über die Verletzung meiner Amtspflichten geworfen hat, knie ich nieder und bitte um Vergebung. Ich muß mein Gewissen befreien. Ich bekenne, korrupt gewesen zu sein!

Fürwahr eine melodramatische Selbstanklage! Man ist beinahe bereit, Charles-André von vornherein alles zu verzeihen, was er sich allenfalls hat zu Schulden kommen lassen! Aber Vorsicht... Korruption ist kein Kavaliersdelikt – auch nicht vor 50 Jahren in Madagaskar, in der guten alten Kolonialzeit.

Nach einer endlosen Seereise trifft Charles-André in Tannanarive ein und meldet sich gleich am nächsten Tag beim französischen Ministerresidenten, der ihn mit offenen Armen empfängt: »Lieber Freund, willkommen in Madagaskar! Sie können sich gar nicht vorstellen, wie sehr wir uns hier freuen, wenn einmal Besuch aus Paris kommt! Aber... was verschafft uns die Ehre? Wollen Sie etwa Land und Leute studieren?«

»Ja und nein! Ich wurde vom Kolonialministerium hierher versetzt. Ich dachte, Sie erwarten mich dringend!?«

»Ich bitte um Entschuldigung, aber ich habe bisher nichts

davon erfahren! Na ja, vielleicht kommt das amtliche Schreiben mit der nächsten Flaschenpost!«

»Soll das heißen . . . Sie haben keinen Posten für mich?«

»Genau das! Aber es ist nicht so wichtig. Wir erfinden eben einen – das heißt, wenn Sie gerne bleiben möchten!«

»Aber ja!«

»Gut. Also zuerst einmal brauchen Sie einen Titel. Wie wär's mit . . . lassen Sie mich mal kurz überlegen . . . Ja! *Kabinettchef des Generalsekretariats der Hauptresidenz von Madagaskar.* Einverstanden?«

Charles-André hat nichts dagegen einzuwenden, zumal seine Vergütung dem hochtrabenden Titel durchaus entspricht. Was seine Arbeit betrifft, da herrscht allerdings einige Zeit lang noch Unklarheit. Bis er sich schließlich mit der Tatsache abfindet: Er hat nichts, absolut nichts zu tun. Er kann höchstens – allein durch seine Anwesenheit – die Präsenz Frankreichs in Afrika unterstreichen. Die Wochen ziehen vorüber.

Eines Tages trifft endlich aus Paris die offizielle Beförderung zum Kabinettchef ein, aber man schenkt ihr wenig Beachtung. Sein Nichtstun ist damit lediglich aktenkundig. Also genießt Charles-André weiterhin das bilderbuchhafte Leben eines überflüssigen hohen Kolonialbeamten, mit allen Privilegien, die damit verbunden sind: Er besitzt einen seinem Dienstgrad entsprechenden sehr exklusiven Plantagen-Wohnsitz, Gärtner, Köchin, Bedienstete für beinahe jedes Zimmer und sogar einen stilechten schwarzen Butler namens Rainoumarou.

Charles-André verbringt die ganze Zeit damit, das madagassische Herrenhaus in ein Miniatur-Sonnenkönigsschlößchen zu verwandeln. Überall nur Brokat und Seide, Gobelins und kostbares Gerät.

Nach einem halben Jahr fühlt er sich selbst wie ein König!

Und wenn er seine Residenz verlassen will, dann läßt er seine *filanzané* vorlaufen. So nennt man in Madagaskar die damals noch übliche Sänfte.

An einem schönen, ruhigen Nachmittag klopft Rainoumarou schüchtern an die Tür des Boudoirs, in dem sich Charles-André um diese Zeit aufzuhalten pflegt:
»Monsieur, Sie haben Besuch. Der Ex-Provinzgouverneur Rabezavané bittet um eine Audienz.«
»Wie bitte? Das kann sich nur um eine Verwechslung handeln! Dieser Raba... Rabeza... nun ja, der will sicherlich mit dem Ministerresidenten reden, doch nicht mit mir?«
Rainoumarou geht hinaus, kommt aber schon nach einer Minute zurück:
»Ex-Gouverneur Rabezavané besteht darauf, nur mit dem wohlwollenden Kabinettchef zu reden und ersucht höflich um gnädige Anhörung in einer höchst wichtigen und vertraulichen Angelegenheit!«
»Danke, danke... er soll sich gedulden... sogleich!«
Charles-André ist ratlos. Er kann sich beim besten Willen nicht vorstellen, was irgend jemand mit ihm amtlich zu bereden hätte, und schon gar nicht in einer wichtigen Angelegenheit, wo doch jeder weiß, daß er nichts zu sagen hat – ganz egal, worum es sich handelt! Aber die Tatsache, daß *ER* um eine Audienz gebeten wird schmeichelt ihm. Also räuspert er sich einige Male, begibt sich in sein üppiges Büro und ruft:
»Ich lasse bitten!«
Rabezavané betritt den Raum in voller Montur. Er ist von Kopf bis zu den Füßen in weite bunte Gewänder gehüllt – ein Papagei würde neben ihm vor Neid erblassen! Anstatt den Kabinettchef nur höflich zu begrüßen, fällt er vor ihm auf die Knie und leckt seine beiden

Schuhe ab. Nein, er küßt sie nicht. Er leckt sie ab! Das ist hier so Sitte! – Charles-André bemüht sich, diese Prozedur in so würdiger Haltung wie nur möglich über sich ergehen zu lassen und bedankt sich insgeheim beim lieben Gott, daß er mit diesen Barbaren sonst kaum in Berührung kommt!

Endlich erhebt sich Rabezavané. Nun aber ergreift er mit seinen Pranken die zarten Hände des Kabinettchefs und sprudelt verzweifelt heraus:

»Bitte, gnädiger Herr, Sie müssen mir glauben! Ich bin kein Dieb! Ich bin doch Gouverneur, ich war es noch vor einer Woche und ich diente Frankreich mit Leib und Seele. Ich liebe alle Franzosen, sie sind alle meine Brüder, aber Frankreich hat mich verstoßen! Ich bin unschuldig! Sie, Herr Kabinettchef, Sie sind ein so gütiger Mann, so gerecht, so klug! Sprechen Sie mit dem Minister, helfen Sie mir. Helfen Sie Frankreich, seinen Fehler wieder gut zumachen. Frankreich kann nicht so ungerecht sein! Frankreich nicht!«

Was soll man dazu sagen? Zuerst einmal gar nichts. Charles-André verschlägt es die Sprache! Aber jetzt erinnert er sich vage an den Vorfall. Er hörte davon, wie ein Gouverneur in flagranti beim Stehlen ertappt und daraufhin sofort von der Französischen Kolonialverwaltung entlassen wurde. Rabezavané! Der ist mit allen Wassern gewaschen – ein Betrüger, ein Heuchler, ein Lügner ... aber ein teuflisch guter Schauspieler! Doch bei Charles-André hat er keine Chance:

»Ich bedaure, die Verwaltung hat entschieden. Mit Recht, wie ich glaube. Ich habe *persönlich* kein Interesse, mich für dich einzusetzen.«

Da strahlt der eben noch so verzweifelte Rabezavané übers ganze Gesicht:

»Ich verstehe schon! Ja, ja, ich habe verstanden! Danke!«

Und er wirbelt lachend hinaus.

Stundenlang denkt Charles-André über den seltsamen Auftritt des Ex-Gouverneurs nach – aber er kommt zu keiner logischen Erklärung. Was sollte das ganze Theater? Erst am nächsten Tag, als er nach einem Besuch in der Stadt vor seinem Wohnsitz der *filanzané* entsteigt, löst sich das Rätsel. Sein Butler Rainoumarou – weiße Weste, schwarze Hose und barfüßig – erwartet ihn am Portal und ist völlig aus dem Häuschen vor Freude:

»Sie ist sooo schön, Monsieur! Sie ist wunderschön!«

»Dürfte ich erfahren, wovon du sprichst?«

»Von Ihrer Kuh! Alle Dienstboten aus der Nachbarschaft sind schon hier gewesen und haben sie bewundert. Ich bin so stolz! Wir haben eine Kuh!«

»Eine Kuh?? Aber . . . ich habe keine Kuh!«

»Doch! Rabezavané hat sie heute hierher gebracht . . . Er hat sie Ihnen geschenkt!«

Das hatte er also gemeint, dieser Schurke! Wenn der Kabinettchef kein *persönliches* Interesse hatte, mußte etwas dagegen unternommen werden! Bestechung! Das ist doch die Höhe!

»Rainoumarou! Du bringst die Kuh sofort zurück! Ich will sie nicht!«

»Rabezavané wird aber sehr beleidigt sind. Sie sind sein Freund!«

»Rabezavané ist nicht mein Freund!«

»Doch! Jetzt schon! Er hat Ihnen eine Kuh geschenkt . . .«

Mit diesen Eingeborenen kann man nicht logisch argumentieren. Charles-André verliert allmählich die Nerven:

»Bring die Kuh sofort hierher!«

»Hier? Auf die Straße?«

»Wohin sonst?«

»Das wird nicht leicht sein. Sie wollte schon vorhin nicht hinauf!«

»Hinauf? Sie ist die Stufen hinaufgegangen? Heißt es, daß sie jetzt im . . .«

»Ja, sie ist im Salon. Das Geschenk eines Freundes muß immer im Haus bleiben. Das ist hier so Sitte. Und im Salon, da gibt es wenig Möbel, sie hat mehr Platz!«

»Das kann doch nur ein böser Traum sein!« Charles-André läuft zum Haus, flieht die Stufen hinauf bis zur Veranda und reißt die Tür auf: Da steht sie! Tatsächlich! Ein Prachtexemplar von einer Kuh, mit golden angemalten Hörnern!

Sie schaut kurz auf, gleichmütig, mit treuherzigem Blick und wendet sich dann wieder ihrer ersten Mahlzeit im neuen Heim zu. Offensichtlich schmeckt ihr die Polsterung der beiden Sessel sehr gut. Das Wasser läuft ihr buchstäblich im Mund zusammen und trieft hinunter auf den kostbaren Perser-Teppich.

Charles-André hat genug gesehen, er flüchtet aus dem Salon und ruft seine *filanzané*. Eine halbe Stunde später platzt er in das Vorzimmer des Ministerresidenten. Der erste Sekretär, ein Eingeborener namens Andriavouné, kommt ihm mit ausgestreckten Armen entgegen und fragt aufgeregt:

»Ist sie wirklich so schön, wie alle behaupten?«

»Die ganze Kolonie weiß wohl Bescheid! Es ist zum Verrücktwerden! Ja, ich habe eine wunderschöne Kuh – und sie grast gerade in meinem Salon!«

»Da wird sich aber Rabezavané sehr freuen! Eine Kuh, ja, das ist das größe Geschenk, das man einem Freund machen kann! Es ist bei uns so Sitte.«

»So Sitte, ja, ja, hab' ich schon mal gehört! Zum Teufel damit!«

Und kleinlaut murmelt Charles-André weiter:

»Andriavouné, stell dir vor, sie hat vergoldete Hörner!«
»Das gehört sich so! Rabezavané weiß, was er seinem Freund schuldig ist. Es ist bei uns . . .«
»Schluß jetzt, ich halte es nicht mehr aus!«
Der Kabinettchef des Generalsekretariats der Hauptresidenz von Madagaskar steht am Rande der Verzweiflung. Er muß sofort mit einem vernünftigen, mit einem ganz normalen Menschen sprechen – mit einem Franzosen!
Entschlossenen Schrittes stolziert er an Andriavouné vorbei und tritt ohne anzuklopfen in das Empfangszimmer seines direkten Vorgesetzten.
Der Ministerresident hört sich die Geschichte an und sieht ziemlich finster drein:
»Die Sache gefällt mir gar nicht, mein Lieber. Rabezavané versucht Sie zu bestechen, das ist ganz klar! Gut, daß Sie zu mir gekommen sind! Ich will Sie gerne decken, so weit es in meiner Macht steht. Aber wenn die Angelegenheit spätestens in einer Woche noch nicht geregelt ist, dann muß ich den Vorfall in Paris melden. Sonst werde ich am Ende auch der Korruption beschuldigt! Also, sehen Sie zu, daß diese Kuh un-ver-züg-lich verschwindet. Haben wir uns verstanden?«

Ja, aber wie läßt man eine so berühmte Kuh verschwinden? Das ist leichter gesagt, als getan. Charles-André sucht den Ex-Gouverneur überall in Tannanarive – vergeblich. Immer bekommt er die gleiche Antwort:
»Er ist schon längst wieder in seiner Provinz und wartet auf seine Rehabilitierung. Er sagte, es würde bestimmt nicht lange dauern, jetzt da Sie sein Freund sind.«
»Ich bin nicht sein Freund! Wie oft soll ich das noch sagen!«
»Die Kuh ist doch bei Ihnen zu Hause, oder? Sie haben

also das Geschenk angenommen. Ob Sie es wollen oder nicht, nun, Sie sind sein Freund.«

»Ich werde jetzt gleich diese dumme Kuh an ihren vergoldeten Hörnern packen und sie Rabezavané höchstpersönlich wieder bringen!«

»Das können Sie nicht machen! Ich beschwöre Sie! Es wäre eine Kriegserklärung! Rabezavané wäre gezwungen, entweder sich selber umzubringen, oder Sie zu töten. Es ist bei uns so Sitte. Wollen Sie vielleicht wegen einer Kuh sterben?«

Die Lage ist ernst. Aber wie verzweifelt sich Charles-André auch bemüht, die Kuh aus seinem Wohnsitz zu vertreiben – es hilft nichts. Alle Eingeborenen stehen auf ihrer Seite, sie vergöttern sie geradezu.

In ganz Tannanarive und Umgebung spricht man auch nicht mehr von der *Kuh,* sie hat jetzt einen ehrbaren Namen. Sie heißt *Madame Lombard* – so wie die füllige Gattin eines wenig beliebten Beamten der Kolonialverwaltung. Eine Unverschämtheit. Es muß etwas geschehen, bevor der Skandal perfekt ist und bis Paris Furore macht.

Endlich kommt Charles-André auf eine Lösung: Wie er hörte, beklagten sich die Muschkoten in der Kaserne ständig über die Eintönigkeit ihres Essens. Er schenkt also *Madame Lombard* der französischen Infanterie. Sollte die madagassische Bevölkerung deswegen auf die Barrikaden gehen, wird sich die Kolonialarmee schon zu wehren wissen.

Bewaffnet, als gälte es, einen Volksaufstand niederzuschlagen, holen dreißig Soldaten *Madame Lombard* in ihrer Residenz ab. Mitten in der Nacht – sicher ist sicher!

Am nächsten Morgen springt Charles-André, glücklich wie schon lange nicht mehr, aus dem Bett. Aber schon beim Frühstück stehen alle Domestiken so konsterniert herum, daß er sich lieber gleich in sein Büro verkriecht.

Gegen Mittag erscheint sein Butler Rainoumarou in seinem Arbeitszimmer und reicht ihm ein offizielles Kuvert auf einem silbernen Tablett. Wortlos.

Charles-André ahnt nichts Gutes. Und es ist tatsächlich keine erfreuliche Nachricht: Die Armee darf die geschenkte Kuh leider nicht behalten. Die Intendantur verlangt entweder eine Rechnung, oder eine amtliche Schenkungsurkunde, vom Eigentümer selbst unterschrieben!

Ein Teufelskreis! So oder so sind Charles-André die Hände gebunden. Schickt er eine Rechnung, dann kassiert er auch Geld, also Bestechungsgeld – unterschreibt er die Schenkungsurkunde, gilt er ab sofort als Eigentümer der Kuh – und Rabezavané hat gewonnen!

Spät nachmittags bezieht *Madame Lombard* wieder ihren Salon!

Charles-André ist am Boden zerstört. Sein Butler bekommt allmählich Mitleid mit ihm und macht den Vorschlag:

»Versuchen Sie es im Krankenhaus! Dort ist man bestimmt nicht so pingelig mit Urkunden und so . . .«

Das war eine gute Idee – der Küchenchef verlangt weder eine Rechnung noch eine Schenkungsurkunde. Dafür braucht er aber unbedingt ein tiermedizinisches Gutachten: Herkunft, Krankheiten, Impfungen usw. Viele Provinzen der Insel sind von gefährlichen Epidemien heimgesucht, und die Kuh könnte irgendwie infiziert sein. Aus welcher Gegend stammt sie eigentlich?

Der Kabinettchef lächelt nur noch müde. Das Lied kennt er schon!

Es hat alles keinen Sinn.

Und doch rafft sich Charles-André noch einmal auf und wagt einen letzten Versuch. Wie ein Feigling schleicht er sich nachts mit seiner Kuh aus dem Haus und bringt sie bis zum Wald am Rande der Stadt.

»Los, *Madame Lombard!* Gute Reise! Und kommen Sie ja nicht auf die Idee, sich jemals wieder bei mir blicken zu lassen!«

Sie tat es nicht.

Ein paar Tage später allerdings steht Rabezavané sieges-bewußt vor Charles-André und fordert ihn auf, sich nun doch endlich für seine erneute Nominierung zum Provinzgouverneur einzusetzen.

»Niemals, hörst du! Niemals! Deine Kuh, die habe ich schon lange nicht mehr!«

»Ich weiß. Es ist ein sehr kluges Tier. Sie hat den Weg bis zu unserem Dorf ganz alleine gefunden.«

»Um so besser! Siehst du, ich habe kein Geschenk von dir im Haus, ich habe nichts von dir bekommen und du bist auch nicht mein Freund! Ich bin dir nichts schuldig! Was sagst du nun?«

»Nun ... das sehe ich anders, verehrter Herr Kabinett-chef. Ach übrigens, was ich noch fragen wollte ... Sie haben die Kuh doch hoffentlich jeden Tag melken lassen, oder?«

»Aber selbstverständlich! Ihre Milch schmeckte vorzüg-lich! Ich habe jeden Morgen zum Frühstück ...«

Zu spät. Charles-André ist in die Falle gegangen und Rabezavané triumphiert mit aasigem Grinsen:

»Ich freue mich, daß die Milch von meiner Kuh Ihnen geschmeckt hat, jeden Tag, vier Wochen lang! Jetzt sind wir Freunde. Es ist hier so Sitte ...«

Ein ganz normaler Tag

Heute abend ist Patrick mit ein paar Kumpel in einem Café auf den Champs-Elysées verabredet. Sie wollen sich alle gegen 18 Uhr treffen und dann irgend etwas zusammen unternehmen – Kino, Bistro, Disco, das übliche halt! Die Nächte in Paris sind nicht heißer als anderswo, sie sind nur teurer. Und da liegt der Hase im Pfeffer, denn Patrick ist völlig pleite und er mag nicht schon wieder seine Freunde anpumpen. Seitdem er arbeitslos ist, zieht er sich immer mehr von der Clique zurück – er kann finanziell nicht mehr mithalten und außerdem schämt er sich irgendwie, obwohl es in diesen weltweit schwierigen Zeiten weiß Gott keine Schande ist, stempeln gehen zu müssen. Fast drei Millionen Arbeitslose im Lande! Aber nicht jeder ist ein Versager oder Faulenzer, der die Meinung vertritt, der Staat sei an allem schuld und solle deshalb auch schön blechen!

Patrick ist jung und ehrgeizig – langsam macht es ihm wirklich zu schaffen, tagein, tagaus die Zeit totzuschlagen, so wie heute wieder.

Obwohl er erst spät nachmittags verabredet ist, hat er sich schon vor Stunden auf den Weg gemacht – zu Fuß quer durch Paris, wie ein Tourist! Tausend Gedanken sind ihm bei diesem »langen Marsch« durch den Kopf gegangen und er fühlt sich niedergeschlagen wie schon lange nicht mehr, als er endlich auf der Place de la Concorde steht – vor der prächtigsten Avenue der Welt, diesem fünf Kilometer langen, höhnischen Symbol von

Reichtum, Macht und Erfolg. Oben am Horizont ragt der Triumphbogen in den Pariser Abendhimmel hinauf. Ein herrlicher Anblick, aber Patrick gibt er heute den letzten Rest: Er ist ein Niemand, er will niemanden sehen und schon gar nicht mit seinen Freunden ausgehen! So schlendert er die Avenue hinauf und taucht in die Tausende und Abertausende von Büroangestellten ein, die um diese Zeit auf den Champs Elysées herumwimmeln – alle geschäftig, gleichgültig und vor allem in Eile! Nur er, Patrick, hat anscheinend genug Zeit – er hat kein Ziel, das es schnell zu erreichen gilt.

Er schlägt den Kragen seines altgedienten Trenchcoats hoch, steckt die Fäuste tief in die Taschen und schiebt sich mühsam gegen den Strom der Feierabendmenschen, den Blick auf die Füße geheftet. Hie und da bleibt er stehen, schaut sich ratlos um wie ein herrenloser Hund und geht dann weiter, immer geradeaus, bis zum Arc de Triomphe. Tja, so kann man auch die Zeit herumbringen. Die Avenue immer auf und ab. Aber Patrick ist jetzt müde und er hat Hunger. Als er an einem Fast-Food-Lokal vorbeikommt, überlegt er nicht lange. Das ist genau das richtige für ihn. Da kann man solange drin sitzen bleiben, wie man Lust hat und für ein paar Francs zur Not satt werden. Außerdem – dort trifft er bestimmt keinen Bekannten. Seine Freunde frequentieren eher die Terrasse vom *Fouquet's* schräg gegenüber.

Mit zwei doppelstöckigen Cheeseburgers und einer Dose Cola auf dem roten Plastiktablett bahnt er sich einen Weg durch das Gewühl und ergattert nach einigen Runden durch das grell beleuchtete Lokal endlich eine Sitzgelegenheit – eng und ungemütlich, aber immerhin – es ist ein Platz am Fenster mit Blick auf die Champs-Elysées.

Direkt vor ihm hängt ein Bildschirm von der Decke herunter und bringt in nahtloser Reihenfolge die neuesten Video-Clips der Top Ten. Um ihn herum ausschließlich junge Leute, laut und fröhlich, die meisten wahrscheinlich genauso abgebrannt wie er, aber was soll's! Abwarten und Cola trinken. Diese lockere Atmosphäre bekommt ihm gut, ja er fühlt sich allmählich sogar richtig wohl. Draußen laufen die Menschen mit grimmigen Mienen vorüber, Patrick empfindet beinahe Mitleid mit diesen ständig Gehetzten. Paris wie es leibt und lebt!

Auf einmal stutzt Patrick. In der hektischen Menge draußen fällt ihm eine junge Frau auf, die nicht läuft wie die anderen. Sie geht in Gemütsruhe, wenn auch mit festem Schritt, ihren Weg geradeaus, als schwebte sie über allem. Vor dem Lokal bleibt sie an der roten Ampel der kleinen Querstraße stehen und wartet bis die Ampel auf grün schaltet. Das ist sehr ungewöhnlich, ja fast lächerlich hier in Paris, wo kein Fußgänger sich darum schert, ob er nun verkehrsordnungsgemäß über die Straße geht oder nicht! Patrick betrachtet die junge Frau und ist fasziniert von ihrer ganzen Erscheinung. Sie erinnert ihn an eine kostbare Porzellanlampe aus Großmutters Zeiten. Rabenschwarzes Haar umrahmt ihr weißes, makelloses Gesicht. Sie trägt einen schwarzen Pelzmantel, schwarze Lackstiefel und schwarze Handschuhe.

Ohne recht zu überlegen, was er tut und was er eigentlich will, springt Patrick auf, schnappt seine Cola-Dose und stürzt aus dem Lokal. Er muß ihr nachgehen, er kann gar nicht anders. Diese unheimliche Schönheit zieht ihn an wie ein Magnet. Im Nu hat er sie eingeholt – nun aber traut er sich nicht, sie anzusprechen! Er wüßte auch nicht, was er ihr sagen sollte.
Völlig überraschend hält die Frau abrupt auf der Stelle, dreht sich halb nach rechts wie eine Aufziehpuppe und

lenkt ihre Schritte zu einem feudalen Hotel im Stil der Jahrhundertwende. Patrick schaut ihr mit offenem Mund nach. Was soll er jetzt machen? Das Herz klopft ihm bis zum Hals.

Einen Moment zögert er, dann rennt er los und betritt die pompöse Vorhalle des Hotels gerade noch rechtzeitig, bevor die schöne Unbekannte in einem Nebensalon verschwindet. Die beiden Türflügel sind weit geöffnet und niemand fragt Patrick, wohin er will, als er durch die Empfangshalle schleicht bis zur Schwelle des Salons. Dort wartet er kurz, bis sich seine Augen an das Halbdunkel gewöhnt haben. Die Wände sind mit prunkvollen Stukkaturen verziert, darunter prangen überdimensionale, schon halb blinde Spiegel. Über den ganzen Raum sind Tische verteilt, aber es ist nicht das Mobiliar, das üblicherweise in solch exklusiven Häusern den verwöhnten Gästen aus aller Welt geboten wird. Es sind einfache Schulbänke und sie sind kreisförmig in der Mitte des Salons aufgestellt, alle durch schwarze spanische Wände voneinander abgetrennt. Auf jedem Pult steht ein Kerzenleuchter, und nur vage erkennt man im schwach flackernden Licht Gestalten, die tief in sich versunken scheinen. Wie sonderbar sie alle sind! Wo ist Patrick nur hingeraten?

Auf Zehenspitzen geht er hinein und stolpert fast über eine Gruppe von Menschen, die sich genauso seltsam benehmen: Sie knien auch kreisförmig auf einem Orientteppich und murmeln unentwegt vor sich hin, als beteten sie. Zu Tode erschrocken weicht Patrick zurück, blickt vorsichtig in die Runde und versucht, die Gesichter dieser Schattenfiguren zu erkennen. Endlich entdeckt er die junge Frau – sie sitzt an einem Pult – in tiefer Meditation begriffen.

»Madame!«

Patrick hat nicht laut gerufen, aber seine Stimme hallt im ganzen Raum wider. Doch niemand bemerkt ihn. Was sie auch hier veranstalten mögen, er wird mit *ihr* sprechen! Also schlüpft er zwischen die spanischen Wände und stellt sich direkt vor der schönen Unheimlichen auf – seine Cola-Dose hat er immer noch in der Hand! Daß er in seinen ausgewaschenen Jeans und ausgelatschten Turnschuhen in diesem mystischen Rahmen etwas deplaziert wirken könnte, kommt ihm gar nicht in den Sinn. Anscheinend stört es auch niemanden. Er nimmt all seinen Mut zusammen, holt tief Luft und gerade wie er endlich sprechen will – in dem Augenblick hebt die Frau den Kopf und schaut Patrick in die Augen:

»Setzen Sie sich!«

Patrick hat überhaupt keine Gelegenheit, etwas zu sagen, denn schon setzt die Frau zu einem seltsamen Monolog an und starrt dabei ins Leere:

»Ich sehe einen Brief, ja, Sie werden einen Brief erhalten. Da ist noch ein zerbrochenes Glas. Sie laufen durch die dunklen Straßen, sie irren umher . . .«

Jetzt schaut sie Patrick durchdringend an, und er spürt ihre Angst:

»Ich sehe auch eine Handkurbel, nimm dich in acht vor einem Mann mit einer Kurbel in der Hand!«

Daraufhin beugt sie sich nach vorn über das Pult und flüstert mit ernster, besorgter Stimme:

»Morgen . . . all das wird morgen geschehen!«

Patrick ist viel weniger von den Worten beeindruckt, als von der betörenden Schönheit der Frau, die so eindringlich auf ihn einredet. Er faßt sich ein Herz:

»Kann ich Sie morgen wiedersehen?«

Keine Antwort, kein Lächeln, kein Blick.

Patrick fühlt sich wie betäubt. Alles kommt ihm so unwirklich vor. Er steht endlich auf und wie von unsichtbarer Hand gelenkt, steuert er auf den Ausgang zu. In der Vorhalle fällt sein Blick auf ein Plakat an der Wand, das er vorhin übersehen hatte. Darauf steht in großen leuchtenden Buchstaben: *Internationaler Hellseher-Kongreß*

Am nächsten Morgen kommt Patrick nur mit Mühe aus den Federn, so schlecht hat er geschlafen. Er muß sich heute vormittag beim Arbeitsamt melden und anfragen, ob in der Zwischenzeit Stellenangebote vorliegen. Ach, wenn nur dieses Nichtstun und Warten ein Ende hätte! Er hat es satt, in seiner tristen Betonwüste von besseren Zeiten zu träumen. Aber im Gegensatz zu manch anderen Jugendlichen hat er sich nie auf krumme Touren eingelassen. Noch nie hat er mit der Polizei zu tun gehabt. Er will und er wird es auch anders schaffen. Irgendwann bekommt auch er seine Chance. Das sagt er sich jeden Morgen, um sich aufzumuntern.

Um zehn Uhr geht er aus dem Haus:
»Heh! Patrick! Ich hab' was für dich!« – schreit ihm der Hausmeister nach.
»Für mich? Was denn?«
»Einen Brief!«
»Na so was! Das ist aber schön, mal wieder Post zu bekommen!«

»*Sehr geehrter Herr Dubois,
wir bedauern, Ihnen mitteilen zu müssen, daß Ihre Bewerbung um die ausgeschriebene Stelle nicht berücksichtigt werden konnte . . .*«
Patrick liest nicht weiter. Es ist schon vier Wochen her, daß er sich da beworben hatte. Er lächelt nur bitter:
»Schade, die sind wenigstens höflich, die anderen machen sich nicht einmal die Mühe, eine abschlägige Antwort zu geben. Na, das fängt ja heute gut an!«

Er zerreißt den Brief und eilt zur Metro.

Um elf Uhr ist er beim Arbeitsamt und kommt auch gleich an die Reihe:

»Monsieur Dubois, setzen Sie sich doch. Ich habe leider keine gute Nachricht für Sie. Wir bemühen uns sehr, aber Sie sind schwer zu vermitteln. Ich sehe schwarz für Sie. Cellist! Wer braucht schon Cellisten! Automechaniker, Fliesenleger..., ja, die brauchen wir! Wenn Sie eine sichere Zukunft haben wollen, dann sollten Sie sich umschulen lassen! Das ist Ihre einzige Chance!«

»Fliesenleger? Warum nicht gleich Straßenkehrer!«

»Lassen Sie den Kopf nicht hängen. Denken Sie mal in aller Ruhe darüber nach und kommen Sie nächste Woche wieder. Ach ja..., bringen Sie zwei Paßbilder mit für Ihre Unterlagen, wir haben neue Formulare.«

»Neue Formulare? Langsam kapiere ich, warum Beamte niemals arbeitslos werden!«

Patrick steht so zornig auf, daß er das Glas Wasser auf dem Tisch übersieht und umwirft. Klirrend zerspringt es am Boden.

»Können Sie denn nicht aufpassen!« fährt ihn die gekränkte Beamtin ungehalten an.

Patrick murmelt verlegen eine Entschuldigung und macht sich davon.

»Also wirklich, heute ist nicht mein Tag!«

Und wieder, so wie gestern, schlendert er ziellos durch Paris. So kann es nicht weitergehen, es muß etwas geschehen! Die Frau vom Arbeitsamt hatte eigentlich recht. Warum ist er nur so aus der Haut gefahren? Nächste Woche wird er einen Umschulungsantrag stellen, das ist bestimmt das beste.

Als er an einem großen Kaufhaus vorbeikommt, geht er hinein – er braucht ja neue Paßbilder für den Antrag. Als der Photoautomat die Bilder ausspuckt, erschrickt Patrick geradezu, so traurig und düster sieht er darauf aus! Wie kann man nur so viel Trübsinn ausstrahlen!

Jetzt ist es aber genug! Er wird das Schicksal an den Hörnern packen – und zwar sofort. Er kauft sich einen Stapel Tageszeitungen und fährt mit der Metro zu seinem Stammbistro. Dort wird er alle Stellenangebote gründlich durchstudieren und sich noch heute für einen neuen Beruf entscheiden – ganz egal für welchen, Hauptsache, er ist gefragt! Patrick fühlt sich gleich viel wohler – endlich tut er etwas.

Als er oben am Place Charles de Gaulle aus der Metro-Unterwelt heraufsteigt, erinnert er sich plötzlich an den gestrigen Abend, an die geheimnisvolle Frau in Schwarz. Und er hört ihre Stimme wieder: »Ich sehe einen Brief . . . ein zerbrochenes Glas . . . Morgen, all das wird morgen geschehen . . .«

›Mein Gott! Sie hatte recht! Bis jetzt ist alles so eingetroffen, wie sie es vorausgesagt hat. Der Brief heute morgen, das Glas beim Arbeitsamt.‹ Vorbei der Anflug von Optimismus und Hoffnung auf bessere Zeiten, vorbei die guten Vorsätze. Eine dunkle Vorahnung steigt in Patrick auf und erfüllt ihn mit einem undefinierbaren Unbehagen. Die Hellseherin meinte es ernst, sie war auch so besorgt, als sie ihm sagte: »Nimm dich in acht vor einem Mann mit einer Kurbel in der Hand!« Irgend etwas Dramatisches steht ihm bevor. Er muß unbedingt mit dieser Frau sprechen, er muß wissen, welche Gefahren auf ihn lauern! Wenn sie tatsächlich hellsehen kann, dann muß sie ihm doch alles sagen können!

Eine schreckliche Angst kriecht in ihm hoch. Er rennt los, läuft an dem Bistro vorüber, dann an einem Kino, und noch ein Stück zu einer Baustelle. War das Hotel so weit unten? Nein, jetzt steht er vor dem Fast-Food-Lokal, er muß das Hotel übersehen haben, weiter unten kann es nicht gewesen sein!

Patrick dreht sich auf dem Absatz herum und läuft die Champs-Elysées wieder hinauf bis zu der Baustelle. Ja, hier war's! Hier stand das Hotel! Gestern noch. Heute ist das Gebäude mit einer riesigen Plane überdeckt: über Nacht ist ein häßliches Gerüst wie wuchernder Efeu darum herum gewachsen. Sämtliche Türen und Fenster sind herausgerissen worden. Patrick zweifelt an seinem Verstand. Vor ihm steht eine große Bautafel – und darauf, schwarz auf weiß:

»Baugenehmigung Nummer 48.212«

Das alte, schöne Gebäude im Stil der Jahrhundertwende braucht ein neues Gesicht. Das Hotel ist weg, die Frau ist weg. Und Patrick steht unberaten vor dem entsetzlichen Schicksal, dem er nicht mehr entrinnen kann. Oder vielleicht doch? Er muß sich sofort in Sicherheit bringen, nach Hause fahren, sich in sein Zimmer einsperren und auf keinen Fall vor morgen früh die Wohnung verlassen.

Eine Stunde später steht er vor seinem Wohnblock, völlig zerfahren vor lauter Panik. Er fliegt die Treppen hinauf, erster Stock, zweiter, dritter, vierter . . . geschafft! Da ist die Tür, endlich, jetzt kann ihm nichts mehr passieren! Zitternd greift er in seine Tasche, durchwühlt sie, tastet sie ab, durchsucht die Jeanstaschen – nichts! Er hat seine Schlüssel verloren. Auch das noch! Was nun? Er kann doch nicht die ganze Nacht hier bleiben, die Gegend ist viel zu gefährlich, Überfälle sind an der Tagesordnung. Deswegen sind die Schlösser auch so einbruchsicher. Nur der Notdienst könnte helfen, aber es ist schon spät, so etwas kostet ein Vermögen, und es dauert sowieso Stunden bis sie kommen. Patrick muß sich etwas einfallen lassen, sich irgendwo verkriechen . . . wenigstens bis Mitternacht. Am besten geht er in ein Café – da wird ihn wohl niemand mit einer Handkurbel niederschlagen.

Draußen ist es schon dunkel. Die überfüllten Vorortbusse karren die letzten Fuhren todmüder Arbeiter zu ihren Schlafstädten – in diese leblose Betonwelt, die sich immer enger und bedrohlicher um Paris drängt. Ab 8 Uhr abends traut sich hier kaum noch jemand auf die Straße. Wozu auch? Nirgendwo ein Restaurant oder ein Kino, nicht einmal eine Imbißstube!

Patrick irrt umher in dieser trostlosen, beängstigenden Stille, er schleicht an den Mauern entlang, streift wie ein Schatten durch die Nacht. Das einzige Bistro, das länger offen hat, liegt ziemlich weit weg, an der Endhaltestelle der Metro.

Nach einer guten halben Stunde biegt Patrick endlich in die Hauptstraße ein. Gleich hat er es geschafft! Er ist so erleichtert, daß er blind über die Straße läuft. Bremsen quietschen, ein Lastwagen schlingert auf ihn zu – Patrick springt auf die Seite, der Laster streift knapp an ihm vorbei und kommt ein paar Meter weiter endlich zum Stehen. Um ein Haar hätte es ihn erwischt! Der Fahrer steigt aus, wutentbrannt:

»Mensch, hast du Tomaten auf den Augen?«

»Das ist er, gleich holt er die Kurbel«, jagt es Patrick durch den Kopf. Er hat Todesangst und bringt keinen Ton heraus. Der Fahrer pflanzt sich vor ihm auf und schreit ihn an:

»Steh auf, du Würstchen!«

Erbärmlich stammelt Patrick lauter wirres Zeug:

»Ich . . . ich . . . habe meine Schlüssel . . . verloren . . .«

»Du hast sie wohl nicht mehr alle!« brüllt der Mann und packt ihm am Kragen.

Da ertönt im richtigen Augenblick ein lautes Hupkonzert

und rettet Patrick aus seiner schwierigen Lage. Der Laster steht nämlich mitten auf der Fahrbahn und blockiert den Verkehr. Es steigen schon Leute aus und schimpfen in die Runde, ohne überhaupt zu wissen, was passiert ist. Der Lastwagenfahrer läßt Patrick los, zuckt mit den Schultern, steigt ein und fährt weiter.

Patrick zittert vor Schreck am ganzen Leib und schleppt sich bis zum alten Bistro. Es ist mittlerweile neun Uhr abends – noch drei Stunden und dieser Tag ist endlich um! Der Wirt ist nicht besonders erfreut über den späten Gast – den einzigen!

»Was darf's sein?«

»Guten Abend . . . ich hätte gern . . . haben Sie . . . Bier?«

»Großes? Kleines? Helles? Dunkles? Weißes? Flasche? Dose? Vom Faß? Na, womit kann ich dem Herrn dienen?«

»Ein kleines Helles bitte.«

Das Bier tut gut. Allmählich erholt sich Patrick, aber die Angst, ja die Gewißheit, daß bis Mitternacht noch etwas passiert, steckt ihm in den Knochen. Nach einer Stunde fragt der Wirt unmißverständlich:

»Wollen Sie jetzt zahlen?«

Anstatt zu antworten, schaut Patrick auf seine Uhr. Und dann bestellt er noch ein Bier.

Plötzlich wird die Tür aufgestoßen und eine Bande Jugendlicher fällt grölend in das Bistro ein. Vorstadt-Rowdies mit den üblichen Accessoires: Helmen, Lederjacken – mit Fahrradketten und Rasierklingen in den Händen!

Flaschen und Gläser fliegen zu Boden, Stühle wirbeln durch den Raum, Tische kippen um, und alle amüsieren sich königlich! Der Wirt tut nichts, sagt nichts. So etwas ist er gewohnt, er läßt sich nicht so leicht einschüchtern. Wenn man diese Banden in Ruhe alles kurz und klein schlagen läßt, dann kommt man meist mit einem blauen Auge davon. Das weiß er.

Den Jungs macht es aber keinen Spaß, jemandem Angst einzujagen, der keine Angst vor ihnen hat. Also wenden sie sich dem bebenden, leichenblassen Mann in der Ecke zu. Einer reißt Patrick das Glas aus der Hand und leert es in einem Zug, die anderen schwingen ihre Fahrradketten unter seiner Nase.

»Jetzt ist es so weit . . . gleich schlagen sie mich tot!«
Patrick hat sich schon beinahe damit abgefunden, da heult eine Polizei-Sirene auf. Im Nu ist die Bande verschwunden.

Es ist noch einmal gutgegangen. Aber der Tag ist nicht zu Ende.

»Bitte! Ich hätte gern ein Glas Wasser.«
»Nein! Ich schließe jetzt!«
Erstaunt über den schroffen Ton, schaut Patrick auf und erstarrt.

Der Wirt kommt langsam auf ihn zu – in der rechten Hand hält er eine Kurbel! Die Kurbel! Patrick sieht nur noch rot und stürzt sich mit voller Kraft auf den Mann, wirft ihn zu Boden und schlägt zu . . .

Drei Monate später bekommt Patrick Besuch in seiner Gefängniszelle. Es ist sein Pflichtverteidiger. Morgen ist der Prozeß, und die Anklage lautet auf lebensgefährliche Körperverletzung. Der Anwalt liest Patrick die Anklageschrift vor:

»Der Angeklagte griff den Kläger, Monsieur Bonnaire, ohne ersichtlichen Grund an. Dieser war gerade dabei, sein Lokal zu schließen. Der Angeklagte bemächtigte sich der Handkurbel, die zum Ein- und Ausrollen der Markise dient, und schlug damit gewaltsam auf sein Opfer ein.

Dank dem rechtzeitigen Eingreifen der Polizei überlebte das Opfer.

Nachforschungen über den Angeklagten ergaben, daß es sich um einen ernsten, pflichtbewußten, ruhigen Mann handelt. Der zugezogene Psychologe konnte keine Neigung zu Straftaten feststellen. Mögliches Motiv: Durch Arbeitslosigkeit in Not geraten, wollte der Angeklagte vermutlich den Kläger berauben.«

Patrick zeigt keinerlei Reaktion. Überhaupt – seit dem Tag seiner Festnahme hat er kein einziges Mal versucht, sich zu verteidigen.

Der Anwalt wird langsam ungeduldig:

»Junge, sag endlich was! Wie soll ich dir morgen helfen, wenn du mir nicht erklärst, was damals eigentlich passiert ist? Warum hast du diesen Mann mit der Handkurbel halb totgeschlagen?«

Patrick zuckt nur mit den Schultern und fragt:

»Glauben Sie, daß man seinem Schicksal entrinnen kann? Oder holt es einen gerade dann ein, wenn man ihm in den Rachen greifen will?«

Ein Loch in der Nacht

Er ist schwarz, und sie ist weiß – eine glückliche Misch-
ehe. Keine Seltenheit im Norden der Vereinigten Staaten. Er ist Postbeamter in Boston, sie arbeitet in der
Verwaltung einer großen Versicherungsgesellschaft in
New Hampshire. Weder er noch sie ist in irgendeiner
Weise technisch oder wissenschaftlich vorbelastet.
Das Ehepaar Betty und Barney Hill hat gerade ein paar
Tage Urlaub in Kanada verbracht und befindet sich nun
auf dem Rückweg. Sie fahren gemütlich auf dem High-
way 3 durch die White Mountains nach Süden. Eine
wunderschöne Spätsommernacht an diesem 19. September 1961.
Um 23 Uhr – zwischen Groveton und Lancaster – beginnt
für diese beiden ganz normalen Menschen ein so rätsel-
haftes Abenteuer, daß ihre Geschiche um die ganze Welt
gehen wird.
Es ist mitten in der Nacht – stockdunkel ringsumher und
recht einsam. Um diese Zeit ist die Strecke kaum befah-
ren. Barney Hill fährt langsam, der Motor surrt leise und
der kleine Hund schläft, gemütlich zusammengerollt auf
dem Rücksitz. Betty genießt die letzten ruhigen Stunden
ihres Urlaubs und bewundert den klaren Sternenhimmel:
»Schau, wie wunderbar die Sterne leuchten, Barney! In
der Stadt sieht man sie schon lange nicht mehr. Ja, wir
vergessen fast, daß es sie noch gibt!«
»Stimmt! Die Städte verschlucken alles, auch die
Sterne!«

»Barney? Guck mal da vorne ... Was ist denn das für ein Licht?«

Genau vor ihnen, aber ziemlich weit entfernt, bewegt sich ein ungewöhnlich helles Licht am Himmel.

»Ich weiß nicht. Aber ein Stern ist es bestimmt nicht. Selbst die schönsten Sterne leuchten nicht so! Und sie fliegen auch nicht!«

»Ja ... aber, was ist es dann?«

»Wahrscheinlich ein Flugzeug, was sonst?«

»Nein, nein! Ich beobachte es schon eine ganze Weile. Ein Flugzeug funkelt nicht so – und es fliegt auch nicht so verrückt! Schau doch! Es ändert immerfort die Richtung.«

Barney hält den Wagen am Straßenrand an und holt sein Fernglas aus dem Kofferraum. Auch Betty ist ausgestiegen und starrt Löcher in den Himmel. Das im Zick-zack-Kurs fliegende Licht scheint immer näher zu kommen – und glänzt unglaublich hell. Nein, ein Flugzeug kann es nicht sein. Es scheint schon ziemlich nah zu sein, und man hört überhaupt kein Geräusch! Nichts!

Barney schaut durch das Fernglas, schüttelt den Kopf und steigt wieder in den Wagen:

»Komm, Betty, wir fahren weiter. Es ist wahrscheinlich eine Piper-Cup, und mir kommt es vor, als wäre sie in Schwierigkeiten! Womöglich ist Feuer an Bord und sie explodiert gleich!«

Die enge Straße schlängelt sich durch den Canon Mountain. Jetzt fährt Barney viel langsamer als vorhin – dieses Licht am Himmel irritiert ihn irgendwie, denn nun gibt es keinen Zweifel mehr: Es kommt ganz gezielt auf den Wagen zu und fliegt jetzt niedrig, parallel zur Straße, so als würde es den Wagen begleiten.

»Also, das verstehe ich nicht! Warum hört man den Motor nicht? Da stimmt doch was nicht!«

Wieder hält Barney am Straßenrand und wieder betrachtet er das Licht durch sein Fernglas:

»Du, Betty, wenn es ein Flugzeug ist, dann muß es aber ein sehr großes sein! Ich kann nichts Genaues erkennen, es blendet viel zu stark!«

Als sie weiterfahren, fängt der kleine Hund auf einmal jämmerlich zu jaulen an. Er zittert am ganzen Körper und kriecht voller Angst unter den Vordersitz.

»Barney, halt bitte an. Der Hund muß raus.«

Bei Indian Head verläßt die Bergstraße die enge Schlucht und führt durch ein breites Tal. Dort gibt es einen großen Rastplatz, völlig leer mitten in der Nacht. Barney biegt ein, der Wagen rollt aus und hält – aber Barney läßt den Motor laufen, als er aus dem Auto springt:

»Bleib sitzen, Betty, wir fahren gleich weiter. Komm Puck, schnell! Komm endlich!«

Der Hund denkt aber nicht daran, aus seinem Versteck unter dem Sitz hervorzukommen. Und als Barney versucht, ihn da heraus zu holen, fletscht Puck sein Herrchen an und bellt wie vom Teufel besessen.

»Verdammter Köter, was ist mit dir los? Komm schon!«

In diesem Augenblick beginnt auch Betty schrill zu schreien. Ihr Mann dreht sich um und erstarrt. Fassungslos, sprachlos! Das Licht rast wie ein Blitz nach unten und bleibt in einer Höhe von etwa dreihundert Metern über dem Parkplatz stehen. Ja es steht in der Luft! Es schwebt direkt über dem Wagen.

Dann sinkt das *Ding* – jetzt kann wirklich nicht mehr von einem Flugzeug die Rede sein – ganz langsam herab, völlig geräuschlos, und bleibt nur wenige Meter über dem Boden erneut stehen – ziemlich nah vor dem parkenden Wagen der Hills. Wie von einer unerklärlichen Kraft angezogen, geht Barney direkt darauf zu:

»Komm zurück, Barney! Komm zurück! Geh nicht hin! Ich will hier weg!«

Aber der Postbeamte aus Boston ist nicht aufzuhalten. Er denkt überhaupt nicht mehr. Und seltsamerweise verspürt er auch keine Angst. Er will nur endlich wissen, was das Ganze zu bedeuten hat. An UFOs denkt er jedenfalls nicht. Diese Geschichten hat er immer schon für absoluten Unfug gehalten!

Jetzt steht er unmittelbar vor dem... ja, wie soll man's nennen? Luftschiff vielleicht. Es ist rund und flach mit einem Durchmesser von etwa dreißig Metern. Ringsherum erkennt er hinter den Luken die Schatten der Besatzung und Passagiere – oder was sie sonst sein mögen! Es sind viele Personen an Bord.

»Baaaaarney! Komm zurück!«

Obwohl die Schreie seiner Frau in der Nacht bestimmt kilometerweit tragen, hört Barney sie nicht. Er steht fasziniert vor dem *Ding* und beobachtet die Schatten, die ihn anscheinend genauso beäugen. Sie drängen sich um die Luken – aber ohne die geringste Aufregung – langsam und diszipliniert. Was Barney am meisten beeindruckt, ist die unheimliche Stille, die hier herrscht. Eine erdrückende Stille.

Einige Minuten lang tut sich gar nichts. Dann öffnet sich eine Art Schiebetür, und der Umriß einer Gestalt zeichnet sich im Gegenlicht ab, wie eine Statue. Sie bewegt sich nicht, sie sagt nichts. Sie steht nur da – und scheint zu warten. Aber worauf?

Jetzt, endlich, erwacht Barney aus seiner Erstarrung und rennt kopflos zum Wagen zurück, steigt ein und braust los. Wie ein Wilder flitzt er nun die Straße entlang, als gälte es, der Hölle zu entfliehen!

Auch das *Ding* ist wieder gestartet und fliegt über dem

Wagen. Obwohl die Nacht finster ist, sieht man die Straße wie am hellichten Tag, voll beleuchtet von den Strahlern des *Luftschiffes*.
Betty und Barney bringen kein Wort mehr heraus. Nur der Hund heult wie ein Wolf.

Urplötzlich knallt es. Oder es donnert, es brummt oder hagelt, schwer zu sagen. Ein bizarres Geräusch auf jeden Fall. Von den Schilderungen der vielen Autoren, die über dieses Ereignis berichtet haben, stimmt an dieser Stelle keine mit der anderen überein. Es ist nicht einfach, ein Geräusch zu beschreiben, das niemand auf unserem Planeten je gehört hat! Barney und Betty waren später beide unfähig, in Worte zu fassen, was sich in diesem Augenblick genau ereignet hat. Es war so, als ob der Wagen auf einmal stark vibriert hätte und von einem Hagelschauer bombardiert worden wäre. Ja, so ungefähr. Aber es ist ihnen nichts passiert. Besser gesagt, sie wissen nicht, was passiert ist. Sie haben nichts gemerkt, von ihrem unglaublichen Ausflug ins Nichts.

Völlig erschlafft, an das Lenkrad geklammert, fährt Barney durch die Nacht. Neben ihm liegt seine Frau wie in Trance mit weit aufgerissenen Augen.
Sie schleichen an einem Straßenschild vorbei. Darauf steht: »Lincoln – 17 miles«.
»Lincoln?! Schon? Das ist doch unmöglich . . .«, brummt Barney.
»Betty! Wach auf! Wir sind gleich in Lincoln! Das gibt's nicht!«
»In Lincoln? So? Wir sind sehr schnell gefahren.«
»Überhaupt nicht! Wir waren eben noch in Indian Head.«

Das komische Geräusch ist plötzlich wieder da. Jetzt donnert es allerdings nicht mehr, es summt oder pfeift, wie ein in der Ferne vorbeirasender Zug. Und gleich darauf ist es wieder unheimlich still.

»Das Ding ist weg, Betty, ich seh's nicht mehr.«

»Es ist mir alles egal, ich möchte nur endlich duschen! Ich fühle mich ganz glitschig, von Kopf bis Fuß!«

»Wie spät ist es? Meine Uhr ist stehengeblieben?«

Betty schaut auf ihre Uhr:

»Meine Uhr – die ist auch stehengeblieben!«

Etliche Stunden sind vergangen, als sie endlich in Portsmouth vor ihrem Haus anhalten. Nur wissen sie es nicht. Sie haben jegliches Gefühl für Zeit und Raum verloren. Betty rennt sofort zum Badezimmer und duscht sich. Nichts auf der Welt ist ihr im Augenblick wichtiger, als zu duschen! Barney nimmt ein Bad und kratzt sich dabei pausenlos am Bauch. Es juckt unerträglich, aber es ist nichts zu sehen. Keine Mückenstiche, nichts.

Plötzlich ruft Betty ganz erschrocken:

»Weißt du wie spät es ist? Es ist fünf Uhr morgens!«

»Aber . . . wie denn das?«

Bevor sie erschöpft ins Bett fallen, rechnen sie nach. Selbst wenn man die Zeit abzieht, in der sie angehalten haben, und auch wenn man berücksichtigt, daß sie streckenweise langsam gefahren sind, müßte es höchstens 3 Uhr sein! Die Rückfahrt kann niemals so lange gedauert haben! Zwei Stunden mehr als sonst, das ist unmöglich! Wo ist nur die Zeit geblieben?

Am frühen Nachmittag wacht das Ehepaar Hill auf, frisch und munter. Doch als Betty die Kleidungsstücke sieht, die sie am Morgen auf den Boden geworfen hat, steigt ein fürchterlicher Ekel in ihr hoch. Sie packt das ganze Zeug

und wirft es angewidert in eine Schublade. Barney seiner-
seits ist auch verwundert: Die Schuhe, die er getragen
hat, sind in einer solchen Weise zerkratzt, daß er konsterniert davor steht:

»Wie ist das nur möglich? Wie konnte ich meine Schuhe
oben so zerkratzen?«

Ein wenig später ruft Betty ihre Schwester an, erzählt von
den paar schönen Urlaubstagen in Kanada – und selbstverständlich auch von den rätselhaften Geschehnissen
der letzten Nacht. Diese lacht zuerst amüsiert, doch dann
spürt sie die Unruhe von Betty und rät ihr:

»An deiner Stelle würde ich mit Jimmy drüber reden. Er
hat doch ständig mit solchen verrückten Sachen zu tun!«

Jimmy – Doktor der Physik – ist mit seinen dreißig Jahren
bereits die Karikatur eines Wissenschaftlers schlechthin:
Der Kopf kahl wie eine blankpolierte Billardkugel und
rundherum hängen vereinzelte Haarsträhnen herunter.
Er ist kurzsichtig wie ein Maulwurf und trägt eine kleine
runde Brille auf der Nasenspitze. Als die Hills ihm ihr
nächtliches Abenteuer erzählen, ist er keineswegs überrascht, aber auch nicht sonderlich interessiert – doch er
tut wenigstens so, als ob.

»Eure Armbanduhren sind stehengeblieben, sagt ihr?«
»Ja, beide um dieselbe Zeit!«
»Komisch. Vielleicht ein magnetisches Feld in den Ber-
gen. Ich hole meinen Kompaß. Wenn es so ist, müßte
man es an eurem Wagen feststellen können!«

Man kann es. Sowie Jimmy in die Nähe des Wagens
kommt, spielt der Kompaß verrückt. Und noch etwas
kommt Jimmy seltsam vor: Hinten am Kofferraum sind
winzige weiße Punkte zu erkennen ... und gerade diese
Pünktchen bringen den Kompaß völlig um den Verstand.

»Tja, es ist schon recht interessant. Ihr müßt durch ein

ungewöhnlich starkes Magnetfeld gefahren sein, aber auf dieser Strecke? Uns ist bisher nichts davon bekannt! Wißt ihr was? Ruft doch in Pease an.«

Pease ist ein Stützpunkt der Air Force, der damals unter anderem damit beauftragt war, solchen unerklärlichen Vorkommnissen nachzugehen. Als Barney am Telefon seine Geschichte kurz schildert, erntet er nur höfliche Gleichgültigkeit von dem Spezalisten vom Dienst:
»Gut, Mister Hill. Ich habe alles genau notiert. Ich mache einen Bericht darüber und leite ihn weiter.«
»Danke. Und... was meinen Sie? Glauben Sie, daß wir uns alles eingebildet haben... oder daß wir vielleicht verrückt sind?«
»Nein, ganz bestimmt nicht! Oder es müßten sehr viele Verrückte herumlaufen. Wir sind oft nicht in der Lage, diese Art von Erscheinungen zu erklären, aber sie treten öfter auf, überall auf der Welt. Seltsam, aber für uns nichts Ungewöhnliches.

Etwas beruhigt durch den Gleichmut des Experten gehen Betty und Barney wieder ihrem gewohnten Tagewerk nach. Aber es fällt ihnen schwer, denn seit sie aus dem Urlaub zurückgekehrt sind, geht es Barney gar nicht gut. Es ist nun vier Wochen her, und er macht sich allmählich ernste Sorgen wegen der Warzen, die sich kreisförmig auf seinem Unterbauch gebildet haben und immer stärker wuchern. Der Hausarzt kann sich keinen Reim darauf machen – und bis jetzt hat auch kein Mittel dagegen geholfen. So gern Betty und Barney also die Nacht vom 19. September vergessen möchten, dieser Ring von Warzen erinnert sie ständig daran. Was ist damals passiert? Die fehlenden zwei Stunden dieser Nacht werden bei ihnen zur fixen Idee.

Ohne mit ihrem Mann darüber zu sprechen, kauft sich Betty mehrere Bücher über die berüchtigten UFOs – und sie schreibt einen ausführlichen Brief über das, was sie erlebt haben, an das bekannteste Institut in den USA, das sich wissenschaftlich mit »außerirdischen Erscheinungen« beschäftigt. Dieses Mal läßt die Antwort nicht lange auf sich warten. Schon ein paar Tage danach meldet sich ein Spezialist bei den Hills.

Genauso wie ein Kollege von Pease hört auch er zuerst ziemlich gelangweilt zu. Doch je länger das Gespräch dauert, um so mehr beginnt er die Sache ernst zu nehmen. Denn dieses Ehepaar wirkt keineswegs so hysterisch, wie die meisten Leute, die er nach ihren angeblichen Treffen mit »kosmischen Wesen« besuchen muß. Außerdem geht es den Hills überhaupt nicht darum, berühmt zu werden – sie erwarten von ihm nur eines – und zwar einen Rat: Wie behandelt man solche Warzen? So verrückt es auch klingen mag, die Hills sind fest davon überzeugt, daß sie irgend etwas mit diesem Loch in der Nacht zu tun haben.

»Also Mister Hill, wenn diese Warzen nicht da wären, würde ich Ihnen raten, zu einem Psychotherapeuten zu gehen. Aber sie sind da! Was mich stutzig macht, ist diese Form, dieser Ring. Sie sagten doch, Sie hätten das Gefühl gehabt, hypnotisiert worden zu sein?«

»Ja, genau ... und wir können uns an nichts, absolut nichts erinnern.«

»Nun, ich schlage Ihnen vor, sich von einem Hypnotiseur behandeln zu lassen. Melden Sie sich bei Benjamin Simon in Boston an. Er arbeitet eng mit unserem Forschungsinstitut zusammen. Sie haben bestimmt schon von ihm gehört?

»Ja, sicher! Wer kennt Doktor Simon nicht?«

Benjamin Simon ist in der Tat auf dem Gebiet der Hypnose in der Psychotherapie weltberühmt geworden – durch seine Bücher und selbstverständlich auch durch das Fernsehen. Selbst die gestrenge Schulmedizin beugt sich demütig, wenn auch ungläubig, vor den spektakulären Erfolgen des Hypnotiseurs. Er ist eine Autorität – weit und breit von allen anerkannt. Kein Scharlatan und auch kein Modearzt, der auf der kommerziellen Welle der Hypnose reitet und zahlungskräftige, eingebildete Kranke um ihre Dollars erleichtert. Für Simulanten hat er keine Zeit, und er entlarvt sie meist schon bei der ersten Sitzung.

Doktor Benjamin Simon behandelt also die Hills. Monatelang. Und er beschäftigt sich sogar jahrelang mit diesem Fall.

Obwohl dies alles schon viele Jahre zurückliegt, bereitet der *Fall Hill* heute noch den Wissenschaftlern in aller Welt Kopfzerbrechen. Einzig und allein aus diesem Grund geben wir nun den endgültigen Bericht wieder, den Doktor Simon damals veröffentlichte. Wir erlauben uns nicht, den Inhalt als durchaus wahr und authentisch hinzustellen.

Aber auch nicht, als unwahr. Wir erheben nicht den Anspruch, klüger zu sein, als die Wissenschaft. Wir berichten nur, was Barney und Betty Hill unter Hypnose erzählt haben.

Zuerst Barney Hill:
»Ich stehe auf dem Rastplatz vor einem runden ... Objekt. Es blendet wie ein Stern ... Es öffnet sich und ein menschenähnliches Wesen steht vor mir. Es bewegt sich nicht, aber ich höre, wie es zu mir sagt: ›Haben Sie keine Angst!‹ ... Es spricht aber nicht ... ich höre nur den Sinn in ... meinem Gehirn ... und ich sehe mit seinen Au-

gen . . . Ich sehe mich vor ihm stehen . . . und ich sage zu mir . . . ›Hab keine Angst‹ . . . Sein Kopf ist klein . . . rund . . . es hat Katzenaugen . . . Es lächelt nicht, aber ich weiß, daß es freundlich ist . . . ich spüre das . . . Trotzdem renne ich zum Wagen zurück . . . Ich fahre los . . . und gleich darauf höre ich ein Brummen . . . Das Objekt schwebt direkt vor dem Wagen . . . ein langer Strahl holt mich heraus . . . aber ich habe keine Angst . . . Ich sehe alles mit anderen Augen . . . ich beobachte mich selber, wie ich auf einem Operationstisch liege . . . ich fühle nichts . . . Niemand spricht . . . Ich spüre etwas kaltes auf meinem Bauch . . . das ist alles . . .«

Betty Hill – auch unter Hypnose – erzählt Doktor Simon: »Ich liege in einem grellen Raum neben Barney und sehe, wie ein Mann mit dunkelgrauem Gesicht und blendenden Augen . . . so wie Katzenaugen in der Nacht – einen Ring aus Metall auf den Bauch von Barney legt . . . Ich schreie . . . jemand streichelt meine Stirn . . . ich habe keine Angst mehr . . . Ich höre eine Stimme . . . ich verstehe die Töne nicht . . . aber ich weiß, was sie bedeuten . . . Man untersucht meinen ganzen Körper . . . Blut wird mir abgenommen . . . und auch ein Stückchen Haut . . . Ich fühle, wie kleine Nadeln mich von Kopf bis Fuß abtasten . . . Es tut nicht weh. Dann stehe ich auf . . . ich gehe zu Barney . . . er schläft . . . Der Operateur fragt mich, warum bei Barney einige Zähne aus Gold sind und bei mir nicht . . .«

In langen Sitzungen erfährt schließlich Doktor Benjamin Simon, wie diese . . . Wesen ausgesehen haben. Barney Hill hat sie so gesehen:
»Sie sind kleiner als wir . . . der Kopf ist viel größer . . . Die Augen drehen sich unabhängig voneinander . . . und

sie drehen sich auch nach hinten . . . sie leuchten durch einen Spalt von oben nach unten . . . Der Mund ist nur ein Strich . . . die Haut ganz grau . . . dunkelgrau wie Erde, oder wie Metall . . .«

Betty Hill hat sie anders gesehen:
»Sie sind so groß wie ich . . . die Haare sind glatt und schwarz . . . der Kopf sehr groß und nach unten zu ganz spitz . . . Die Augen sind auf der Seite . . . und sie drehen sich einzeln nach hinten und nach vorn . . . die Nase ist sehr lang und spitz . . . die Haut grau wie Asche . . . die Lippen dünn und schwarz . . . die Augen leuchten . . . aber nur manchmal . . . und . . . einzeln . . . sie blenden . . .«

Trotz der Unterschiede in den Schilderungen von Barney und Betty – die Übereinstimmungen sind frappierend.
Übrigens, nicht nur Doktor Simon befragte das Ehepaar unter Hypnose. Der *Fall Hill* wurde in den sechziger Jahren so berühmt, daß Betty und Barney immer wieder alle erdenklichen Untersuchungen über sich ergehen lassen mußten.

Was immer in der Nacht vom 19. zum 20. September 1961 tatsächlich geschehen ist oder auch nicht, einige Fragen konnten bis heute von niemandem geklärt werden.
– Warum sind beide Armbanduhren stehengeblieben?
– Wie konnten die Hills so schnell von Indian Head bis Lincoln fahren?
– Warum kamen sie dann zwei Stunden später an als sonst?
– Und vor allem, woher kamen plötzlich die Warzen am Unterbauch von Barney?

Sie verschwanden erst nach zwei Jahren – urplötzlich, so wie sie entstanden waren – nach der letzten Sitzung beim Hypnotiseur.

Versiegt wie ein Wadi in der Wüste

Seit uralten Zeiten wird überall auf der Welt von manchen Menschen berichtet, sie besäßen eine Gabe, die man »Zweites Gesicht«, »Drittes Auge« oder »Sechsten Sinn« nennt – sie verfügten über geistige Kräfte, die über die normalen fünf Sinne hinausgehen und die Grenzen der Alltagswirklichkeit überschreiten. Schamanen haben den Rat ihrer Götter eingeholt, Heilige haben Visionen gehabt und Orakel den Tod von Königen prophezeit.

Von Zeit zu Zeit spüren auch ganz gewöhnliche Menschen, wie ihnen für einen Moment unerklärliche und unheimliche Fähigkeiten zuwachsen. Das war schon immer so – und bis in unsere heutigen, hochtechnisierten Tage hat sich daran nichts geändert. Immer wieder gibt es Menschen, die behaupten, solche Erfahrungen seien ihnen zuteil geworden – sie sprechen von Telepathie oder Vorahnung, von Hellsehen oder gar von Zauberkräften. Die verschiedensten Wissenschaftler suchen solchen Phänomenen auf alle mögliche Weise beizukommen, doch konnte man sie bis heute nur sehr unvollkommen erklären. Das darf uns aber nicht zu dem Vorurteil verleiten, all das wäre reiner Unfug. Mit einer solchen Einstellung macht man es sich ganz bestimmt zu leicht! Selbstverständlich steht es jedem frei, skeptisch zu sein.

»Mein herzliches Beileid . . . es ist so schrecklich . . .«
»Danke . . . ja.«

»Herzliches Beileid … wir sind immer für Sie da, wenn Sie uns brauchen …«

»Danke, ja, vielen Dank.«

»Mein Beileid, Monsieur Nieto, sie war noch so jung!«

Das ganze Dorf ist auf dem kleinen Friedhof versammelt, und jeder murmelt verlegen die üblichen nichtssagenden Worte, schüttelt den verzweifelten Eltern die Hand und huscht dann auf leisen Sohlen dem Ausgang zu. Alle sind bemüht, sich *normal* zu verhalten – das heißt, sie tun so, als ob sie die Anwesenheit des Pfarrers nicht bemerkten. Dieses Mädchen durfte nämlich nicht kirchlich beerdigt werden. Nur beten kann man für die 19jährige, die sich im September 1983 aus Liebeskummer das Leben genommen hat.

Die Nachbarn und Arbeitskollegen, die Schulfreunde und Lehrer, die entfernten Cousinen und Großonkel, die man nur ein paarmal im Leben, eben auf Beerdigungen trifft, sie alle warten jetzt draußen auf dem Kirchplatz – schön getrennt voneinander in kleinen Gruppen. Die »Zeremonie« ist vorüber, aber keiner geht nach Hause, auch diejenigen nicht, die gar nicht zum obligatorischen Leichenschmaus gebeten wurden. Es wird allerhand gemunkelt: »Also, wenn du meine Meinung hören willst, da ist etwas faul an der Sache!«. »Ja, das glaube ich auch, die vertuschen etwas!« »Das kann man ja machen, wenn man mit der Polizei befreundet ist, zweimal ist einmal zu viel!«

Raymond, der Dorfpolizist, steht noch zusammen mit den Eltern vor dem Grab und er versucht jetzt, sie behutsam davon wegzuführen, bevor die Totengräber die geöffnete kleine Gruft mit beiden Särgen wieder zumauern – ja, mit beiden Särgen:

»Kommt, alle warten schon auf euch.«
»Raymond, ich muß unbedingt mit dir reden!«
»Ich bleibe bei euch, solange du willst.«
»Das meine ich nicht! Ich muß dir etwas erzählen.«

Der Gendarm wundert sich über den harten Ton des Vaters, der eben noch völlig gebrochen war – und er wundert sich noch mehr über die erschrocken aufgerissenen Augen der Mutter. Haben die Dorfleute doch recht, wenn sie behaupten, es ginge hier nicht mit rechten Dingen zu?
»Komm heute abend zu uns, Raymond, dann erzähle ich dir die ganze Geschichte. Vielleicht kannst du mir helfen, die Wahrheit herauszufinden. Ich halte es nicht mehr aus, es ist zu viel geschehen. Ich muß endlich wissen, was *aus den anderen* geworden ist!«
Am Spätnachmittag, gleich nach Dienstschluß, geht Raymond schnell zu dem Haus der Familie Nieto. Er kennt die tragische Geschichte, aber wozu hat man Freunde, wenn sie an einem solchen Tag nicht zuhören können. Nur ein kleiner Satz machte vorhin den Polizisten stutzig: *was aus den anderen geworden ist*? Aus welchen anderen?
»Ach, Raymond! Bist du schon da! Es tut mir leid . . . vorhin auf dem Friedhof bin ich durchgedreht. Es war nichts Besonderes. Es geht schon besser. Möchtest du etwas trinken? Marie hat sich hingelegt, hoffentlich kann sie einschlafen, nett, daß du gekommen bist!«
Jean Nieto benimmt sich anders als sonst und schon gar nicht wie ein Vater, der erst vor ein paar Stunden seine Tochter beerdigt hat. Er spricht aufgeregt, ja aufgedreht, ohne Punkt und Komma, läuft unruhig hin und her von der Küche ins Wohnzimmer, offenbar ohne zu überlegen, was er tut und was er sagt. Er spricht sogar über das Wetter:

»Gott sei Dank schien heute die Sonne. Bei der Beerdigung von Jeanne hat's geregnet, erinnerst du dich?
»Ja. Du wolltest mir etwas über *die anderen* erzählen . . .«
»Ach, vergiß es, bitte Raymond, vergiß es!«

Die beiden Männer schauen sich einen Augenblick an – ohne ein Wort. Irgend etwas steht zwischen ihnen wie eine Mauer – das spürt Raymond, aber er stellt keine Fragen mehr. Der Vater setzt sich an den großen Eßtisch, schenkt sich und Raymond ein Glas Wein ein, Raymond trinkt einen Schluck und lehnt sich in seinem Stuhl zurück, bereit, den ganzen Abend bei seinem Freund zu bleiben – auch wenn der nicht sprechen will.
Nach einer Weile wirft Jean Nieto die Arme über den Tisch, legt seinen Kopf darauf und beginnt zu schluchzen wie ein kleines Kind. Seine ganze Verzweiflung kommt endlich heraus.
Raymond versucht in diesem Augenblick nicht, ihn zu trösten – später vielleicht.
Er steht lieber auf und geht automatisch, ohne etwas Bestimmtes zu suchen, zum Bücherregal und wirft einen Blick auf die Titel. Er kennt Jean erst seit gut zwei Jahren, seit die Familie Nieto in den Ort gezogen ist – und er war nur ein paarmal hier im Haus. Meistens treffen sie sich in der Dorfkneipe und spielen Karten mit dem Apotheker, oder sie gehen zusammen zur Jagd und zum Fischen. Im Grunde genommen weiß Raymond wenig über Jean. Er hatte zum Beispiel keine Ahnung, daß er sich so sehr für die Magie interessiert. Das Regal steht voll von Büchern und Fachzeitschriften und allerlei Heften über Parapsychologie, Okkultismus und Spiritismus. Er nimmt eines heraus, blättert darin und wird immer nachdenklicher, als er merkt, daß Jean diese Bücher nicht nur liest, sondern anscheinend regelrecht durchar-

beitet. Auf fast jeder Seite hat er sich Notizen gemacht, hat Zeilen unterstrichen, Zusätze und vergleichende Seitenzahlen an den Rand geschrieben – wie ein Student, der Belege für eine Doktorarbeit sammelt.

Raymond, der in seine Lektüre vertieft ist, erschrickt, als die Stimme seines Freunde auf einmal das Schweigen bricht:

»Es hat mich jemand verflucht! Ein Fluch liegt auf mir! Lach mich ruhig aus, ich weiß es besser!«

An einem anderen Tag, unter anderen Umständen, hätte der Polizist ihn tatsächlich ausgelacht – heute nicht. Und er antwortet, so als sprächen sie wieder über das Wetter:

»An deiner Stelle würde ich bestimmt auch an so etwas glauben. Zuerst Jeanne, dann Catherine . . .«

»Das ist es nicht allein, du weißt nichts *von den anderen* . . .«

Raymond kennt – so wie alle Leute im Dorf – das tragische Schicksal, das die Familie Nieto seit genau einem Jahr heimsucht. Aber niemand ahnt, was vor 1981 geschehen ist. Darüber haben Jean und Marie Nieto niemals gesprochen, und auch ihre Töchter Jeanne und Catherine nicht.

Eines Tages, Anfang 1981, zogen sie in dieses Dorf und lebten sich bald ein. Sie wurden von der kleinen Landgemeinde freundlich aufgenommen und fanden schnell Kontakt zu den alteingesessenen Bewohnern. Jeanne war damals sechzehn Jahre alt und Lehrmädchen bei einem Bäcker in der Stadt, dreißig Kilometer vom Dorf entfernt. Sie hatte ein Zimmer im Haus des Bäckers, und fuhr nur am Wochenende heim.

Mitten im Sommer verliebte sie sich in einen jungen Kellner, der jeden Morgen in der Bäckerei frische Baguettes für sein Restaurant holte. Ein sehr netter Mann, aber schon verheiratet und Familienvater. Als er merkte, daß die Schwärmerei des hübschen Lehrmädchens tiefer ging, gab er Jeanne schonend, aber eindeutig zu verstehen, er liebe seine Frau und sein Kind und habe keineswegs die Absicht, untreu zu werden und noch dazu eine Minderjährige zu verführen.

Jeanne steigerte sich immer mehr in ihren Liebeskummer hinein und war nach einem Jahr so verzweifelt, daß sie nicht länger leben wollte. Ihre Schwester Catherine fand sie an einem Septembermorgen tot in ihrem Bett. Sie hatte sich mit einer Mischung aus Rattengift und Schlaftabletten das Leben genommen.

Die älteste Tochter der Nietos war hinfort wie besessen von Rachegefühlen. Sie machte einzig und allein den Kellner Patrick für den Freitod ihrer Schwester verantwortlich – und eines Tages fuhr sie in die Stadt, um ihm ins Gesicht zu sagen, wie sehr sie ihn haßte. Sie kehrte völlig verwandelt zurück.

Die entsetzten Eltern erkannten bald, daß Catherine die unglückliche Liebe ihrer Schwester – wie zwanghaft – übernommen hatte. In seiner Angst besuchte Monsieur Nieto den Kellner und flehte ihn an, seine letzte Tochter, sein letztes Kind, nie wieder zu treffen. Aber Patrick trug wirklich keine Schuld, er tat sowieso schon alles Erdenkliche, um sich das Mädchen vom Halse zu halten. Er bemühte sich allerdings, Catherine dabei nicht zu verletzen. Er hatte großes Mitgefühl für sie.

Nun, genau ein Jahr nach der Beerdigung der jüngeren Tochter – auf den Tag genau, wurde auch Catherine beerdigt. Aus den gleichen Gründen wie Jeanne hatte sie nicht mehr leben wollen. Sie erhängte sich im Wald.

Zwei Selbstmorde in einer Familie – gewiß, ein tragisches Schicksal! Aber an einen Fluch zu glauben? Für den ersten Freitod bedarf es keiner Erklärung – so etwas kommt leider alle Tage vor. Und für den zweiten? Nun, Psychiater sprächen hier wahrscheinlich von einer Zwangsneurose, hervorgerufen durch den Selbstmord der jüngeren Schwester – von einem Fall von romantischem Wahn bei einer psychisch labilen Person.

So ungefähr betrachtet Raymond die Sache, und selbst wenn sein Freund heute, nachdem er gerade sein zweites Kind verloren hat, von einem Fluch spricht, der auf seiner Familie liegt, so kann er ihn gut verstehen – aber alle diese Bücher über Fluchformeln und Parapsychologie stehen doch schon länger hier im Regal. Jean beschäftigt sich seit Jahren mit diesem Thema. Das sieht man an den Notizen, die er sich gemacht hat. Und vor dem heutigen Tag konnte er ja nicht ahnen, was mit Catherine geschehen würde – oder vielleicht doch?

»Jean, du wolltest mir etwas erzählen, du sagtest, du brauchst meine Hilfe. Wozu? Was soll ich für dich tun?«

»Nachforschen. Du bist bei der Polizei, vielleicht kommst du weiter als ich.«

»Aber Jeanne und Catherine wurden nicht ermordet, auch nicht in den Selbstmord getrieben, da hat die Polizei nichts zu suchen.«

»Ich weiß. Ich glaube nur, daß du als Polizist mehr Möglichkeiten, mehr Routine hast als ich.«

»Das schon, aber worum geht es? Was quält dich? Wer sind die anderen?«

»Das ist eine lange Geschichte, eine alte Geschichte . . . Ich will dir alles erzählen, aber unterbrich mich nicht. Hör nur zu, bis ich fertig bin!

Ich habe nicht nur zwei Kinder verloren, sondern vier. Und alle meine vier Kinder sind in den letzten acht Jahren gestorben. Niemand im Dorf weiß es. Wir wohnten bis vor drei Jahren in der Nähe von Metz, weit weg von hier. Mein Sohn, er wäre heute vierundzwanzig, hatte gerade seine Lehre bei den Elektrizitätswerken begonnen, er starb vor acht Jahren auf einer Baustelle – durch einen Stromschlag. Zwei Jahre später habe ich meine jüngste Tochter verloren. Nathalie. Sie war erst sieben! Eines Tages kam sie nicht von der Schule zurück. Die Polizei fand ihre Leiche erst am nächsten Tag, unter einer Brücke. Es war ein Unfall! Wahrscheinlich hatte sie sich auf das Brückengeländer gesetzt und war hinuntergestürzt auf die Gleise der stillgelegten Eisenbahnstrecke. Nein! Unterbrich mich nicht! Bitte. Ich weiß, was du sagen willst, Verhängnis, Schicksal, auch Trauma Ja, auch dieses Wort habe ich aus den vielen Büchern gelernt. Eine Art Trauma, hervorgerufen durch die ersten beiden Todesfälle hätte die anderen zwei Mädchen so überwältigt, daß sie dann unbewußt den Wunsch in sich trugen, auch zu sterben . . . Ich wünschte, es wäre so! Weiß Gott, ich wünsche es! Ich hätte dann eine vernünftige Erklärung! Sonst, die andere Erklärung . . . die wäre zum Verrücktwerden!«

»Du hältst eine andere Erklärung für möglich?«

»Ja, Raymond, vor fünfundzwanzig Jahren hat mich jemand verflucht. Der Fluch verdammte mich dazu, ohne Nachkommen zu sterben, mein Name sollte ausgelöscht werden!

Wir waren fünf, fünf junge Männer, die mit demselben Fluch belegt wurden . . . Raymond, ich habe meine vier Kinder verloren, jetzt muß ich herausfinden, was aus den Männer geworden ist, die mit mir zusammen waren. Willst du mir dabei helfen?«

»Ja. Wir werden sie finden!«

Es war 1957 in Algerien, mitten im Kolonialkrieg. Fünf Soldaten der französischen Armee sind damals als Spähtrupp in die Aurès – eine einsame Gebirgsgegend südlich von Algier, abkommandiert worden. Fünf Männer: ein Lieutenant, drei junge Rekruten aus Frankreich und Youssef, ein Harki, also ein Algerienfranzose, der sich freiwillig zur Armee gemeldet hatte.

Der Feind heißt hier *fellagha*. Immer und überall liegt er auf der Lauer, Felsen und Dünen, immer sprungbereit mit seinem tödlichen Messer. Wenn er auftaucht, darf man nicht lange überlegen. Da gilt nur: Er oder ich – Mann gegen Mann.

Nach anderthalb Tagen Fußmarsch kommen die fünf Soldaten in ein Wüstendorf, das Hals über Kopf verlassen worden ist. In einer Hütte finden sie die Leichen von drei jungen Franzosen, die von den fellaghas auf grausame Weise verstümmelt wurden.

Youssef, der Harki, schweigt bei dem Anblick. Der Lieutenant und seine drei Gefreiten – blind vor Wut – schwören Rache.

Die kleine Gruppe sucht das ganze Dorf ab – niemand! Anscheinend haben nach dem Kampf alle Bewohner die Flucht ergriffen. Doch im letzten Haus, ein wenig abseits, da ist noch jemand! Ein etwa zwölfjähriges Mädchen. Sie hat sich in eine Ecke verkrochen, sie ist allein in der Hütte.

Was dann passiert, wollen wir nicht mit allen Einzelheiten schildern. Nur so viel: voller Haß stürzen sich die Soldaten auf das Mädchen und vergewaltigen sie – auch Youssef ist mit von der Partie. Jean Nieto, damals 21 Jahre alt – hat den Befehl, draußen Wache zu schieben, er soll später auf seine Kosten kommen. Doch daraus wird nichts mehr. Das Mädchen war doch nicht allein in der Hütte – ihr Großvater, ein hinfälliger alter Maghrebinier, der nicht mehr die Kraft hatte, der Kleinen zur Hilfe zu kommen, war in seinem Versteck geblieben – bis er es nicht mehr ertragen konnte. Plötzlich taucht er aus dem

Dunkeln auf und hebt drohend die Faust. Youssef übersetzt. Auch Jean Nieto ist jetzt hereingekommen, gerade rechtzeitig, um den Fluch mit anzuhören: »*Euer Blut soll versiegen, wie das Wasser des Wadis in der Wüste!*«

Es waren seine letzten Worte. Youssef erklärt den anderen am Abend, was das zu bedeuten hat:

»Der Alte hat uns mit einem Fluch belegt – wir hier glauben daran. Es heißt, unser Blut soll ausgelöscht werden – wir sollen keine Nachkommen haben.«

»Und du glaubst, so ein blöder Fluch wirkt?«

»Ja. Wir werden sehen...« Jean Nieto ist mit seiner Erzählung am Ende. Er trocknet sich die Stirn und seufzt: »Verstehst du jetzt? Bei mir ist alles eingetroffen. Meine vier Kinder sind tot. Es hat lange gedauert, aber der Fluch hat gewirkt! Ich habe bezahlt!«

»Wie heißen die anderen Vier? Wo wohnen sie?«

»Das weiß ich doch nicht! Würde ich dich sonst bitten, mir zu helfen?! Bis heute habe ich mit niemandem darüber gesprochen! Ich konnte nicht, ich schäme mich noch heute! Ich hab' das Mädchen zwar nicht angerührt, aber doch nur, weil der Alte dazwischen kam. Ich will nichts beschönigen, ich bin genauso schuldig!«

»Wenn du dich nicht einmal mehr an die Namen der anderen erinnerst, dann ist es schwierig! Ich sehe nur eine Möglichkeit, man müßte im Verteidigungsministerium nachfragen. Wir brauchen die Genehmigung, in den Archiven der Rekrutenlisten von damals durchzusehen. Wenn du die Namen liest, erkennst du sie vielleicht wieder? Aber wie sollen wir die um Himmels Willen finden? Ich bin schließlich nur ein Dorfpolizist!«

»Versuch's trotzdem! Du kennst doch ein paar Kommissare und Inspektoren in Paris. Erzähl ihnen meine Geschichte! Es ist mir jetzt egal, wenn alle Welt erfährt, was wir manchmal in Algerien für Schweine gewesen sind!«

Es dauerte fast ein Jahr, bis Raymond und Jean endlich eine Photokopie mit allen Namen des Spähtrupps erhielten, der Ende 1957 in die Aurès abkommandiert war: Dreißig Namen insgesamt. Und Jean Nieto erinnerte sich an die vier Soldaten seiner kleinen Gruppe. Nur bei dem Harki war er sich nicht sicher. Auf der Liste standen zwei Youssef. Den Familiennamen hat er sich nie merken können.

Und es dauerte ein weiteres Jahr, bis sie die Spuren der vier anderen ausfindig machten. Innerhalb von knapp dreißig Jahren waren alle mehrmals umgezogen, hatten ihre Arbeitsstelle gewechselt – sie zu finden war nicht einfach.

Aber Jean und Raymond schaffen es. Beim ersten Besuch werden sie nicht gerade freundlich empfangen:

»Ja, ich heiße Youssef! Und ich bin Franzose genau wie Sie! Was ich vor dreißig Jahren gemacht habe? Ob ich in Algerien war? Das geht Sie einen Dreck an! Aber ich verrate es Ihnen trotzdem. 1957, da war ich in Algier, sieben Monate lang im Krankenhaus, verwundet auf dem Felde der Ehre! Ja, im Kampf um Algerien . . . mit einer französischen Uniform! Wollen Sie die Narben sehen?«

Es war der falsche Youssef. Der andere, der echte, kann keine Fragen mehr beantworten. Er liegt auf dem Friedhof. Sein Sohn, sein einziges Kind, hat ihn in einem Anfall von algerischem Patriotismus erstochen. Er machte seinen Vater für das elende Leben in Frankreich, fern von der Heimat, verantwortlich.

Aber nicht der Vater, sondern der Sohn ist in unserem Fall von Bedeutung: Nach dem Mord an seinem Vater hat er sich in der Jugendstrafanstalt erhängt. Er war siebzehn Jahre alt!

Der Harki Youssef hat keine Kinder mehr.

In einer kleinen Stadt im Norden Frankreichs trifft Jean Nieto nach dreißig Jahren auf den zweiten Mann, der damals dabei war. Es geht ihm anscheinend sehr gut. Er ist ein erfolgreicher Baumeister und glücklich verheiratet:

»Schön, dich wiederzusehen, Jean! Was ist aus dir geworden?«

Jean erzählt alles, auch was er über Youssef erfahren hat. Der joviale Baumeister wird immer stiller. Und dann sagt er:

»Sechs Monate nach meiner Hochzeit hatte ich einen Unfall auf der Baustelle. Beckenbruch und noch einiges mehr. Ich konnte keine Kinder mehr haben.«

Bei der nächsten Adresse auf der Liste macht eine alte Frau die Tür auf und fängt gleich zu weinen an, als Jean sie nach ihrem Sohn fragt:

»Was aus ihm geworden ist? Als er aus Algerien zurückkam, hat er uns gesagt, daß er Pfarrer werden will. Aber die Kirche hat ihn nicht haben wollen . . . ich weiß nicht, was er dort alles erzählt hat. Er war verzweifelt. Kurz darauf ist er zu irgend einer Sekte gegangen. Drei Jahre lang ist er dort geblieben, wir haben ihn nur noch gesehen, wenn er von uns Geld für seinen Guru haben wollte. Am Ende war er nur noch Haut und Knochen, und allmählich hat er den Verstand verloren! Er kam in eine geschlossene Anstalt. Dort ist er vor drei Jahren gestorben.«

Der letzte auf der Liste ist kerngesund, verheiratet und hat ein Kind. Ein Kind, das lebt! Ein fröhliches Kind, einen fünfzehnjährigen, gesunden Jungen! Aber der Schein trügt – dieses Kind wird niemals erwachsen werden. Geistig ist er sechs Jahre alt und er wird niemals älter. Als die Mutter damals die schreckliche Wahrheit über die geistige Krankheit des Buben erfuhr, hat sie beschlossen, nie wieder schwanger zu werden. Heute ist sie fünfzig Jahre alt. Der Lieutenant wird keine Kinder mehr haben.

Das ist alles. Wir stellen fest:
Das Blut der fünf verfluchten Männer wird versiegen wie ein Wadi in der Wüste.

Ein überflüssiger Mann

Bukarest 1939. Gedämpftes Licht in einem trostlosen Hotelzimmer. Obwohl die Fensterläden geschlossen sind, dringen die warmen Spätsommer-Sonnenstrahlen durch die morschen Holzlamellen herein – die Luft ist stickig, es riecht nach Hinterhof und Geheimnistuerei.
Ein Mann und eine Frau, ganz nackt, sammeln hastig ihre Kleidungsstücke zusammen, die um das aufgewühlte Bett herumliegen: Ein Liebespaar auf frischer Tat ertappt.

Ein Eindringling tobt nicht, er schreit nicht, ja er bringt überhaupt kein Wort heraus. Er fährt nur nervös mit den Fingern durch seine klebrigen, spärlichen Haare und verrät so seine Erregung. Er ist sehr blaß – aber er beherrscht sich. Er nimmt es fatalistisch hin, als hätte es nicht anders kommen können. Ratlos steht er vor der nackten Wahrheit: Er ist ein betrogener Ehemann – ein Hahnrei!
Diese banale Szene spielt sich Ende September 1939 ab. Erst vor einem Monat haben Deutschland und Rußland jenen scheinheiligen Nichtangriffspakt unterzeichnet – den berüchtigten »Stalin-Hitler-Pakt« – und schon eine Woche später, am 1. September, marschierten die deutschen Truppen in Polen ein. Der Zweite Weltkrieg hatte begonnen... um 4 Uhr 45. Seitdem haben Bomben, Kanonen und Granaten das Wort und lehren die Menschen das Fürchten – die Angst ums Überleben – dort, in

Polen. Aber Polen ist gar nicht so weit weg! Sind sie also nicht lächerlich, diese drei Menschen in dem trostlosen Hotelzimmer in Bukarest? Dieses Paar, in flagranti ertappt, und der Hahnrei, der bedeppert davor steht, als schäme er sich, gestört zu haben? Die junge Frau hat schnell ihren nackten Körper mit dem Laken verhüllt und sitzt stumm auf der Bettkante; sie starrt auf den Boden, zusammengekrümmt, als erwarte sie gleich eine Tracht Prügel.

Ihr Liebhaber – ein Mann von athletischer Statur – gewinnt als Erster wieder die Fassung und erklärt mit tiefer, feierlicher Stimme:

»Herr Holdorf, erlauben Sie, daß ich mich anziehe ... ich stehe Ihnen gleich zur Verfügung.«

Der Hahnrei zieht verwundert die Brauen hoch – es ist ihm deutlich anzumerken, daß er nicht recht versteht, was sein Rivale darunter versteht: »... ich stehe Ihnen gleich zur Verfügung ...« Wozu denn?

»Ich nehme an, daß Sie von mir eine Erklärung erwarten, Herr Holdorf?«

»Höh ... nun ... was gibt es hier noch groß zu erklären?«

Gewiß, alle Gehörnten der Welt geben irgendwann eine lächerliche Figur ab – das liegt in der Natur der Sache. Doch dieser hier ist mehr als lächerlich, er macht einen ausgesprochen erbärmlichen Eindruck! Andererseits wirkt er irgendwie auch sehr rührend.

Herr Holdorf ist klein und beleibt, sein Gesicht rund wie ein Pfannkuchen. Die schmutzige Brille rutscht ihm auf die lange Nase; der Schnurrbart, gelbbraun von Nikotin gefärbt und nach oben gezogen, paradiert unter den leeren Augen. Ein sehr trauriger Mann, und außerdem viel zu ruhig! Neben dem gutaussehenden Rivalen fühlt er sich von vornherein geschlagen und wartet beinahe unterwürfig, während der Ehebrecher würdig in seine Hose hineinschlüpft. Ausgerechnet in diesem Augenblick hält es der Geliebte auch noch für angebracht, mit seiner Verteidigungsrede zu beginnen:

»Herr Holdorf, glauben Sie mir, wir bedauern diese schmerzliche, peinliche Situation. Colette wollte schon lange mit Ihnen reden, doch ... nun ja, sie traute sich nicht! Sie mag Sie sehr, wissen Sie!«

Der Ehemann sagt immer noch nichts und schaut aufmerksam zu, wie der Andere sein Hemd zuknöpft, es dann sorgfältig in die Hose steckt und seinen Gürtel zuschnallt.

»Ja, Herr Holdorf, Colette mag Sie wirklich sehr, und ich bin der Meinung, daß sie weiterhin Ihre Hochachtung verdient.«

Daraufhin kriecht der Geliebte auf allen vieren und sucht seine Schuhe unter dem Bett, aber er redet dabei weiter, ganz selbstverständlich:

»Wissen Sie, Herr Holdorf, die Sache ist nicht so, wie Sie vielleicht jetzt annehmen. So einfach ist es nicht. Colette und ich, wir lieben uns! Und wir hoffen beide, daß Sie Verständnis haben werden.«

Endlich rafft sich der Hahnrei auf und stammelt die kümmerliche Frage: »Wie lange geht das schon?«

»Sechs Monate.«

Sechs Monate. Und er hat davon nichts geahnt! Es ist also noch ernster, als er zuerst dachte. Diese Kindfrauen mit ihrer Unschuldsmiene können ein ungeheuerliches Talent entwickeln, Männer zu vernichten! Jetzt redet auch sie, so als wolle sie um Verzeihung bitten, ihre Puppe kaputt gemacht zu haben:

»Paul, bitte, sei nicht traurig ... ich wollte dir nicht weh tun! Und außerdem, weißt du, wenn du bis jetzt nicht

verhaftet wurdest, dann verdankst du es nur ihm! Ja, er
hat dich gerettet!«
»So?«

Paul Holdorf wendet sich wieder seinem Rivalen zu.
Keine Frage – er ist ein sehr attraktiver Mann. Jetzt, da
er angezogen ist, wirkt er sehr elegant, sehr distinguiert
und selbstsicher. Ein Mann von Welt. Er spricht auch
sehr gewählt.
»Ich bin Journalist. Seit Beginn der Diktatur in Rumänien bin ich hier zwar nicht besonders gern gesehen,
aber trotzdem, ich habe noch gute Beziehungen, die
sich als sehr nützlich erweisen. Ich habe Freunde in
vielen Botschaften. Als Colette mir sagte, daß Sie –
genauso wie ich – Exilösterreicher russischer Abstammung sind, da war es für mich eine Selbstverständlich-
keit, auch Sie von meinen Beziehungen profitieren zu
lassen.«
Der Ehemann mustert den Journalisten und spürt dabei
unwillkürlich eine Spur von Bewunderung für diesen
Mann, der gerade dabei ist, ihm seine Frau zu stehlen.
Er bedankt sich zwar nicht, aber beinahe! Auch er hat
Beziehungen, doch ganz anderer Art. Seine besten
Freunde sind ein Zeitungsverkäufer, ein Ober und ein
Hotelportier... Nein, Paul Holdorf macht sich keine
Illusionen, was seinen eigenen Wert betrifft: Er sieht
weder gut aus noch ist er reich, er ist nicht sehr gebildet, nicht geistreich und auch nicht mutig. Außerdem
ist er Jude – und das ist in diesen Zeiten keine Empfeh-
lung. Er war damals selber erstaunt, als Colette – eine
einfache, aber selten schöne junge Frau – sich bereit
gefunden hatte, ihn zu heiraten! Von Anfang an hatte
er an sein Glück nicht so recht glauben können. Es
mußte irgendwann schief gehen – früher oder später.

Jetzt ist es soweit! Leider haben sie aber zwei Kinder. Was soll nun werden? Und so fragt er ganz ruhig:

»Colette?«

»Ja, Paul?«

»Kommst du jetzt mit mir nach Hause oder bleibst du hier?«

»Ich bleibe hier bis 7 Uhr.«

»Gut, dann bis später.«

Er nickt höflich, dreht sich um und geht so leise, wie er gekommen ist.

Gregori Labalski – Journalist und Auslandskorrespondent bei der »Daily Herald« – spricht mehrere Sprachen fließend und kennt die halbe Welt.

Paul Holdorf ist Retuscheur bei einem Schneider.

Die beiden Männer, die sich unter denkbar ungünstigen Umständen kennenlernten, haben sich gütlich geeinigt: Gregori trifft mehrmals die Woche seine Geliebte Colette, aber sie kommt jeden Abend nach Hause zu ihrem Mann und ihren beiden Kindern zurück, die zwei und fünf Jahre alt sind. Alles scheint in bester Ordnung, sofern man bei einer Ehe zu dritt von Ordnung reden kann!

Die Wochen gehen dahin, und jeder akzeptiert den Lauf der Dinge so gut er kann. Paul und Gregori sind zwar keine Freunde geworden, doch sie achten sich gegenseitig. Außerdem lieben sie Colette und sind daher zu allem bereit, sie glücklich zu machen. Der Geliebte weiß genau, daß sie niemals ihre Kinder – und auch nicht ihren Mann – verlassen würde. Er weiß aber auch, daß Paul Holdorf, als Jude, in Rumänien immer mehr gefährdet ist. Das Regime schließt sich immer deutlicher den politischen Zielen der Nazis an, und der Antisemitismus verbreitet sich in beängstigender Weise im ganzen Land. Für den bekannten Journalisten besteht noch keine akute Gefahr, aber für den kleinen Juden in der Schneiderei sieht es von Tag zu Tag bedrohlicher aus. Gregori schützt ihn, wo er nur kann – und bis jetzt mit Erfolg.

Eines Tages bittet Paul Holdorf seinen Rivalen, sich in einem Café zu treffen. Seit der ersten Begegnung haben sich die beiden Männer nicht wiedergesehen.

»Herr Labalski, Colette hat mir gesagt, daß Sie gegen die Nazis sind, stimmt es?«

»Ja.«

»Ich auch! Klar, als Jude! Also folgendes. Da Sie Journalist sind, dachte ich, vielleicht können Sie etwas gegen die Deutschen unternehmen?«

»Ja. Vielleicht. Aber was denn?«

»Ich habe einen Freund, der jemanden sehr gut kennt, der über gewisse Dinge bestens informiert ist.«

»Und wer ist dieser Freund, bitte?«

»Das kann ich nicht sagen.«

»Gut. Aber über die gewissen Dinge . . . wollen Sie mit mir reden, ja?«

»Ja. Die Deutschen bereiten den Krieg gegen Rußland vor.«

Gregori Labalski fährt in die Höhe und betrachtet ungläubig diesen unscheinbaren rundlichen Mann mit seinem braunen Schnurrbart, seinen auf dem glänzenden Schädel plattgedrückten Haarsträhnen, dem dicken Bauch und seiner zwar sauberen, aber ärmlichen Bekleidung. Und das, obwohl er bei einem Schneider arbeitet! Nein! Wie könnte man ihn ernst nehmen? Diese Behauptung ist einfach grotesk! Gerüchte, nichts als Gerüchte!

»Herr Holdorf, hören Sie mir gut zu! Die Nazis sind zu allem fähig – zugegeben! Aber das geht zu weit! Vergangenen August haben sie noch einen Pakt mit Stalin unterzeichnet. Polen haben sie schon geschluckt und jetzt haben sie mit Frankreich und England alle Hände voll zu tun! Nein, nein, Herr Holdorf, die Nazis sind zwar größenwahnsinnig, aber dumm sind sie nicht! Rußland angreifen? Wo denken Sie hin! Unmöglich!«

»Ich denke nicht, Herr Labalski. Ich selbst habe überhaupt keine Ahnung. Aber der Freund meines Freundes, der weiß Bescheid. Der kann sich nicht irren. Und er möchte, daß diese Information in Ihrer Zeitung, im englischen »Daily Herald«, veröffentlicht wird. Ich hab' ihm gesagt, daß Sie mir nicht glauben würden. Da meinte er aber, Sie könnten einiges selber nachprüfen. Zum Beispiel, daß die Deutschen im Balkan intrigieren und der Türkei, Rumänien und auch dem Iran anbieten, ihnen dabei zu helfen, ihre Grenzen zu befestigen.«

»Das ist mir neu... aber es läßt sich nachprüfen. Stimmt. Sollte es tatsächlich so sein, können Sie sich auf mich verlassen: Ich werde dann Ihre Information im »Daily Herald« veröffentlichen.«

»Danke, Herr Labalski.«

»Nichts zu danken. Ich tue nur meine Pflicht als Journalist... und als Exilösterreicher. Die Nazis müssen wir mit allen Mitteln bekämpfen!«

Paul Holdorf steht auf. Bevor er geht, fragt er noch, so nebenbei:

»Und... meine Frau?«

»Ja, Herr Holdorf? Was meinen Sie?«

»Lieben Sie sie?«

»Ja, ich sagte es Ihnen schon.«

»Wollen Sie sie heiraten?«

»Ich möchte gerne, ja. Wenn Sie in die Scheidung einwilligen, Herr Holdorf.«

Der rundliche Ehemann bleibt einige Sekunden lang stehen, in Gedanken verloren, und wie schon beim ersten Treffen – traurig und viel zu ruhig – von vornherein geschlagen, nickt er unterwürfig und geht.

Zwei Wochen später, in demselben Café, sitzen sich die beiden Männer wieder gegenüber.

»Ich weiß Bescheid, Herr Labalski, meine Frau hat mir alles erzählt. Ich weiß, daß Sie den Artikel im »Daily Herald« geschrieben haben und ich weiß auch, daß Hitler außer sich vor Wut ist! Das hat mir mein Freund gesagt.«

»Ja, das kann man sagen! Der deutsche Botschafter wurde dafür verantwortlich gemacht und sofort nach Berlin abberufen.«

»Das ist sehr gut.«

»Es ist Ihr Verdienst.«

»Nein, Sie hatten den Mut, darüber zu schreiben! Jetzt stehen Sie auf der schwarzen Liste. Haben Sie die Artikel gegen Sie gelesen?«

»Oh ja! Ich kenne sie alle! Deutschland hat sofort dementiert, und der rumänischen Presse blieb nichts anderes übrig, als gegen mich zu hetzen, ich weiß! Es dauert nicht mehr lange und ich werde untertauchen müssen!«

»Haben Sie keine Angst?«

»Wovor? Mir kann nicht so viel passieren, wie Ihnen. Ich kann höchstens des Landes verwiesen werden, mehr nicht!«

»Ja, für Sie ist es vielleicht nicht so schlimm, aber für meine Frau, sie liebt Sie!«

Zum ersten Mal schaut der Journalist den kleinen Mann mit anderen Augen an – und er findet ihn überhaupt nicht mehr lächerlich:

»Ich verstehe Sie nicht . . . Sie lieben sie doch auch!«

»Ja, aber ich bin Jude. Ich kann nichts für sie tun. Sie schon.«

»Herr Holdorf, ich passe schon auf mich auf, und ich

werde mich um Colette kümmern. Machen Sie sich keine Sorgen, ich verspreche es Ihnen.«

Als Exilösterreicher befindet sich Gregori Labalski jedoch in einer schwierigen Lage. Als die Vereinigung Österreichs mit dem Deutschen Reich im März 1938 vollzogen wurde, lebt er schon in Rumänien. Jetzt, da der Anschluß offiziell anerkannt ist, gelten alle Österreicher als deutsche Staatsbürger. Labalski muß sich also an die deutsche Botschaft in Bukarest wenden, um seinen österreichischen Paß verlängern zu lassen. Dort warten böse Überraschungen auf ihn: Zuerst wird er vom Konsul beschuldigt, sich als schlechter Deutscher erwiesen zu haben. Zweitens bekommt er keinen deutschen Paß. Und drittens wird sein österreichischer Paß beschlagnahmt! Gott sei Dank sind die rumänischen Behörden, dank der guten Beziehungen Labalskis, viel kulanter: Von Woche zu Woche verlängern sie sein Visum... bis zu dem Tag, an dem auch die Rumänen nichts mehr machen können: Die Nazis haben gewonnen – Labalski muß das Land binnen einer Woche verlassen.
Von diesem Augenblick an überstürzen sich die Ereignisse. Labalski entschließt sich, nach England zu fliehen und hofft, trotz seiner neuen deutschen Staatsangehörigkeit dort einreisen zu dürfen. Seine Zeitung setzt alle Hebel in Bewegung, um dem langjährigen, geschätzten Auslandskorrespondenten zu helfen.
Kurz vor seiner Ausweisung trifft sich Labalski mit Holdorf, dessen Lage nicht rosiger aussieht..
»Nehmen Sie Colette mit?« fragt der betrogene Ehemann ruhig.
»Wenn Sie damit einverstanden sind, ja. In England wäre sie in Sicherheit.«
»Und die Kinder?«

»Wenn Sie wollen, nehme ich auch die Kinder mit, Herr Holdorf.«

»Gut. Ich vertraue sie Ihnen an.«

»Warum kommen Sie nicht mit?«

»Ich bin ein überflüssiger Mann . . . und lästig!«

»Colette wird niemals damit einverstanden sein, Sie hier allein zurückzulassen!«

»Meinen Sie? Kann sein, aber sie muß es tun. Wenn ich mitgehe, haben wir alle keine Chance. An der Grenze werde ich verhaftet! Ich bin für alle nur eine zusätzliche Gefahr.«

»Sie müssen es dennoch versuchen. Hier können Sie nicht bleiben!«

»Vielleicht haben Sie recht . . .«

Ein paar Tage später stehen sie am Kai im Hafen von Konstanza vor einem griechischen Schiff, das sie alle nach England bringen soll: Der betrogene Ehemann mit seiner hübschen Frau und den beiden Kindern – dazu der elegante Journalist.

Plötzlich heult eine Sirene in der Ferne. Das Gemurmel der Passagiere, die sich auf der Landungsbrücke drängen, verstummt augenblicklich. Einige flüstern voller Panik: »Die Zigurenza! Die Zigurenza!«

Die Zigurenza, das ist die rumänische Geheimpolizei – das Werkzeug der Diktatur des Generals Antonescu.

Bevor Labalski und Holdorf sich umsehen, sind sie schon mit Handschellen an zwei Polizisten gekettet, die sie in einen Wagen zerren. Der Journalist schreit noch:

»Geh an Bord, Colette, schnell, geh an Bord mit den Kindern!«

Und schon rast der Polizeiwagen vom Hafengelände fort.

Paul Holdorf zittert am ganzen Leib:

»Labalski, ich habe Angst, ich habe immer Angst! Aber

Sie, wenn Sie fliehen können, dann tun Sie es! Kümmern Sie sich nicht um mich! Colette braucht Sie ... Versuchen Sie zu fliehen ...«

In der Polizeizentrale werden die beiden Verhafteten nicht gerade freundlich empfangen. Der höhere Beamte in Uniform brüllt sie an:

»Endlich! Da haben wir die Dreckskerle, die sich aus dem Staub machen wollten?«

Gregori Labalski, der in seinem Journalistenleben schon allerhand erlebt hat, behält einen kühlen Kopf und trägt sogar eine perfekt gespielte Selbstsicherheit zur Schau:

»Ich darf annehmen, daß Sie sich über den Ernst der Lage im klaren sind. Ich bin Journalist und meine Zeitung wird ganz sicherlich über diesen bedauerlichen Zwischenfall berichten ... sollte mir oder meinem Freund etwas zustoßen!«

»Wir pfeifen auf Journalisten, wie Sie einer sind! Sie verbreiten nur dreckige Lügen! Sie sind ein Verräter! Ein Schwein, hören Sie!«

Während er die beiden Männer mit unglaublicher Grobheit anbrüllt, setzt er sich gelassen an seinen Schreibtisch, ohne sie anzusehen. Dieses Spiel dauert etwa fünf Minuten. Er tobt wie ein Wahnsinniger, aber tut so, als wäre er allein im Zimmer. Was geht hier bloß vor? Auf einmal drückt er auf einen Knopf, und sofort kommen zwei Riesen herein. Zwei von diesen gefürchteten Staatsdienern, deren Bekanntschaft niemand gerne macht.

Selbst Labalski bekommt bei ihrem Anblick Gänsehaut.

Der Polizist brüllt:

»Bringen Sie zwei Stühle und fesseln Sie diese Halunken!«

Gesagt, getan.

»So ist es gut! Raus jetzt! Mit den beiden werd' ich schon alleine fertig!«

Sobald die beiden Kolosse aus dem Zimmer sind, öffnet der Choleriker eine Schublade, holt ein Zigarettenetui heraus, steht auf und geht zu den Gefesselten. Dann befreit er ihre Hände und bietet ihnen eine Zigarette an.

»Verzeihen Sie mir bitte ... ich mußte es tun. Glauben Sie mir, es macht mir keinen Spaß! Aber da draußen müssen sie mich brüllen hören, verstehen Sie? Die Deutschen sind hier wie zu Hause und jetzt müssen Sie davon überzeugt sein, daß ich Sie halb totschlage. Ich habe den Befehl, Sie solange zu quälen, bis Sie Ihre Identität preisgeben. Bis Sie, Herr Labalski, zugeben, daß Sie gegen die Nazis schreiben und Sie, Herr Holdorf ... nun ja, daß Sie Jude sind. Aber ich werde Ihnen nichts tun – und Sie werden nur so tun als ob! Also schreien Sie! Es muß echt klingen und ich muß Sie schlagen, aber ich passe schon auf.«

Eine halbe Stunde lang hält der behutsame Schläger eine Lobrede auf die rumänische Gastfreundschaft, immer wieder von Ratschlägen und Regieanweisungen unterbrochen:

»Sie kriegen jetzt eine Ohrfeige, würden Sie bitte schreien? Ich muß Ihnen die Zehen zerquetschen, bitte, ziehen Sie Ihre Schuhe und Socken aus und vergessen Sie nicht zu schreien! Herr Holdorf, ich muß Ihre Brille zerschlagen ... es tut mir leid. Ein bißchen Blut muß auch sein. An der Nase und an den Lippen tut's nicht so weh, bitte schreien Sie doch! Lauter! Gut. Ich denke, jetzt reicht's.«

Der erschöpfte Beamte setzt sich wieder:

»Herr Labalski, Sie sind nicht der Mann, den wir suchen. Sie haben seit einem Jahr keinen Artikel mehr geschrieben, verstanden?«

»Ja. Ich habe verstanden.«

»Und Sie, Herr Holdorf, Sie sind kein Jude... wenigstens nicht solange, bis sie den Hafen verlassen haben. Ist das klar?«

»Ja... ja...«

»Sie werden jetzt zum Hafen zurückgebracht. Das Schiff ist bestimmt noch nicht ausgelaufen. Aber ich lasse Sie von unseren rumänischen Sicherheitsbeamten begleiten. Die Deutschen haben hier ihre eigene Organisation, und wenn ich sie nicht überzeugt habe... ja, dann könnte noch alles Mögliche passieren!«

Wieder drückt er auf den Knopf, wieder erscheinen die beiden Kolosse:

»Er ist nicht unser Mann. Und der Andere ist kein Jude. Sie sollen zum Hafen gebracht werden, und zwar schnell. Die zwei, die wir suchen, sind bestimmt dort! Daß nicht wieder so eine Panne passiert, verstanden! Abtreten!«

Das Schiff liegt noch am Kai. Der Wagen hält mit quietschenden Bremsen nur einige Meter von der Landungsbrücke entfernt. Holdorf und Labalski steigen aus, schauen beide zum Deck hinauf. Eine junge Frau winkt... der Journalist und der Ehemann bleiben einen Augenblick stehen – nur ganz kurz, nur solange, um sich zu fragen, wem von beiden sie zuwinkt...

»Beeilen Sie sich doch!«, flüstert einer der Leibwächter, »verschwinden Sie, bevor es zu spät ist, verdammt noch mal!«

Weder Holdorf noch Labalski bemerken den Wagen, der leise angerollt kommt. Sie sehen auch nicht, wie das Seitenfenster heruntergekurbelt wird. Beide hören allerdings plötzlich die schrille Stimme:

»Labalski!«

Mit unheimlich schnellem Reaktionsvermögen dreht sich Holdorf um und schreit:

»Ja, wer ruft mich?!«

Ein Maschinengewehr antwortet, und der ängstliche, betrogene Ehemann sackt zusammen vor den entsetzten Augen des Journalisten Gregori Labalski.

Erst einige Jahre später erfährt er, wer der Freund des Freundes des mutigen überflüssigen Ehemannes war. Er hieß Johannes Eilers – er war der Beichtvater von Franz von Papen – dem ehemaligen Vize-Reichskanzler.

Die Todeszelle

Venezuela – 19. Juli 1951. Noch bevor die Sonne in Calabares aufgeht, weiß der Gefängnisdirektor, daß der heutige Tag besonders heiß wird. Aber er ahnt noch nicht, wie heiß!

Schon seit einer Stunde läuft er in seinem Büro auf und ab, tritt ans Fenster, starrt in die Dunkelheit hinaus, machtlos wie nie zuvor. Er kann nichts tun, das weiß er wohl – aber er steht zum ersten Mal vor der Aufgabe, die er heute zu bewältigen hat. Alles muß reibungslos, so schnell und so unauffällig wie möglich erledigt werden – dafür ist er verantwortlich. Eine Verantwortung, die viel schwerer auf ihm lastet, als er je gedacht hätte.

Draußen im Gang hört er jetzt Schritte. Es ist bald soweit. Die ersten Sonnenstrahlen haben die Nacht vertrieben – übergangslos, beinahe brutal. Der Direktor wirft einen Blick in den Hof hinunter und sieht, wie zwei Wächter das Tor öffnen. Ein Militärlastwagen fährt langsam herein und hält vor dem Hauptgebäude. Soldaten klettern lautlos heraus: das Erschießungskommando. In einer halben Stunde wird alles vorbei sein – die erste Hinrichtung in diesem Gefängnis.

Der Direktor verläßt sein Büro, nickt den Männern wortlos zu, die vor seiner Tür auf ihn gewartet hatten und gibt ihnen zu verstehen, sie sollen ihm nun folgen. Sie gehen die Treppe hinunter zum Erdgeschoß, dann durch den langen Gang, der zum rechten Flügel des Gefängnisses führt, bis zur Zelle 19 – zur Todeszelle.

Rodrigo Lopez, neunundzwanzig Jahre alt, wurde bei einem Banküberfall in Carácas in flagranti ertappt. Es gelang ihm zunächst, mit der Beute zu fliehen, doch schon am nächsten Tag spürte ihn die Polizei auf. Bei der Verfolgungsjagd schoß Lopez einen Polizisten nieder, bevor er überwältigt wurde. Das war sein Todesurteil. Der Prozeß war nur noch eine Formsache – nach einem Schnellverfahren waren sich die Geschworenen und der Richter einig: Todesstrafe! Der Pflichtverteidiger reichte zwar ein Gnadengesuch ein – doch auch das war reine Formsache.

Nun steht der Direktor mit seinen Begleitern vor der Zelle 19. Ihm ist übel zumute. Er reibt sich den Hals unter dem plötzlich zu engen Hemdkragen und sagt sich noch einmal im Geiste die Worte vor, die er gleich sprechen muß:

»Lopez, Ihr Gnadengesuch ist abgelehnt worden, fassen Sie Mut!«

Auf ein Zeichen holt der Wächter seinen dicken Schlüssel heraus, steckt ihn ins Schloß und dreht ihn zweimal um. Ein entsetzliches, quietschendes Geräusch in diesem Augenblick. Der Direktor öffnet die Tür, bleibt an der Schwelle der Zelle stehen und sagt mit fester Stimme:

»Lopez, Ihr Gnadengesuch ist abgelehnt worden!«

»Irgend etwas stimmt hier nicht – es ist so still! Der Direktor geht zwei Schritte in die Zelle hinein und bleibt erschrocken stehen, dann stammelt er:

»Lopez? Lopez! Wo . . . Wo sind Sie denn?«

Eine idiotische Frage – aber verzeihlich angesichts der schier unglaublichen Tatsache: Die Zelle ist leer! Der Verurteilte ist verschwunden!

Die beiden Wächter, der Staatsanwalt, die Vertreter von Regierung und Gemeinde, auch der Geistliche – alle stürzen jetzt in die winzige Todeszelle hinein . . . Rodrigo Lopez ist nicht da! Weg, einfach weg!

Es dauert einige Minuten, bis die Männer ihre fünf Sinne wieder beisammen haben – dann herrscht allgemeiner Aufruhr. Während der Regierungsvertreter losrennt, um mit Carácas zu telefonieren, brüllt der Direktor seine Anweisungen und schlägt Alarm. Alle Wächter laufen durch die Gänge, öffnen die Zellen, durchsuchen das Gefängnis vom Keller bis zum Dachboden. Doch weder sie noch die Soldaten des Erschießungskommandos noch die Polizei finden die kleinste Spur des geflüchteten Gefangenen.

Gegen Mittag trifft Verstärkung aus Carácas ein. Ganze Patrouillen durchkämmen Calabares und Umgebung . . . Wenn Rodrigo Lopez aus der Todeszelle ausgebrochen ist – was im Grunde genommen unvorstellbar ist – dann hat er kaum eine Chance durchzukommen.

Die Zelle 19 wird Zentimeter für Zentimeter durchsucht und überprüft. Die stabilen dicken Gitterstäbe sind überhaupt nicht beschädigt – sie wurden nicht angesägt, nicht verbogen und auch nicht aus dem Zement herausgebrochen. Nein, sie stecken ganz fest! Die Wände, der Fußboden und die Decke werden abgesucht. Nirgendwo der kleinste Riß – und klopft man dagegen, ist nichts Auffälliges zu hören. Überall rundum derselbe stumpfe Klang.

Als der Gefängnisdirektor am Abend mit dem Justizminister für Carácas telefoniert und zu ihm sagt: »Lopez muß sich in Luft aufgelöst haben!«, zeigt der hohe Beamte wenig Sinn für Humor. Der Direktor wird auf der Stelle seines Amtes enthoben.

Es muß immer und überall schnell einen Sündenbock geben – aber damit ist das Rätsel nicht gelöst. Was ist tatsächlich passiert? An den folgenden Tagen werden die

Aufseher rund um die Uhr verhört. Zwei waren für die strenge Bewachung der Todeszelle zuständig. Beim Drei-Uhr-Rundgang war der Verurteilte noch da. Um fünf Uhr wurde er zur Hinrichtung geweckt ... Und zwischen fünf und sechs waren die beiden Wächter immer zusammen im Gang, direkt vor der Tür der Zelle 19.

Bleibt natürlich die Möglichkeit, daß die beiden unter einer Decke stecken. Aber ihre Vergangenheit ist untadelig. Sie sind seit über zehn Jahren im Dienst, genießen den besten Ruf – beruflich wie privat – und sie beteuern lautstark ihre Unschuld. Die Polizei hat keinerlei Beweise, es bleibt ihr nichts anderes übrig, als ihnen zu glauben.

Monatelang wird im ganzen Land nach Rodrigo Lopez gefahndet – vergeblich. Selbstverständlich wird auch Interpol eingeschaltet, doch genauso erfolglos. Weder in Venezuela noch sonstwo auf der Welt taucht er wieder auf: Rodrigo Lopez ist am 19. Juli 1951, morgens zwischen fünf und sechs Uhr, kurz vor seiner Hinrichtung aus der Todeszelle verschwunden. Das ist alles, was man weiß. Mehr erfährt auch niemand. Weitere Monate verstreichen, und die Polizei gibt praktisch jegliche Hoffnung auf, den Verurteilten noch jemals zu ergreifen.

28. März 1953. Seit einer Woche – und zum ersten Mal seit dem »Fall Lopez« – hat die Zelle 19 einen neuen Bewohner: Angelo Ramos, einen wohlbekannten Gauner. Spezialist im Safe-Knacken, hat er bei seinem letzten Coup kaltblütig zwei Geiseln ermordet, die ihn in der Arbeit gestört hatten. Ramos ist zum Tode verurteilt, sein Gnadengesuch ist abgelehnt worden.

So eine dumme Geschichte, wie damals vor zwei Jahren, kann dem neuen Gefängnisdirektor nicht passieren. Da ist er sich absolut sicher. Er ist ein autoritärer Mann mit

Mumm in den Knochen, und er hat seine Vorkehrungen getroffen! Ausgeschlossen, daß sich das Mißgeschick seines Vorgängers bei ihm wiederholt.

In der Nacht vor der Hinrichtung verstärkt er die Wache vor Zelle 19: nicht nur zwei, sondern vier seiner zuverlässigsten Wächter postiert er vor der Todeszelle. Und sie haben den Befehl, jede Viertelstunde die Zelle zu betreten und nachzusehen, ob alles in Ordnung ist.

Genauso wie sein Vorgänger verbringt der Direktor diese kurze Nacht in seinem Büro, aber er geht nicht nervös auf und ab. Er legt sich hin und schläft fest. Er hat seinen Wecker auf fünf Uhr gestellt. Doch schon um halb vier wird er aus dem Schlaf gerissen. Jemand trommelt an seine Tür und schreit:

»Herr Direktor! Herr Direktor! Kommen Sie schnell! Kommen Sie!«

Er träumt wohl, ja er hat einen Alptraum... Aber die Rufe hinter der Tür werden immer dringlicher:

»Beeilen Sie sich! Der Verurteilte ist verschwunden!«

Zwei Minuten später – noch im Schlafanzug – steht der Direktor in Zelle 19.

»Wir haben Ihre Anordnungen strikt befolgt! Wir sind alle vier die ganze Nacht vor der Tür geblieben. Keiner hat seinen Posten verlassen... und jede Viertelstunde sind zwei von uns in die Zelle gegangen! Um viertel nach drei bin ich selber drin gewesen, ich habe mit Ramos gesprochen, das kann ich beschwören! Und eine Viertelstunde danach – jetzt um halb vier – da war er weg!«

Einige Stunden später erfährt ganz Venezuela die seltsame Geschichte. Das Rätsel um die Todeszelle des Gefängnisses von Calabares macht riesige Schlagzeilen in allen Zeitungen. Den Journalisten macht die Sache langsam Spaß. Der Regierung und der Polizei weniger – sie ermitteln noch verbissener als beim ersten Mal. Ein Schwarm Polizisten umstellt das Gefängnis, die verborgensten Winkel werden durchwühlt. Das Fahndungsnetz über Calabares und Umgebung ist so feinmaschig wie nur möglich. Sogar die Armee muß anrücken.

Und natürlich werden alle Ecken und Winkel der berüchtigten Zelle 19 durch die Lupe inspiziert. Wieder prüft man die dicken Gitterstäbe und klopft Wände, Boden und Decke ab! Und wieder ist alle Mühe vergeblich. Nicht das kleinste Zeichen eines Ausbruchversuches! Kurz vor seiner Hinrichtung hat sich Angelo Ramos ebenfalls in Luft aufgelöst!

Der Direktor wird auf der Stelle gefeuert. Die Wächter müssen tagelang Kreuzverhöre über sich ergehen lassen.

1953 wie schon 1951 sucht die Polizei den »entflogenen« Ausbrecher im ganzen Land und schaltet Interpol wieder ein. Aber heute wie damals ist alles umsonst!

Es dauert einige Monate bis sich die Gemüter wieder beruhigen. Dann verliert die Öffentlichkeit allmählich das Interesse am »Geheimnis von Calabares«. Die beiden zum Tode Verurteilten sind irgendwo untergetaucht, und ihre Akten werden, im wahrsten Sinne des Wortes . . . ad acta gelegt – zusammen mit zwei riesigen Fragezeichen? ? Wie konnten sie aus der Todeszelle fliehen? Und wo sind sie geblieben?

November 1956. Nach dreijähriger Pause wird der dritte Direktor des Gefängnisses von Calabares von Unruhe erfaßt. Gerade wurde ein zum Tode Verurteilter in seine Anstalt verlegt: Diego Sanchez, Chef einer Bande, die auf die Ausraubung von Postämtern spezialisiert ist – und er hat einen Briefträger ermordet!

Der Direktor hat schon den Versuch gemacht, ein bißchen mit den Behörden zu handeln. Könnte man Sanchez nicht woanders unterbringen als ausgerechnet in Zelle 19? Müssen die Geister der Vergangenheit unbedingt heraufbeschworen werden? Aber die Behörden bleiben stur und antworten: »Es liegt an Ihnen, dafür zu sorgen, daß solche peinlichen Vorfälle nicht zur Routine werden! Zelle 19 ist und bleibt die Todeszelle! Halten Sie sich an die Bestimmungen!«

Der Direktor weiß, daß seine Karriere auf dem Spiel steht. Er ist ein Realist. Er glaubt nicht an Wunder, auch nicht an unlösbare Rätsel: Mit der Zelle 19 stimmt etwas nicht, irgend etwas steckt dahinter, und er ist überzeugt: Wenn zwei Gefangene es geschafft haben, kurz vor ihrer Hinrichtung – und vor den Augen der Wärter zu entfliehen – dann kann es höchstwahrscheinlich auch der dritte schaffen! Wie? Das ist eben die Frage, die Antwort darauf wird er schon herausfinden! Der Direktor sieht nur eine Möglichkeit, einen dritten Ausbruch zu verhindern: Er selber wird den Gefangenen die ganze Nacht lang beobachten. Nicht etwa jede Viertelstunde durch das Guckloch, nein – IN der Zelle! Er wird dem Verurteilten eben bis zum letzten Atemzug Gesellschaft leisten und ihn keinen Augenblick aus den Augen lassen. Jetzt ist endgültig Schluß mit dem Theater!

7. November 1956. Das Gnadengesuch von Diego Sanchez ist soeben abgelehnt worden. Die Hinrichtung ist auf den 11. angesetzt. Die Nachricht verbreitet sich wie ein Lauffeuer. Noch am selben Abend strömen aus allen Himmelsrichtungen Horden von Journalisten nach Calabares und beziehen Posten rund um das Gefängnis. Die Bevölkerung der kleinen berühmtgewordenen Stadt fiebert dem großen Ereignis entgegen. Sogar Wetten werden abgeschlossen – und die stehen gut für den Todeskandidaten!

Der Gefängnisdirektor hat sich noch nie so über die sensationshungrigen Presseleute gefreut wie jetzt, obwohl er genau weiß, daß alle gegen ihn sind! Doch ohne es zu wollen, helfen sie ihm. Selbst wenn Diego Sanchez das Kunststück fertig bringen sollte, aus der undichten Zelle zu fliehen – bei der Menschenmenge, die das Gefängnis geradezu belagert, käme er nicht sehr weit! Also kann sich der Direktor erst noch mal aufs Ohr legen – wenigstens bis zum Anbruch der kritischen Nacht. Dann geht er eben selber ins Gefängnis. Sicher ist sicher, aber bis dahin – kein Wort darüber!

8. November 1956. 5 Uhr morgens. Der dritte Gefängnisdirektor schläft nicht in seinem Büro, sondern im Schlafzimmer seiner Dienstwohnung in einem Nebengebäude der Strafanstalt. Es trommelt an seine Tür:
»Herr Direktor! Schnell, kommen Sie! Der Sanchez ist weg!«
Ja, dieses Mal hat der Gefangene nicht die letzte Nacht abgewartet, in der die Sache völlig unmöglich gewesen wäre. Er hat lieber vier Tage vorher das Weite gesucht – anscheinend in aller Ruhe – und vor der Nase seiner Bewacher!
Es erübrigt sich, noch einmal die Suchaktion zu beschreiben! Nur im Justizministerium von Carácas ist man entschlossen, andere Seiten aufzuziehen: Massenverhaftung! Alle Wärter, der Gefängnisdirektor – und der Gerechtigkeit halber auch die beiden vorherigen Direktoren – wandern sofort selber ins Gefängnis. Die Kriminalpolizei ist nämlich endlich auf die Idee gekommen, die drei Fälle miteinander zu vergleichen – und sie ist dabei stutzig geworden: Alle drei Verurteilten hatten Raubmord begangen, und ihre Beute wurde nie gefunden. Wäre es nicht vorstellbar, daß sie das ganze Gefängnis

mitsamt dem jeweiligen Direktor bestochen haben, um ihre Haut zu retten? Daran mag zwar keiner recht glauben, aber angesichts der bodenlosen Tatsachen wäre es immerhin eine logische Erklärung.

Alle Inhaftierten beteuern ihre Unschuld, aber sie werden nicht freigelassen. Früher oder später werden sie sicherlich ein Geständnis ablegen. Sie müssen sich einfach der Bestechlichkeit und Beihilfe zur Flucht schuldig gemacht haben – alle miteinander. Sie sollen nun in den Zellen schmoren, die sie früher bewacht haben ... so lange, bis einer dieser korrupten Beamten singt! Und wenn es Monate dauert!

Tatsächlich dauert es fast ein halbes Jahr lang, bis die Wahrheit ans Licht kommt – eine unglaubliche Wahrheit auf die niemand auch nur im Traum hätte denken können ...

18. März 1957. Fünf Monate sind seit dem letzten Ausbruch und der Massenverhaftung vergangen. In der Zwischenzeit ist nichts Außergewöhnliches geschehen, und Calabares ist wieder zu dem geworden, was es früher einmal war, zu der Zeit, als keine Hinrichtungen dort stattfanden: Eine kleine Provinzstadt am Fuße einer idyllischen Bergkette südlich vom Golf von Maracaibo.

An diesem Tag passiert jedoch wieder etwas, worüber die ganze Weltpresse berichtet: Innerhalb weniger Minuten wird Calabares durch ein Erdbeben zum größten Teil zerstört. Die Straßen werden aufgerissen, und unzählige Gebäude stürzen wie Kartenhäuser ein; auch die hohen Mauern des Gefängnisses fallen zusammen. Quer durch den Hof läuft jetzt eine klaffende Wunde, drei bis vier Meter tief – sie führt direkt zum rechten Flügel der Anstalt, dorthin, wo sich im Erdgeschoß die Todeszelle befindet. Die Decke ist eingestürzt, der Boden ist aufgeworfen, und dadurch ist der Eingang zu einem unterirdischen Tunnel freigelegt. Also ... *so* sind die drei Gefangenen entkommen! Aber warum ist dieser Geheimgang bei der Untersuchung übersehen worden?

Ganz einfach – von der Zelle aus war es unmöglich, den schweren, sehr starken losen Stein zu heben. Es war auch unmöglich, ihn beim Abklopfen vom übrigen Boden zu unterscheiden. Niemand hätte auf die Idee kommen können: hier gibt es einen geheimen Fluchtweg. Auch die Gefangenen nicht.

Die Polizisten klettern hinunter in den Tunnel und entdecken genau unter der Zelle einen Hebemechanismus, der nur von unten betätigt werden konnte. Irgend jemand hat diesen Tunnel gebaut und die drei Verurteilten aus der Zelle 19 befreit. Aber wer! Und warum? Und wie konnte er den unterirdischen Gang samt Mechanismus und beweglichem Steinquader in der Zelle bauen?

Die Polizisten zwängen sich durch den Tunnel, der erst allmählich breiter wird. Und sie staunen über die solide Mauerarbeit! Wer einen Fluchtweg unter einem Gefängnis ausbuddelt, macht sich normalerweise kaum die Mühe, die Wände mit Zement zu verputzen. Sie dringen noch einige Meter vor und kommen in einen Raum, in dem man fast aufrecht stehen kann. Im Schein ihrer Taschenlampen entdecken sie in einer Ecke drei übereinandergestapelte große Hanfsäcke! Sie brauchen sie nicht zu öffnen – sie wissen auch so, was darin liegt: die Leichen der drei Verurteilten! Und wenn die Erde heute nicht gebebt hätte, wären sie wahrscheinlich bis in alle Ewigkeit hier begraben geblieben! Die hätte man noch lange in Venezuela und in aller Welt suchen können! Sie sind tatsächlich an dem Tage gestorben, an dem sie hingerichtet werden sollten – der letzte sogar schon vier Tage vorher.

Die Polizei hat nun genug Anhaltspunkte, um eine plausible Theorie aufzustellen: Der Tunnel, der gut 100 Meter außerhalb der Gefängnismauer ins Freie mündet, kann nicht in ein paar Tagen gegraben worden sein. Das hier ist eine professionelle Arbeit, ein rundum ausgemauerter Gang. Da war ein Bautrupp mit Maschinen am Werk. Eine derartige Arbeit kann man aber nicht zustande bringen, ohne daß die Aufseher etwas merken. Erstens macht es zu viel Krach, zweitens wohin mit der ausgebuddelten Erde? Es gibt nur eine Erklärung: das Gefängnis wurde vor zehn Jahren gebaut, 1947: Nur zu diesem Zeitpunkt kann der Tunnel entstanden sein. Er wurde von Anfang an geplant. Man muß unbedingt den Architekten finden – einen gewissen Miguel Sardo, der übrigens nach Auskunft des Einwohnermeldeamtes noch immer in Calabares wohnhaft ist. Bedauerlicherweise ist er aber seit dem Erdbeben nicht mehr gesehen worden. Es dauert allerdings nur wenige Tage, bis die Polizei ihn in einem Hotel in Carácas aufspürt.

Er ist um die 50, ein magerer, fast schwächlicher kleiner Mann mit nußbrauner Haut. Zuerst leugnet er vehement, aber nicht lange. Bald bricht er zusammen und legt ein lückenloses, verblüffendes Geständnis ab:

»Als ich den Bauauftrag für das neue Gefängnis bekam, wußte ich gleich: das ist eine Goldmine! Ich brauchte nur einen unterirdischen Verbindungsgang zwischen der Todeszelle und der Außenwelt anzulegen. Und ich habe ihn so geplant und gebaut, daß niemand ihn je entdecken könnte. Mit einem Erdbeben konnte ich nicht rechnen! Als Rodrigo Lopez zum Tode verurteilt wurde, habe ich gejubelt! Die Beute war nie gefunden worden, das hatte ich in der Zeitung gelesen. Am Morgen der Hinrichtung bin ich also zum ersten Mal durch meinen Tunnel gegangen, bis zur Todeszelle und habe mit dem Hebemechanismus den Boden der Zelle von unten geöffnet. Lopez ist vor Schreck beinahe ohnmächtig geworden, als er mich gesehen hat. Aber er war ohnehin schon halbtot vor Angst. Das Erschießungskommando stand bereits im Hof! Es war nicht schwer für mich, ihn zu überreden, mit mir zu verschwinden. Ich habe ihm nur gesagt: »Sie werden dich gleich holen, in einer halben Stunde bist du tot. Wenn du willst . . . kann ich dich retten. Du mußt mir nur vorher verraten, wo du das Zeug versteckt hast. Wir machen halbe halbe. Was ist?« Er hat nicht lange gezögert. Aber dann . . . In der Kammer, wo Sie die drei Säcke gefunden haben, da habe ich ihn gleich erstochen. Ich hatte keine Lust, das Geld zu teilen und außerdem wußte er zu viel! Bei dem Zweiten und auch bei dem Dritten ging alles genauso glatt. Ich hab' mir nie Sorgen gemacht! Ich wußte genau, niemand entdeckt jemals den Tunnel – dazu hätte man den rechten Flügel des Gefängnisses mit Dynamit sprengen müssen! Nun, das hat das Erdbeben geschafft – leider.

Wissen Sie, was das Schlimmste an der ganzen Geschichte ist? Alle drei haben mich angelogen, reingelegt! Ja! Sie wollten die Beute nicht teilen, nicht einmal mit einem Mann, der ihnen das Leben retten wollte! Ich habe alles für nichts und wieder nichts und wieder nichts getan! Für nichts! Solchen Gaunern kann man eben nicht vertrauen . . .

Miguel Sardo wurde zum Tode verurteilt. Sein Gnadengesuch wurde abgelehnt. Er verbrachte die letzte Nacht vor seiner Hinrichtung in dem neuen, nicht von ihm erbauten Gefängnis von Calabares.

Der Schutzengel

Dienstag, 15. Juni 1982 – 7 Uhr 15.
Wir sind in Paris, 7 rue de Berri. Eine sehr gute Adresse, direkt neben den Champs-Elysées. Ein operettenhaft ausstaffierter Portier wartet vor dem Hotel Lancaster auf das vorbestellte Taxi. So früh am Morgen ist noch wenig los auf den kleinen, engen Straßen rings um den »Arc de Triomphe« – ja, man kann sich sogar den Luxus leisten, genau dort zu parken, wo es einem beliebt! Eine Stunde später wäre es ein Ding der Unmöglichkeit, hier auch nur einige Sekunden lang anhalten zu wollen, ohne ein empörtes Hupkonzert auszulösen.
Als der schwarze Citroën gemütlich anrollt, winkt der Hotelportier und geht zu dem Taxi:
»Der Fahrgast kommt sofort. Er telefoniert nur gerade noch mit dem Ausland, es dauert bestimmt nicht mehr lange.«
»Und wo will er hin?«
»Zum Flughafen Orly.«
»Wann muß er dort sein?«
»Seine Maschine startet erst um 9 Uhr 30, sagte er . . . Sie haben also viel Zeit!«

Na, dann ist es ja gut! Endlich ein vernünftiger Kunde; anscheinend kennt er sich in Paris gut aus. Bei den meisten Leuten, die sonst von Hotels abgeholt werden, ist es zum Verrücktwerden! Sie sind alle nervös, haben es immer eilig, und die Taxis müssen wahre Kunststücke

vollbringen, um sich durch das Verkehrschaos durchzu-
schlängeln. Jean-Baptiste Cartant kann diese höllischen
Fahrten nicht ausstehen. Er ist ein gemütlicher Mensch
und rast selbst für ein gutes Trinkgeld nur äußerst ungern
durch die hoffnungslos verstopften Straßen und Stadtau-
tobahnen!

Heute hat er also Glück mit seinem ersten Kunden.
Gutgelaunt schaltet er das Autoradio an, stellt sein Taxi
direkt vor dem Hotel »Lancaster« ab und wartet geduldig. Er wartet ganze 10 Minuten. Aber er hat ja Zeit, und
die Taxiuhr läuft sowieso – ob er nun fährt oder steht.

Kurz vor halb Acht kommt Monsieur Riquelinque aus
dem Hotel: Ein großer, schlanker Mann mit grauen
Haaren und grauem Flanell. Selbstverständlich trägt er
den dazugehörigen Aktenkoffer – das obligatorische Ac-
cessoire aller Geschäftsleute dieser Welt! Vor ihm
schwänzelt der Hotelportier zum Wagen, öffnet dienst-
eifrig die Tür, schiebt mit einer Hand einen kleinen
Lederkoffer auf den Rücksitz und hält die andere frei und
offen für das Trinkgeld. Monsieur Riquelinque bedankt
sich wie sich's gehört bei dem Portier, steigt gelassen in
das Taxi ein und macht es sich im Fond des Wagens
bequem für die doch recht lange Fahrt zum Flughafen.

»Bitte entschuldigen Sie, daß ich Sie so lange habe warten
lassen! Die Verbindung nach Rom wurde mehrmals unterbrochen!«

Jean-Baptiste Cartant wirft einen flüchtigen Blick in den
Rückspiegel – ein höfliches Gesicht mit freundlichen,
blauen Augen lächelt ihn an.

Es ist genau 7 Uhr 30, als das Taxi startet. Schon fünf
Minuten später biegt es in die *Périphériques* ein, diese
achtspurige Schnellstraße, die Paris umkreist. Schon
nach zwanzig Minuten ordnet sich das Taxi rechts ein und
fährt bei dem Autobahnkreuz Richtung Westen. Mon-

sieur Riquelinque, der bis jetzt in seine Akten vertieft war, ruft auf einmal ganz erschrocken:

»Wir fahren ja nach Westen!«

»Ja, klar . . .«

»Fahren Sie nach Orly? !«

»Sicher, wohin denn sonst?«

»Aber . . . aber ich muß gar nicht nach Orly! Ich muß nach Roissy!«

»Was sagen Sie? Nach Roissy?«

»Ja doch! Ich fliege mit der Alitalia, nicht mit der Air France. Ich muß also zum *Charles de Gaulle.*«

»Verdammt! Ich kann nichts dafür, Monsieur . . . Der Hotelportier hat mir gesagt, Sie müssen zum Flughafen Orly! Aber machen Sie sich keine Sorten, das schaffen wir schon noch . . . Wann startet Ihre Maschine?«

»Um . . . um 9 Uhr 30!«

»Na ja! Da haben wir noch eine gute Stunde Zeit! Kein Problem!«

Zuerst muß das Taxi allerdings bis »Orly« durchfahren und dann um den ganzen Flughafen herum bis zu der Ausfahrt, die wieder stadteinwärts führt. Aber leider ist in dieser Richtung der Morgenverkehr viel dichter als stadtauswärts! Der Taxifahrer hat schon seine Bedenken, trotzdem versucht er Monsieur Riquelinque zu beruhigen:

»Nur noch ein paar Kilometer und wir fahren wieder aus der Stadt . . . und auf der Nordautobahn, da ist lange nicht so viel los wie hier! Ein Glück, daß Sie eine Stunde zu früh dran sind!«

»Ja, wegen der Sommerzeit in Italien! Ich mußte vor meinem Abflug meinen Termin bei der Bank Ambrosiano bestätigen.«

Der bis dahin wortkarge Geschäftsmann spricht nun

darauf los, wahrscheinlich um seine Nervosität zu vergessen:

»Wissen Sie, ich bin Spielzeugfabrikant in der Normandie. Und wir haben vor kurzem einen sagenhaften Auftrag bekommen, ein wahres Wunder! Das Problem dabei ist nur . . . ja, für die Herstellung dieses Spielzeugs brauchen wir ein bestimmtes Teil, das in Frankreich nicht produziert wird. In ganz Europa gibt es nur eine einzige Fabrik, die uns dieses Teil in großen Mengen liefern kann . . . und die ist in Rom! Heute Mittag wollen wir mit dem Generaldirektor der Vatikan-Bank den Vertrag wegen der Finanzierung des ganzen Unternehmens unterzeichnen . . .«

»Wäre es denn so schlimm, wenn Sie einen Tag später . . .«

»Undenkbar! Entweder heute oder nie! Der römische Fabrikant sagte es mir noch vor einer Stunde am Telefon!«

»Keine Angst, Sie werden Ihren Auftrag heute Nachmittag schon kriegen!

»Hoffentlich! Sonst bin ich ruiniert. Wir haben nämlich die ganze Produktion schon darauf umgestellt!«

Der schwarze Citroën flitzt nun auf der linken Spur der *Périphériques* stadteinwärts und kommt endlich zur Abzweigung der Nordautobahn – Richtung Roissy. Es ist 8 Uhr 40. Kein Grund zur Unruhe. Doch auf einmal tritt der Fahrer voll auf die Bremse und bringt in letzter Sekunde seinen Wagen zum Stehen. Ein einziges Gequietsche und Gekrache – und innerhalb kürzester Zeit ist das Chaos perfekt. Dem Taxi ist zwar nichts passiert, aber Monsieur Riquelinque ist bleich wie ein Leichentuch.

»Was . . . was ist los?«

»Sieht nach einem Unfall aus . . . Ich laufe schnell nach vorne und schaue mal nach!«

Kurz darauf kommt Jean-Baptiste Cartant zurück. Er rennt nicht mehr. Es lohnt sich nicht. Fünfzig Meter weiter vorn ist ein Lastwagen mit einer Ladung Fische auf der Fahrbahn umgekippt. Die Lattenkisten liegen verstreut auf der Straße, und Berge von frischen, glitschigen Salzheringen versperren den Weg. Da ist nichts zu machen. Man muß warten, bis die Polizei und die Feuerwehr wenigstens eine Spur freischaufeln.

Als das Taxi sich wieder in die Schlange einfädeln kann und endlich an der Unfallstelle vorbeifährt, ist es bereits 9 Uhr 15! In einer Viertelstunde startet die Maschine nach Rom. Vielleicht klappt es noch! Der Taxichauffeur rast mit halsbrecherischer Geschwindigkeit nach *Roissy-Charles-de-Gaulle* und schon zehn Minuten später hält er vor dem *Alitalia*-Eingang. Monsieur Riquelinque wirft einige Geldscheine auf den Vordersitz, springt aus dem Auto und ruft:

»Die Maschine ist bestimmt schon abgefertigt! Warten Sie zehn Minuten auf mich! Es gäbe zur Not noch einen anderen Flug nach Rom, aber mit der *Air-France* . . . also in Orly!«

Und tatsächlich, einige Minuten später kommt Monsieur Riquelinque zu dem wartenden Taxi zurückgelaufen:

»Um 11 Uhr startet die *Air-France* nach Rom. Ich habe noch einen Platz bekommen! Meinen Sie, wir schaffen es?«

»In einer Stunde? Um diese Zeit! Das wird knapp! Versuchen wir's!«

Und schon braust der Taxifahrer los. Monsieur Riquelinque sitzt steif wie ein Besen auf der Sitzkante, die Hände festgeklammert auf dem Vordersitz. Seine blauen Augen lächeln nicht mehr – er starrt mit leerem Blick nach vorn, wie hypnotisiert. Und er redet auch nicht mehr!

Monsieur Cartant hat Mitleid mit seinem Fahrgast und bemüht sich, ihn ein wenig aufzulockern:

»Schauen Sie, wir haben heute Glück ... die Strecke ist ziemlich frei! Außerdem ... bei der *Air France* ... ja ... da gibt's oft Verspätung! *Orly* ist total überlastet, deswegen haben sie auch den Terminal gebaut, gleich neben *Charles de Gaulle* ... und nur für die *Air France*, stellen Sie sich das vor! Er ist schon seit einigen Wochen in Betrieb, aber es dauert bestimmt Monate, bis die Organisation klappt! Ein Wunder, daß die Piloten sich noch zurechtfinden! Manchmal erfahren sie vom Tower erst beim Anflug, wo sie den Vogel absetzen sollen!«

Die freundliche Art des Fahrers lockert den verkrampften Geschäftsmann allmählich auf; er fügt sich jetzt ein wenig gelassener in sein Schicksal.

Heute morgen um 7 Uhr war das Wetter strahlend schön. Jetzt pfeift ein starker Nordwind über die Stadt und bringt bedrohliche schwarze Gewitterwolken mit. Schlagartig beginnt es dann auch zu regnen. Gleich darauf blinken auch schon die roten Bremslichter der voranfahrenden Wagen auf.

»Was ist denn jetzt wieder los?«

»Es regnet halt ... und da passiert immer was. Die Leute fahren viel zu schnell auf der Stadtautobahn!«

Also steht das Taxi wieder einmal mitten im Stau. Und wieder steigen viele Fahrer aus ihren Wagen aus und laufen trotz des strömenden Regens zwischen den stehenden Autos herum. Auch der Taxichauffeur macht sich auf den Weg, bevor Monsieur Riquelinque einen Schwächeanfall erleidet!

Als er zurückkommt zuckt er nur hilflos mit den Schultern:

»Ein schlimmer Unfall! Zwei Busse haben zu spät gebremst und einer davon ist mit voller Wucht in einen kleinen Renault hineingefahren! In dem Auto sind vier Leute drin! Sieht nicht gut aus . . .«

»Was . . . was machen wir nun?«

»Nichts! Warten!«

»Kann man denn die Leitplanken nicht herausschrauben . . . und umkehren?«

»Wo denken Sie hin! Das ist völlig unmöglich! Die Polizei macht das manchmal, aber nur, um eine Spur für die Krankenwagen und die Feuerwehr freizumachen! Da darf sonst niemand durch!«

»Aber ich muß doch nach Rom! Stellen Sie sich vor . . . der Generaldirektor der Bank Ambrosiano ist seit einigen Tagen in Urlaub . . . und er kommt extra meinetwegen heute für ein paar Stunden nach Rom! Der Chef der Vatikan-Bank in Person! Was meinen Sie, wie lange wird es dieses Mal hier dauern?«

»Tja, eine ganze Weile, fürchte ich! Zwei Busse sind restlos ineinander verkeilt, und dazwischen hängt ein total zusammengedrückter kleiner Renault. Die Feuerwehr wird ihn mit Schneidbrennern in Stücke zerlegen müssen, um die vier Toten . . . oder Halbtoten herauszuholen. Diesmal wird's dauern!«

Es dauert genau bis 11 Uhr. Und um 11 Uhr startet die Air-France-Maschine ohne Verspätung nach Rom.

Eine Stunde später hält das Taxi vor dem Flughafen Orly. Völlig niedergeschmettert steigt Monsieur Riquelinque aus und macht dabei einen so hilflosen Eindruck, daß der Pariser Taxifahrer ihm einige Ratschläge gibt:

»Ich warte hier auf Sie. Gehen Sie zum Informationsschalter der *Air France*. Vielleicht kriegen Sie einen Flug nach Rom über Nizza . . . Die helfen Ihnen bestimmt weiter . . . Bis gleich! Machen Sie schon, schnell!«

Schleppenden Schrittes verschwindet Monsieur Riquelinque in das Flughafengebäude. Ein verzweifelter Mann. Doch wenig später kommt er lachend wieder heraus und sprudelt ganz aufgeregt:

»Die nächste Maschine nach Rom fliegt um 17 Uhr, und ich bin der erste auf der Warteliste! Ich habe auch schon mit meinem italienischen Partner telefoniert. Es ist alles halb so schlimm! Der Direktor der *Ambrosiano* ist noch nicht zurück. Er wird erst heute Abend erwartet! Mensch, hab' ich ein Glück!«

»Ich freue mich für Sie! Wollen Sie jetzt zurück in die Stadt?«

»Um Gottes Willen, nur das nicht! Nie wieder im Leben so ein Zirkus! Nein, nein! Ich bin hier, und ich bleibe auch hier! Außerdem muß ich schauen, daß ich den ersten freien Platz auch wirklich kriege. Drücken Sie mir die Daumen! Und vielen, vielen Dank!«

»Also, au revoir Monsieur! Und . . . einen schönen Flug!«

Jean-Baptiste Cartant rollt langsam zum Taxistand. Er schämt sich ein bißchen wegen der horrenden Rechnung, die er dem geplagten Geschäftsmann aufbrummen mußte, aber schließlich hatte er fünf Stunden mit ihm zugebracht!

15. Juni 1982 – 16 Uhr.

Zum dritten Mal kommt der Taxifahrer Cartant heute an der Abflughalle in *Orly* an. Dieses Mal allerdings nach einer unproblematischen Fahrt vom Hotel Georges V auf den Champs-Elysées bis zum Flughafen. Also dieselbe Strecke wie heute früh, bei dieser verrückten Odyssee. Er fragt sich, ob es der Mann nun wirklich noch schafft, in einer Stunde nach Rom zu fliegen! Bei einem solchen Pechvogel würde er sich nicht einmal wundern, wenn der gesamte Flugverkehr in Paris, mitten im Juni, wegen Nebel eingestellt werden müßte!

Halb aus Neugier, halb, um sich etwas die Beine zu vertreten, entschließt sich der Fahrer eine kleine Pause zu machen und durch den Flughafen zu schlendern. Er träumt so gerne vom Fliegen! Da oben gibt's wenigstens keine Staus! Plötzlich sieht er zwei Sanitäter mit einer Trage vorbeilaufen. Wie von einer inneren Stimme getrieben . . . folgt er ihnen.

Auf dem Boden krümmt sich ein Mann vor Schmerzen – ein Mann mit grauen Haaren. Das kann doch nicht wahr sein! Da liegt ER – Monsieur Riquelinque!

Sofort kniet er neben ihm und fragt voller Mitleid:

»Aber, Monsieur . . . Was machen Sie denn für Sachen? Was ist passiert?«

Der Geschäftsmann aus der Normandie ist nicht einmal erstaunt, seinen Taxifahrer vom Vormittag hier wieder zu sehen. Um die Wahrheit zu sagen: ihn kann nichts mehr auf der Welt erschüttern! Mit tonloser Stimme, sagt er nur:

»Vor fünf Minuten wurde ich von der *Air France* ausgerufen, wegen der Warteliste. Ich war so glücklich, daß ich sofort losgerannt bin. Da bin ich eben ausgerutscht und habe mir das Bein gebrochen.«

»Das ist ja schrecklich! Kann ich irgend etwas für Sie tun?«

»Ja . . . danke . . . Hier, nehmen Sie meinen Aktenkoffer und passen Sie gut auf ihn auf! Könnten Sie auch folgendes machen . . .«

Jean Baptiste Cartant, der in seinem ganzen Leben nichts anderes gelernt hat, als Taxi zu fahren, macht alles: Er ruft den technischen Direktor der Spielwarenfabrik in der Normandie an, bittet ihn, sofort nach Paris zu kommen und verabredet sich mit ihm am späten Abend in einem Hotel. Er bestellt ein Zimmer für ihn und auch gleich eine Flugkarte nach Rom für die Frühmaschine am nächsten Morgen. Er bringt es sogar zustande, daß die *Air France* ein Telex nach Rom an die Bank Ambrosiano schickt – zum Vatikan! Alles läuft bestens.

Am darauffolgenden Tag, gegen 13 Uhr, besucht der Taxifahrer Monsieur Riquelinque im Krankenhaus Ambroise Paré:

»Wie geht es Ihnen? Hat noch alles geklappt? Ist Ihr Stellvertreter gut in Rom gelandet?«

»Ja, mit dem Flug hatte er mehr Glück als ich! Aber sonst... eine Katastrophe! Ich habe gerade mit ihm telefoniert. Unser italienischer Partner hat auf dem Weg zum Termin in der Bank einen Herzinfarkt bekommen, und nun liegt er genauso wie ich im Krankenhaus. Aber das ist noch nicht alles! Der Generaldirektor der Vatikan-Bank ist nirgendwo aufzufinden. Niemand weiß, wo er ist!«

»Es ist nicht zu fassen! Was passiert nun mit Ihnen und mit dem Vertrag?«

»Alles vorbei! Die ganze Aufregung war umsonst! Wir sind ruiniert!«

Zwei Tage später erfährt die ganze Welt die Nachricht: Die Vatikan-Bank Ambrosiano mußte Konkurs anmelden – und ihr Generaldirektor Signore Roberto Calvi, wurde in London tot aufgefunden: Er hatte sich unter einer Brücke der Themse erhängt... am 18. Juni 1982.

Erst nach einer Woche traut sich der Taxifahrer, Monsieur Riquelinque anzurufen. Irgendwie macht er sich Sorgen um ihn. Er kennt ihn zwar kaum, aber nach alledem, was sie zusammen erlebt haben, hat er das Bedürfnis, sich nach seinem Befinden zu erkundigen.

»Mein lieber Monsieur Cartant, ich freue mich so, daß Sie mich anrufen!«

»Ja, ich wollte wissen, wie es Ihnen geht?«

»Gut geht's mir! Wunderbar!«

»Ich verstehe nicht, Sie sagten doch, Sie wären ruiniert!«

»Ich wäre es gewesen, ja, WENN wir den Vertrag in Rom unterschrieben hätten! Stellen Sie sich vor, bei dem Spielzeug, das wir in Massen herstellen wollten, da gab es ein Teil aus Blei, das mit einer zinkhaltigen Farbe bemalt werden sollte. Und die französische Regierung hat eben ein Verkaufsverbot für alle Spielzeuge erlassen, die damit verarbeitet werden! Also... der Auftrag wurde gestrichen! Hätten wir in Italien schon unterschrieben, müßten wir jetzt dort die Rechnung zahlen! Und dann hätten auch wir Konkurs anmelden müssen, wie die Bank Ambrosiano! Was sagen Sie nun? Ist es nicht ein wahres Wunder?«

Wenn man bedenkt, daß alle Geschehnisse dieser irren Geschichte sich völlig unabhängig voneinander ereignet haben, kann man in der Tat von einem Wunder sprechen! Einige möchten vielleicht lieber glauben, das Schicksal habe hier seine Hand im Spiel gehabt, doch – es war nichts weiter als eine unglaubliche Folge von Zufällen!

Kein Schicksal kann es mit jemandem so gut meinen:

einem Hotelportier eine falsche Anweisung in den Mund zu legen...

einen Lastkraftwagen mit Fischen beladen auf der Autobahn umzukippen...

vier Personen in einem Wagen von einem Bus zerquetschen zu lassen...

ein Bein zu brechen...

einen Herzinfarkt auszulösen...

eine Finanzkrise auf den Gipfel zu treiben...

die Bank Ambrosiano vom Vatikan-Staat zu ruinieren...

ihren Generaldirektor in den Freitod zu schicken...

und es auch noch schaffen, die französische Regierung rechtzeitig umweltfreundlicher zu stimmen!

Und alles das, nur, damit Monsieur Riquelinque den fatalen Vertrag in Rom nicht unterschreibt? Wenn es also nicht das Schicksal war – was war es dann? Gibt es vielleicht doch Schutzengel? Monsieur Riquelinque ist fest davon überzeugt. Nun fragt man sich: Hatten dann all die Schutzengel der anderen Beteiligen Urlaub an diesen Tagen?

Das Haus der Unsterblichkeit

Mrs. Sarah Winchester zerfließt in Tränen – rings um sie steht andächtig der gesamte Verwaltungsrat der *Winchester Repeating Arms Co.* Oliver Winchester – Herr und Gebieter seiner schon in der ersten Generation zur Legende gewordenen Familie – liegt im Sterben. Noch vor einem Monat erfreute er sich bester Gesundheit und feierte seinen siebzigsten Geburtstag mit Pauken und Trompeten, so wie es sich für einen Helden der Sezessionskriege gehörte. Heute segnet er in seiner Residenz in New Haven das Zeitliche, umgeben von all den Trophäen, die seinen Weg zum Ruhm gesäumt haben. Von dem Schnelladegewehr *Henry* zum Beispiel! Hätte die Regierung damals nur dieses Juwel zu würdigen gewußt, statt die übliche, altmodische Springfield-Muskete vorzuziehn ... ja, dann hätte der Krieg bestimmt nicht so lange gedauert!

Links und rechts von *Henry* sind die glorreichen Winchesters 1870 und 1873 aufgereiht – die Heroen des Wilden Westens! Sie sind wirklich alle um das Sterbebett herum aufgestellt – die Handfeuerwaffen und die Repetiergewehre, blankpoliert und lackiert, schön geordnet in exakter Formation, wie eine für die Parade geschniegelte Kompagnie – stumme Zeugen der ruhmreichen Pionierzeiten.

Wir schreiben das Jahr 1880, den 10. Dezember.
Noch einem erfüllten Leben im Dienste seines heißge-

liebten Landes geht Oliver Winchester also den Weg allen Fleisches.

Er hinterläßt seinen Erben ein beträchtliches Vermögen! Allein das Firmenvermögen wird auf rund drei Millionen Dollar geschätzt, und eineinhalb Millionen haben sich im Laufe der Zeit auf seinem Privatkonto angesammelt. Harte Dollars wohlgemerkt . . . Vor 100 Jahren verdiente der Gold Eagle noch seinen Ruf!

Sarah Winchester kniet neben ihrem sterbenden Gatten: »Ich habe Angst, Oliver . . . ich will nicht allein auf dieser Welt bleiben . . . nicht ohne dich! Du hattest mir doch versprochen . . . nicht vor mir zu gehen! Oliver! Du darfst nicht sterben . . .«

»Ich sterbe nicht, Sarah, ich gehe nur . . . in eine andere Welt . . .«

Alle Anwesenden im Zimmer senken den Kopf und beginnen, Sterbegebete zu murmeln. Es waren die letzten Worte des genialen Waffenfabrikanten.

Die Familie und der Verwaltungsrat – was auf dasselbe hinausläuft – beten also und überschlagen dabei auch schon ihre Chancen! Alle Söhne und Neffen, Schwäger und Schwiegersöhne leiteten zusammen mit dem Familienoberhaupt das Unternehmen – und nun fragt sich jeder insgeheim, wie viele Stufen er bei der Neuverteilung der wichtigsten Posten eventuell hinaufsteigen könnte.

Sarah Winchester, die Witwe, etwa fünfzig Jahre alt – hat sich nie ums Geschäft gekümmert. Und sie braucht sich jetzt auch keine Sorgen um die Zukunft zu machen. Ihr gehören nicht nur die eineinhalb Millionen Dollar des Privatvermögens ihres verstorbenen Gatten, sie ist auch die neue Eigentümerin der *Winchester Company*. Nur im

Augenblick denkt sie überhaupt nicht daran. Verzweifelt wirft sie sich über den Toten, weint und zittert am ganzen Körper. Die verwaltende Familie kümmert sich liebevoll um sie: Der eine nimmt die zusammengebrochene Frau in die Arme, der andere führt sie behutsam aus dem Zimmer hinaus, der dritte bittet den Arzt, ihr ein Beruhigungsmittel zu geben. Die übliche Szene – ob ein Winchester stirbt, oder der Mann von nebenan.

Doch auf einmal passiert etwas Ungewöhnliches: Plötzlich befreit sich Sarah energisch aus den vielen Armen, die sich polypengleich um sie schlingen, und wie von Sinnen rennt sie aus dem Haus und schreit:

»Ich gehe fort! Ich gehe fort!«

Völlig konsterniert sieht die Familie zu, wie die wildgewordene Witwe durch den Park läuft. Ist sie vor lauter Kummer verrückt geworden? Sie rennt mehrmals um das Herrenhaus, eilt dann die Treppen zu ihren Zimmern hinauf, stößt die Dienerschaft beiseite und wiederholt pausenlos, so als hätte sie tatsächlich den Verstand verloren:

»Ich gehe fort! Ich gehe fort!«

Und schon packt sie ihre Koffer. Jeder ist bemüht, sie zu beruhigen, ihr gut zuzureden, sie zu trösten – aber es hilft alles nichts. Sarah Winchester schlägt wild um sich und brüllt jeden an, der sich in ihre Nähe wagt:

»Laß mich in Frieden! Ich gehe fort!«

Der älteste Sohn versucht es in strengerem Ton:

»Mutter! Fassen Sie sich, um Gottes Willen! Wir alle trauern um Vater.«

»Ich will dieses Haus niemals wiedersehen! Ich gehe fort! Gleich jetzt! Nur fort von hier!«

»Aber Mutter, das ist doch unmöglich! So nehmen Sie doch Vernunft an!«

»Ich muß nach Westen . . . sofort!«

»Wenn Ihnen soviel daran liegt . . . können Sie in einigen Tagen verreisen, aber nicht vor dem Begräbnis! Ich bitte Sie! Das geht doch nicht!«
»Warum nicht? Oliver ist tot! Was soll ich da noch hier?«
»Auch der Anwalt der Familie mischt sich nun ein:
»Mrs. Winchester, es ist Ihre Pflicht hier zu bleiben . . . wenigstens bis das Testament eröffnet wird und alle Erbschaftsangelegenheiten geregelt sind!«
»Ich tue, was ich will! Und ich will fort! Noch heute! Nach Westen.«

Zwei Tage später wird Oliver Winchester in New Haven zu Grabe getragen. Eine sehr würdige, ja gelungene Zeremonie, über die man noch lange in der Stadt spricht. Alle Freunde und Bekannten, alle Geschäftspartner und auch die Konkurrenten, alle Politiker und Honoratioren der Gegend, alle Arbeiter der Waffenfabrik sind da, jedes auch noch so entfernte Familienmitglied ist ange-reist. Es sind Hunderte von Menschen, die dem Toten an diesem kalten Dezembertag vor der prunkvollen Gruft der Winchesters die letzte Ehre erweisen.
Nur die Witwe ist nicht da!
Seit dem Todestag ist sie in ihrem Zimmer eingesperrt, und zwei kräftige Krankenschwestern passen auf sie auf wie Wachhunde. Der Familienrat sah keine andere Mög-lichkeit, die Universalerbin von ihren vollkommen irrsin-nigen, überstürzten Reiseplänen abzuhalten.
Auf dem Begräbnis wurde den scheinheilig-neugierig Fragenden erklärt, Mrs. Winchester habe einen Schock erlitten und müsse das Bett hüten – der Arzt habe ihr nicht erlaubt, am Begräbnis teilzunehmen!
Das stimmt zwar nicht ganz, aber es kommt dennoch der Wahrheit ziemlich nah, denn Sarah Winchester steht offensichtlich unter einem schweren Schock.

Es dauert mehrere Wochen! Und sie benimmt sich immer eigenartiger. Sie starrt ins Leere, spricht nicht und durchbohrt jeden, der versucht, ein vernünftiges Wort mit ihr zu reden mit wilden Blicken. Sie will nur eines: fort! Es ist eine fixe Idee. Und sie will nicht etwa irgendwohin verreisen. Nein – sie will unbedingt nach Westen! Warum gerade dorthin, wo sie niemanden kennt, wo sie nie im Leben gewesen ist?

»Oliver hat mir gesagt, ich soll nach Westen!«

»Und wann war das, Mutter?«

»Heute morgen noch! ›Sarah, geh nach Westen . . .‹, das sagt er mir jeden Tag.«

»Aber Vater ist schon seit Wochen tot!«

»Na und? Glaubst du, daß er deswegen nicht mehr mit mir spricht? Dein Vater hat mir immer gesagt, was ich tun sollte . . . und er tut es jetzt noch! Hast du nie etwas davon gehört, daß die Toten uns nicht verlassen? Daß sie in Kontakt bleiben mit den Menschen, die sie sehr geliebt haben?«

»Nun . . . sollte es so sein, mich hat er anscheinend nicht geliebt!«

Der Sohn ist ärgerlich, aber er und die ganze Familie machen sich auch ernsthafte Sorgen um den Gemütszustand der älteren Dame. Die Erbschaftsangelegenheiten sind geregelt, warum sollte man Sarah nun daran hindern, nach Westen zu gehen, wenn es ihren Schmerz lindern kann? Irgendwann wird sie ihren Kummer schon überwinden, mit ihm leben lernen – und nach New Haven zurückkehren.

Sarah Winchester darf also endlich abreisen – Richtung Westen. Wohin genau? Das weiß niemand. Sie selbst auch nicht.

Auf ihrer Reise macht sie Halt in der kleinen Stadt San

José. Weshalb? Selbstverständlich, weil ihr verstorbener Gatte Oliver den Wunsch geäußert hat. Und wer hat ihr empfohlen, sich an Dr. Caldwell zu wenden, um dort ein Haus zu kaufen? Nein! Da hat sich Oliver nicht eingemischt. Der Hotelbesitzer in San José, wo sie abgestiegen war, erzählte ihr:

»Es ist ein wunderschönes Haus, Mrs. Winchester. Nur, es ist noch nicht ganz fertig. Dr. Caldwell wollte es seiner Frau schenken, doch sie ist vor kurzem gestorben, noch bevor sie einziehen konnten.«

»Wann ist sie gestorben?«

»Es war im letzten Dezember.«

»O Gott! Am zehnten Dezember nicht wahr?«

»Ja . . . woher wissen Sie das?«

»Ich habe es nicht gewußt, ich dachte es mir nur. Wissen Sie, mein Mann ist auch an diesem Tag gestorben. Er hat bestimmt erfahren, daß Mrs. Caldwell zur gleichen Zeit wie er . . . uns verlassen hat. Die Toten wissen viel mehr als wir!«

»So?«

»Ja. Und deshalb hat mich Oliver zu diesem Haus geführt!«

Der Hotelbesitzer beendet das Gespräch mit der Witwe – er läßt ihr ihre sonderbaren Vorstellungen vom Jenseits. Beim Notar wird der Kauf sofort geregelt:

»Ich kaufe das Haus!«

»Aber gnädige Frau, möchten Sie es nicht wenigstens vorher besichtigen?«

»Nein. Nicht nötig. Dieses Haus ist wie für mich geschaffen.«

»Mrs. Winchester, es ist wirklich ein sehr großes Haus! 17 Zimmer! Und es ist noch nicht einmal fertig. Ich würde Ihnen raten . . .«

»Haben Sie den Auftrag, das Haus zu verkaufen, ja oder nein?«

»Gewiß, doch, aber ...«

»Kein Aber. Ich kaufe dieses Haus sofort, so wie es ist. Es spielt keine Rolle, ob es fertig ist oder nicht. Und ich brauche es auch vorher nicht zu besichtigen. Beschaffen Sie bitte alle notwendigen Papiere und sagen Sie Dr. Caldwell, ich wünsche ihn heute Abend in meinem Hotel zu sprechen!«

»Es tut mir leid, Mrs. Winchester, das wird nicht möglich sein. Gleich nach dem Tod seiner Frau hat er die Stadt verlassen. Er ist Hals über Kopf abgereist.«

»Das kann ich gut verstehen. Wahrscheinlich hat ihm seine Frau den neuen Weg gewiesen!«

»Wie bitte? Wie meinen Sie?«

»Man muß nur zuhören ... wenn die Toten mit uns sprechen.«

»So?«

»Ja, es ist *so*! Man sieht die Toten nicht mehr, aber sie sind da! Also gut, Herr Notar, ich verlasse mich auf Sie! Schauen Sie bitte, daß Dr. Caldwell bald unterschreibt. Ach ja, noch etwas! Könnten Sie mir einen Bauunternehmer hier in der Gegend empfehlen? Oliver möchte nicht, daß ich zu lange im Hotel bleibe.«

»Ich will mein Bestes tun, Sie hören bald von mir, Mrs. Winchester.«

Zu Anfang dieses Jahres 1881 versetzt die Ankunft der Witwe Winchester die kleine kalifornische Stadt San José in helle Aufregung. Der Telegraphenbeamte macht sich einen Spaß daraus, die wunderlichen Depeschen, die Sarah dauernd nach New Haven schickt, sogleich im Salon zu verbreiten:

»Die Winchester hat heute wieder telegraphiert! Sie verlangt, daß man ihr postwendend 500 000 Dollar über-

weist! Sie kauft das Haus von dem Caldwell! Wißt ihr
noch? Von dem, der völlig durchgedreht ist, als seine
Frau starb! Der war nicht einmal auf der Beerdigung, er
ist vorher abgereist! Schade, daß er unsere reiche Witwe
nicht kennt, die beiden würden sich bestimmt gut verstehen! Die sind ja beide verrückt!«

Zehn Hektar Grund – 100000 Quadratmeter! – mit Oran-
gen- und Zitronenbäumen, und in der Mitte eine riesige
Baustelle – das ist das neue Zuhause von Mrs. Sarah
Winchester.
Im März 1881 strömt eine ganze Armada von Maurern,
Zimmerleuten, Schreinern, Glasern, Dachdeckern,
Gärtnern, Installateuren, Malern und Tapezierern in das
verlassene Grundstück des verrückten Witwers und beginnt im Auftrag der neuen verrückten Besitzerin mit den
Bauarbeiten. Nach wenigen Wochen ist es soweit: Mrs.
Winchester bezieht ihre neue Residenz. Das Haus ist
zwar noch nicht ganz fertig, aber man kann doch schon
darin wohnen. Bei der Einweihung wird das Anwesen
feierlich Oliver House getauft. Der Hotelbesitzer und
seine Frau, der Notar und seine Gemahlin sind selbstverständlich eingeladen.

Während des Dinners bittet Sarah plötzlich um absolute
Ruhe:
»Pssst! Hören Sie? Er spricht . . .«
Weder der Notar, noch die anderen Gäste vernehmen
irgendeine Stimme. Lediglich ein verirrter Schakal bellt
in der Nacht. Aber Sarah Winchester, die Augen zur
Decke gerichtet, die Hände zum Gebet gefaltet, stam-
melt Worte nach, die sie offenbar hört:
»Liebe Sarah . . . jetzt . . . bin ich . . . glücklich . . . es wird
dir . . . gut gehen. Solange das Geräusch der Hämmer . . .

in unserem Haus hallen wird ... Du mußt weiter bauen
lassen ... man stirbt erst dann ... wenn man glaubt ...
alles sei vollendet! Baue weiter ... und du wirst weiter
leben ... solange du baust ...«
Man kann sich die Verlegenheit der Gäste gut vorstellen!
Während der Hotelbesitzer und seine Frau mit offenem
Munde und ungläubigen Blicken die Witwe anstarren,
die ganz offensichtlich den Verstand verliert, bemüht sich
die Gemahlin des Notars krampfhaft, die Stimmung wieder aufzulockern. Souverän führt sie nun die Konversation:
»Diese englische Einrichtung würde Dr. Caldwell sehr
zusagen! Er ist Engländer mit Leib und Seele, er schätzt
alte Traditionen über alles! Seine Gattin stammt allerdings aus Rumänien und ...«
»Psst! Seien Sie doch ruhig! Lassen Sie mich hören, was
Oliver sagt! Oliver? Sprich lauter bitte, ich verstehe dich
kaum. Oliver?«

Es ist vorbei. Oliver ist gegangen.
»Was meinen Sie, Mrs. Winchester?«
»Es war Oliver!«
Sie sagt es ganz natürlich, ganz nüchtern, so wie wenn
heute jemand sagen würde »Eben war Bismarck am
Telefon!«
Der Notar und seine Frau bemühen sich zwar nach
Kräften, den Zwischenfall als Hirngespinst einer schwer-
geprüften alten Dame abzutun, doch die Tassen klirren in
ihren zittrigen Händen.
»Haben Sie nichts gehört? Nun, Oliver spricht heute
tatsächlich sehr leise. Wahrscheinlich, weil Sie alle da
sind! Er will nur zu mir sprechen, das ist verständlich,
nicht wahr?«
»Ja ja, schon verständlich ...«

»Ach, lassen Sie, ich merke es Ihnen doch an. Sie glauben, ich bin nicht mehr ganz richtig im Kopf! Aber Sie werden es später selber erleben, unter Umständen, wenn Ihre Liebe stark genug ist! Nicht wahr, lieber Herr Notar? Wenn Sie als Erster sterben, dann werden Sie doch auch Ihrer Frau weiterhelfen wollen?«

»Ja gewiß, Mrs. Winchester.«

Hier in San José kann ich Oliver viel besser hören als in New Haven. Die Verbindung ist hier klarer. Wahrscheinlich wollte er deswegen, daß ich nach Westen gehe!«

»Ja, wahrscheinlich.«

»Nun, jetzt weiß ich, was ich zu tun habe! Es liegt eine Menge Arbeit vor mir! Oliver sagte mir gerade, ich soll weiter bauen lassen . . . solange ich leben will!«

»Aber das Haus ist jetzt fertig!«

»Fertig? Ein Haus wird niemals fertig! Morgen rufe ich den Bauunternehmer an, er soll gleich weitermachen!«

»Haben Sie denn nicht genug Platz mit 17 Zimmern und 4 Bädern? Für Sie ganz allein?«

»Ich tue nur, was Oliver sagt. Er will nicht, daß ich bald sterben muß! Und solange hier gebaut wird, solange werde ich auch leben! Also baue ich weiter! Es ist ganz einfach, nicht wahr?«

Nicht wahr! Nicht wahr! Sarah Winchester hat ihre fünf Sinne nicht mehr beisammen, das ist die Wahrheit! Zumindest sind alle felsenfest davon überzeugt. Besonders die Männer der Arbeitskolonne, die am Tag darauf verwundert die neuen Instruktionen der Witwe erhalten:

»Sie beginnen mit dem rechten Flügel! Nächstes Jahr kümmern wir uns dann um den linken Flügel.«

»Wie bitte?«

»Ja, meine Herren, Sie haben richtig verstanden. Es

dauert bestimmt Jahre! Ich bin gesund und ich will lange leben. Also wenn Sie Lust haben, bauen Sie weiter! Ich zahle jeden Preis, das wissen Sie!«

Die Männer tippen sich an die Stirn, unauffällig versteht sich. Die rüstige Fünfzigerin hat nicht mehr alle Tassen im Schrank, daran ist nicht zu zweifeln, aber das ist schließlich egal. Hauptsache, sie zahlt gut. Nur darauf kommt es an. Und die Bauarbeiten beginnen aufs Neue ...

Die Jahre gehen vorüber, und das Haus nimmt nach und nach gigantische Ausmaße an.

Das Unternehmen verschluckt allmählich das gesamte Privatvermögen von Sarah Winchester. Sechsunddreißig Jahre lang wird gebohrt, genagelt, gegraben, gemalt, tapeziert – Zimmer um Zimmer aneinander gereiht. Sechsunddreißig Jahre lang! Aus der fünfzigjährigen Witwe ist eine verschrumpelte, aber noch sehr resolute Dame von sechsundachtzig Jahren geworden, und wir schreiben mittlerweile das Jahr 1917.

Eines Tages bekommt Sarah Winchester unangemeldeten, sehr unangenehmen Besuch: Von einem ihrer Urenkel – einem echten Winchester, der jetzt die Waffenfabrik leitet. Er ist eigens angereist, um ihr klarzumachen, die Familie hätte nun lange genug Verständnis für die Marotten der Urgroßmutter gezeigt. Sie solle endlich zur Vernunft kommen und aufhören, mit Bauklötzen zu spielen!

»Grandma Sarah, wir können uns diesen Wahnsinn einfach nicht mehr leisten! Was ist Ihnen wichtiger: Dieses lächerliche Bauwerk hier, oder die Winchester Company?«

»Du sollst dich nicht in Angelegenheiten einmischen, die

dich nichts angehen! Oliver hat die Winchester gegründet und berühmt gemacht. Das war sein Lebenswerk – damals, bis er starb. Heute arbeite ich hier nur in seinem Auftrag. Die Winchester Company gehört mir. Oliver wußte genau, warum ich allein die Universalerbin sein sollte. Er hatte große Pläne . . . das alles ist nur eine Sache zwischen ihm und mir.«

»Nicht ganz, denn wenn es so weiter geht, dann sind wir bald pleite! Der Krieg tobt in Europa, wir kommen mit den Waffenlieferungen nicht mehr nach. Unsere Konkurrenten reiben sich die Hände, und wir müssen tatenlos zusehen, wie unsere Arbeiter uns davon laufen, nur weil wir nicht mehr genug in die Produktion investieren können!«

»Oliver hat sich schon lange aus dem Waffenhandel zurückgezogen. Ihr solltet alle froh sein, daß ihr bis heute überhaupt davon leben konntet.«

»Die Familie und der Verwaltungsrat schicken mich, um Sie nach Hause zu holen. Nach New Haven!«

»Wie reizend! Welche Familie! Mein lieber Junge, ich sehe dich heute zum ersten Mal. Und ich hatte auch nicht das Vergnügen in den letzten sechsunddreißig Jahren, meine anderen Enkel und Urenkel kennenzulernen!«

»Wir sind uns alle einig, wir machen nicht mehr mit!«

»Ich weiß genau, was Ihr mit mir vorhabt! Ich bin vielleicht alt, aber deshalb noch lange nicht so dumm, wie Ihr glaubt! Ich besitze noch die meisten Anteile der Winchester Company, und ich werde sie – wie die anderen schon – verkaufen! Aber nicht an euch! Das ist es ja! Ich weiß Bescheid, Grünschnabel! Oliver erzählt mir alles. Er ist mit euren Arbeitsmethoden überhaupt nicht einverstanden. Deswegen will er auch nicht, daß ihr die Anteile bekommt. Ich weiß, wem ich sie verkaufe!«

»Das ist doch lächerlich! Oliver Winchester ist tot! Seit 37

Jahren! Sie benehmen sich kindisch. In der ganzen Gegend lacht man über Sie. Sie schaden unserem guten alten Namen.«

»Das ist nicht wahr! Jeder bewundert *Oliver House!*«

»Sie sind nicht mehr bei Trost! Auch Ihr Arzt sagt ... nun ja ... daß Sie krank sind!«

»Er ist dumm wie ein Esel!«

»Grandmother, ob es Ihnen zusagt oder nicht – Sie werden mit mir abreisen!«

»Niemals!«

»Doch! Jeder Arzt wird Sie für unzurechnungsfähig erklären, wenn wir ihn darum bitten. Das ist nur eine Formalität! Bis jetzt wollten wir jeden Skandal vermeiden und Sie so leben lassen, wie es Ihnen beliebte ...«

»Und nun sterbe ich wohl nicht schnell genug, was?«

»Schluß jetzt! Entweder Sie packen augenblicklich Ihre Koffer und kehren mit mir nach New Haven zurück, oder aber Sie werden schon morgen für unfähig erklärt, Ihr Vermögen selber zu verwalten!«

»Hinaus! Hinaus! Ich baue weiter, solange ich will, solange ich lebe!«

Ja, sie weiß immer noch, was sie will, die baulustige alte Dame. Aber allmählich ist sie müde geworden. Sechsunddreißig Jahre lang hat sie ihre ganze Energie in den Bau dieses monströsen Hauses gesteckt. Jetzt ist sie am Ende ihrer Kraft. Und sie kann unmöglich gegen den Familienrat ankämpfen.

Alle erklären sie für verrückt, und so wird sie tatsächlich entmündigt: Sie verliert die Winchester Company, und ihr Privatkonto wird mit sofortiger Wirkung gesperrt.

Sarah Winchester – arm wie eine Kirchenmaus – muß alle Architekten und Handwerker entlassen: der letzte

Hammerschlag verhallt im Oliver House ... Das Werk ist vollendet. Sarah muß gehen.
Ohne Widerrede läßt sich Sarah nun von San José nach New Haven bringen – und ohne Widerrede stirbt sie dann auch kurz darauf.

Das Oliver House hatte 160 Zimmer, 2000 Fenster, 150000 Glasscheiben, 1800 Türen, 21 Badezimmer, 8 Küchen, 2 gigantische Treibhäuser, 3 Swimmingpools, 18 Wasserbecken mit Springbrunnen ... und ringsherum überall Gartenhäuser und Pavillons, mitten in einem Wald von Orangen- und Zitronenbäumen.
Es hatte fünf Millionen Dollar gekostet. Vor 100 Jahren war es ein unvorstellbares Vermögen!
Fünf Millionen Dollar für die Verwirklichung des Traumes eines langen Lebens nach dem Tod ... und mit den Toten.
Nie haben Waffen ein längeres Leben beschert.

Die »Schwarze Hochzeit«

Am 10. April 1830 heiratet Solange de Saint Pois den Sproß eines alten bretonischen Adelsgeschlechts, Pierre de Kermarec, in einem abgelegenen Dorf im keltischen Land. Gleich nach der Trauung besteigen die Jungvermählten eine mit Blumen geschmückte und mit vier weißen Pferden bespannte Kutsche und fahren zurück zum Schloß. Überall am Weg stehen die Bauern, winken ihrer neuen Herrin zu und freuen sich auf die große Hochzeitsfeier, zu der nach altem Brauch das ganze Dorf geladen ist.

Solange und Pierre strahlen vor Glück und sind selig wie die Kinder. Die ganze Fahrt lang scherzen sie und betragen sich überhaupt nicht so, wie man es von Grafenkindern erwarten sollte. Die beiden jungen Edelleute halten nicht viel von den Anstandsregeln ihrer Ahnen, die sich jetzt wahrscheinlich im Grabe umdrehen – entrüstet über den Mangel an Etikette, den ihre Nachkommen da zur Schau tragen! Sie küssen sich sogar ganz ohne Scheu! Sie kichern und lachen, als wären sie schon den Blicken Aller entzogen, allein in ihrem Brautgemach . . .

Die Fahrt dauert an. Die junge Frau spielt mit ihrem Trauring und liest zum hundersten Mal die eingravierte Widmung: »10. April 1830 – Pierre – Auf ewig Dein!« Da gleitet er ihr plötzlich aus der Hand:

»Pierre! Mein Ring!«

»Schon nach einer Stunde entledigt sich meine verehrte Gemahlin der Fessel ewiger Treue?«

»O scherzen Sie nicht darüber, Pierre! Ich habe den Ring tatsächlich verloren! Lassen Sie die Kutsche anhalten, ich bitte Sie!«

Der Wagen hält an. Während Pierre und Solange im Inneren suchen, am Boden, zwischen den Sitzen und unter den Kissen, in den Blumengewinden und in den Falten des meterlangen, sorgfältig drapierten Schleiers, kriecht der Kutscher unter den Wagen und schaut überall hin, wo ein winziger Ring hängen bleiben könnte.

Nach zehn Minuten vergeblicher Suche zuckt er nur ratlos mit den Schultern:

»Nicht zu finden, Monsieur Pierre, er muß irgendwo auf den Weg gefallen sein.«

»Dann sucht Er ihn eben. Wir warten so lange . . .«

»Wie Sie wünschen, Monsieur Pierre, aber die Hochzeitsgesellschaft wartet auf den Beginn der Tafel! Sie dürfen mit der neuen Schloßherrin nicht zu spät erscheinen! Sie wissen doch, das bringt Unglück!«

Da bricht Solange in bittere Tränen aus. Pierre versucht, sie zu trösten, aber sie steigert sich immer mehr in ihre Verzweiflung hinein:

»Es ist wahr, Pierre, das ist ein böses Omen . . . wir hätten niemals in diesem Schloß heiraten dürfen . . . wir hätten auf die anderen hören sollen . . . sie haben uns gewarnt . . . nun werden wir bestraft.«

»Unsinn, ich bitte Sie, Solange! Das sind doch Altweibergeschichten! Trocknen Sie Ihre Tränen und lachen Sie! Wir fahren weiter! Die Stallburschen sollen den ganzen Weg absuchen, sie kommen sicher bald nach, und es wird mir eine Freude sein, Ihnen heute vor unseren Gästen zum zweiten Mal den Ring an den Finger zu stecken!«

Darauf gibt Pierre de Kermarec dem Kutscher und den Stallburschen den Auftrag, alle Pferde aneinanderzuschirren – alle Vollblüter, all die Hengste und Stuten mit ihren Fohlen und sogar die Ponys des Kermarec-Gestüts, die zur Feier des Tages prächtig aufgezäumt im Hochzeitszug hatten mittraben dürfen.

Die Stallburschen und der Reitknecht sollen nun den ganzen Weg bis zu der Stelle zurückgehen, wo der Ring vermutlich verloren gegangen ist, und ihn so lange suchen, bis sie ihn finden!

Der Kutscher steigt wieder auf den Kutschbock und fährt seine Herrschaften zum Schloß. Das Hochzeitspaar sitzt schweigend im Wagen. Mit dem linken Arm umfaßt Pierre de Kermarec die Schulter seiner weinenden Frau und mit der rechten Hand führt er die Pferde, die jetzt mit gesenktem Kopf hinten nach trotten.

Die Dorfleute am Wegesrand winken ihnen nicht mehr fröhlich zu, alle stehen da, als käme ein Trauerzug vorbei. Alte Bäuerinnen knien hin und beten, die Männer ziehen die Mützen vom Kopf und bekreuzigen sich! Und das alles nur, weil der Trauring im Augenblick abgeht! Einfach lächerlich, dieser Aberglauben! Pierre de Kermarec ist wütend. Wie kann man nur so rückständig sein?

Zum Glück ist es nicht mehr weit bis zum Schloß!

Die Hochzeitsfeier ist nun schon seit zwei Stunden im Gange – Solange de Kermarec hat sich in der Zwischenzeit beruhigt und gibt sich wieder unbekümmert und heiter. Nach dem Festmahl läßt sie sich sogar von ihren Brautjungfern dazu überreden, mit ihnen im Park Blindekuh zu spielen. Pierre nützt die Gelegenheit, steigt auf sein Pferd und reitet zu den Stallburschen hinaus, die den Ring anscheinend noch nicht gefunden haben.

Erst eine Stunde später galoppiert er wieder die breite Schloßallee hinauf – ohne den Ring! Der Kutscher – sein väterlicher Freund seit eh und je, erwartet ihn ganz aufgeregt unten an der Freitreppe:

»Monsieur Pierre, haben Sie die Frau Gräfin irgendwo gesehen?«

»Solange? Nein! Als ich ausgeritten bin, wollte sie doch mit ihren Freundinnen im Park spielen! Warum fragst du?«

»Sie ist verschwunden! Wir suchen sie überall – schon seit einer Stunde!«

»Vielleicht hat sie sich zurückgezogen und macht sich oben im Westflügel schön für den Ball?«

»Nein, Monsieur Pierre! Ihre Zofe hat sie zuletzt gesehen, als sie ihr den Schleier abgenommen hat. Und das war bevor sie mit den Komtessen spielen ging. Im Park war sie nicht!«

»Dann hat sie sich eben sehr gut versteckt!«

Der alte Kutscher tritt unruhig von einem Bein aufs andere. Pierre hat ihn noch nie so zerfahren erlebt. Er ist kreidebleich und sein Kinn zittert – voller Angst murmelt er:

»Die Schwarze Hochzeit, Monsieur Pierre! Die Schwarze Hochzeit!«

Pierre de Kermarec wird langsam ärgerlich! Zuerst die dumme Sache mit dem Ring und nun das! Die Schwarze Hochzeit! Er kann den Unsinn einfach nicht mehr hören! Wochenlang wurde er von allen wegen der blöden Geschichte bestürmt. Jeder versuchte ihn davon abzubringen, ausgerechnet in diesem Schloß zu heiraten. Eine Sage aus grauer Vorzeit berichtet nämlich, ein Flug hänge über ihm, und wer hier seine Hochzeit halte, der werde vom Unglück verfolgt! Pierre und Solange lachten nur darüber – und nun scheint der Braut tatsächlich etwas zugestoßen zu sein? Alles Zufall, ganz bestimmt, was denn sonst! Nur wird es allmählich Zeit, daß Solange wieder auftaucht.

Den ganzen Abend lang, die Nacht hindurch, am nächsten Tag und an den folgenden Tagen wird die entschwundene Braut mit wachsender Verzweiflung gesucht – buchstäblich überall: in allen Winkeln des Schloßes, im Park und in den Nebengebäuden, in den Wäldern und bis hin zum Dorf – die ganze Gegend wird mit Hilfe der Gendarmerie durchkämmt – alles vergebens. Nach zwei Wochen bleibt Pierre de Kermarec nichts anderes übrig, als der Tatsache ins Auge zu sehen: seine Frau ist unauffindbar. Sie ist für alle Zeiten verloren. Nie wird sie zurückkehren.

Vier Wochen später läßt Pierre in der Gruft der Kermarec ein Kreuz anbringen – mit der schlichten Aufschrift: »Solange de Kermarec – 1811–1830«.

Diese *Schwarze Hochzeit* bestätigt die Sage vom Fluch über dem Schluß auf so quälende Art, daß dort von nun an keine Hochzeiten mehr gefeiert wurden.

Hundert Jahre später – also 1930 – läutet François Le Gac eines schönen Donnerstagnachmittags am Tor des Kermarec-Schlosses. Ein Volksschullehrer, der an diesem schulfreien Tag schon frühmorgens mit seinen Schülern zu einer Fahrradtour durch die Wälder aufgebrochen war. Nun sind die Kinder müde und haben außerdem Durst.

Im Schloß wohnt niemand mehr, seit langem schon. Die adelige Familie lebt in Paris und kommt nur während der Sommermonate in den Ferien nach Kermarec.

Gleich heben dem Parktor steht ein kleines Pförtnerhaus, in dem ein altes Ehepaar – Nachkommen der früheren Dienerschaft – seinen Lebensabend verbringt. Die beiden Alten sind immer ganz glücklich, wenn sich jemand in der Gegend verirrt und am Tor läutet.

»Ob wir Trinkwasser haben? Aber ja doch, kommen Sie herein mit Ihren Rangen!«

»Sehr freundlich von Ihnen, danke. Dürften wir vielleicht auch hier im Park unsere Brote auspacken und uns ein bißchen ausruhen? Die Kinder waren noch nie in einem Schloß, es würde ihnen bestimmt viel Spaß machen!«

»Immer herein mit euch! Ich komme gleich nach und bringe euch gutes frisches Wasser und für Sie einen Krug Cidre!«

Schwer zu sagen, wer sich am meisten freut: die Buben oder der alte Pförtner, der sich nach dem Essen im Freien zu der vergnügten Runde gesellt hat und nun vor diesem dankbaren Publikum die Sagen und Geschichten zum besten gibt, die sich in diesem Gemäuer zugetragen haben. Die Jungen hören mit offenem Munde zu. So müßte Schule immer sein! Und als der Lehrer fragt, ob es eventuell möglich sei, das Schloß auch innen zu besichtigen, brechen alle Kinder in ein Freudengeheul aus und springen sofort auf. Der Alte kann nicht mehr springen, aber sein gutes Herz hüpft doch vor Freude. Er holt einen großen klirrenden Schlüsselbund, und die Besichtigung beginnt . . .

Für diese Bauernkinder ist es ein großes Erlebnis, sie sind nicht mehr zu bremsen! Sie rennen kreuz und quer durch die halbdunklen Hallen und Säle, fliegen die Treppen hinauf und hinunter, stehen mit großen Augen vor den Bildern der Ahnengalerie und untersuchen neugierig die Ritterrüstungen. Sie klettern auf die zwei Meter hohen Marmorkamine, hopsen wieder herunter – sie sind völlig aus dem Häuschen! Und jede Ermahnung zu Ruhe und Ordnung ist sinnlos. Dem Lehrer wird es langsam peinlich, aber der gute Alte scheint gar nichts dagegen zu haben – im Gegenteil – er spielt mit, als hätte er nur darauf gewartet, daß endlich wieder Leben in diese düsteren Mauern kommt.

Mittlerweile sind alle auf dem Dachboden und bewundern durch die Luken die schöne weite Landschaft. Von hier oben kann man bis zum Ende der Welt sehen, so kommt es ihnen vor! Da plötzlich krümmt sich der alte Bretone vor Schmerz und preßt beide Hände gegen die Brust. Es war alles zu viel für ihn. Die Kinder sind sofort still und scharen sich um den Alten. Der Lehrer behält einen kühlen Kopf:

»Jungs, ihr bleibt da und paßt auf, daß er sich nicht bewegt! Er braucht Luft! Macht alle Luken auf! Ich laufe zum Pförtnerhaus . . . die Frau hat vielleicht ein Herzmittel für ihn.«

François Le Gac stürzt die Treppen hinunter und erreicht eine Plattform mit vielen Türen, er öffnet sie der Reihe nach – nirgendwo eine Treppe. Als sie hinaufstiegen, hat er nicht aufgepaßt! Wo geht es nun weiter nach unten? Ach da – die Wendeltreppe im Turm, ja, schnell, weiter! Es ist aber sehr dunkel hier, und es riecht so modrig, so feucht? Nein, diesen Weg sind sie vorhin nicht gegangen. Aber weiter, diese Steintreppe führt ja auch nach unten, sicher nach draußen.

Endlich steht François am Ende der Treppe – es ist so stockdunkel, daß er mit den Händen die Wände abtasten muß, um sich zurechtzufinden. Wo ist nur die Tür? Es muß doch eine Tür geben!

Er fühlt ein gewisses Unbehagen in sich hochsteigen. Nein, wirkliche Angst hat er nicht, wovor denn? Aber es ist alles so unheimlich still hier und finster! Da ruft er, wie um sich selbst zu beruhigen:

»Ist wer da?«

Bestimmt hätte ihn eine Antwort noch mehr erschreckt als die erdrückende Stille! Er tastet sich weiter vor . . . Da bewegt sich etwas. Ja, endlich eine Tür! Hinein, bloß raus hier! Wieder falsch. Nun zwingt er sich, ganz ruhig zu atmen, egal wie stickig die Luft ist – er muß ruhig bleiben und nachdenken, scharf nachdenken. Aus seiner Hosentasche holt er eine Schachtel Streichhölzer hervor. Es sind nur noch wenige drin. Aber er findet auch noch einen kleinen Schreibblock. Sonst hat er nichts, was ihm im Augenblick helfen könnte . . . da noch ein Taschentuch und ein Bleistift! Aus den paar Blättern dreht er sich erstmal eine kleine Fackel und es gelingt gleich mit dem ersten Streichholz! Sie brennt!

Endlich kann er seine unheimliche Umgebung erkennen. Am Boden, Steine und Sickerwasser. Er ist offenbar viel zu tief heruntergestiegen, er befindet sich sicher in einem unterirdischen Gang, an der gegenüberliegenden Wand entdeckt er eine zweite Tür. Wie soll er sich nun entscheiden? Versuchen, den Weg wieder zurückzugehen, oder weiter durch diese Tür? Zurück? Wohin? Er hat sich so beeilt, daß er gar nicht mehr weiß, wie er hierher gekommen ist! Also weiter, bevor die Fackel abgebrannt ist! Er stolpert über das Geröll, das am Boden liegt, drückt die Tür auf, will hindurchgehen . . . und fällt in die Tiefe!

François bleibt eine Weile liegen. Er ist wie gelähmt vor Schreck, aber er ist nicht verletzt. Er hat nur Angst – panische Angst, denn jetzt beginnt er zu ahnen, wie Solange de Kermarec vor hundert Jahren möglicherweise verschwunden und dann gewiß umgekommen ist! Der alte Kastellan hat vorhin die Schauergeschichte von der *Schwarzen Hochzeit* erzählt . . .

Schwarze Hochzeit! Dahinter steckt weder eine Sage

noch ein Fluch – dahinter steckt ein Burgverlies! Ein todsicheres Verlies, wie es im Buche steht. Todsicher!

Le Gac richtet sich auf und sucht nach den Streichhölzern. In der Hosentasche sind sie nicht. Taschentuch und Bleistift hat er bei sich – aber die Schachtel ist weg. Sie muß bei seinem Sturz auf den Boden gefallen sein – ja, genau, und nun liegt sie neben ihm in einer Pfütze – auch das noch!

Vorsichtig steht er auf – allmählich gewöhnen sich seine Augen an die Dunkelheit. Von oben, etwa drei Meter über ihm – dringt schwaches Licht durch ein Loch herein – sehr blasses Licht, aber es kommt von draußen! Es ist Tageslicht! Doch es flimmert so wie Sonnenlicht, das sich im Wasser spiegelt. Der Wassergraben an der Rückseite der alten Burg! Von DORT kommt das Licht! Die teuflischen Baumeister des Mittelalters wußten genau, was sie taten, als sie das Verlies hier anlegten! Der Wassergraben ist mindestens drei Meter tief und zehn Meter breit – ein Schutzgraben oder eine Falle, wie man's nimmt. Da entlang wagt sich niemand. Hat er nicht vorhin selber den Kindern verboten, in die Nähe des Wassers zu gehen?

Obwohl es vollkommen sinnlos ist, schreit er wie rasend um Hilfe! Er schreit zehn Minuten lang aus voller Kraft, bis er erschöpft zu Boden fällt.

»Wenn ich auch nur die geringste Chance haben will, jemals lebend aus diesem Grab herauszukommen, dann muß ich meine Kräfte sparen! Bleib ruhig, François, die Kinder suchen dich, es genügt, wenn du alle dreißig Sekunden um Hilfe rufst...« Der Lehrer in seiner Gruft beginnt zu zählen: 1, 2, 3, 4 . . . 29, 30 HILFE! HIER BIN ICH! 1, 2, 3 . . .«

Ungefähr eine Stunde lang versucht er es mit dieser Methode – aber leider ohne Erfolg. Er muß sich etwas

anderes einfallen lassen. Er muß hinauf bis zu dem kleinen Loch, aber wie? Es steht nichts herum, was er übereinanderstapeln könnte. Die einzige Möglichkeit wäre hinaufzuklettern, die Mauer hoch, wie ein Bergsteiger! Die Wände sind nicht glatt, es müßte gehen.
Der Selbsterhaltungstrieb mobilisiert in ihm ungeahnte Kräfte und neuen Mut. Zentimeter um Zentimeter zieht er sich langsam nach oben, rutscht wieder zurück, kriecht noch einmal hinauf, tastet die glitschige Mauer nach Rissen und Höhlungen ab, an den kleinsten Unebenheiten klammert er sich fest, ruht sich zwischendurch aus, dann hat er es geschafft, er hat das Loch erreicht. Nach zwei oder nach drei Stunden vielleicht. Er hat keine Ahnung wie spät es ist; draußen ist es noch hell. Als er aber gerade hinausblicken will in die Freiheit, da schreit er plötzlich voller Entsetzen . . .

Vor ihm liegt ein langer, immer enger zulaufender schräger Schacht – ungefähr fünf Meter lang. Die winzige Öffnung an seinem Ende ist mit Gitterstäben verschlossen – und davor liegt ein mit Fetzen bekleidetes Skelett. Solange de Kermarec! Auch sie hatte es vor hundert Jahren bis dorthin geschafft – auch sie hat bestimmt gedacht, nun sei sie gerettet. François robbt sich hinauf und hält sich an dem verrosteten, aber leider doch sehr robusten Gitter fest. Die Luke ist so klein, unmöglich, da hindurch zu schlüpfen, auch ohne Gitter. Aber immerhin, jetzt kann er wenigstens frei atmen, wie damals Solange, deren Überreste nun dicht neben ihm liegen.
»HILFE! 1, 2, 3, 4, 5, HILFE . . . !«
Jetzt ruft er alle fünf Sekunden. Es ist sowieso das Einzige, was er noch tun kann: Schreien!
Auf einmal hört er ein jammerndes Geräusch. Eine

Katze miaut! Ganz in der Nähe! Im Augenblick kann sich François zwar durchaus nicht vorstellen, wie sie ihn retten könnte, aber er hat nur einen Gedanken: er muß sie zu sich locken! Also ruft er leise, zärtlich, und tatsächlich – das Kätzchen schaut plötzlich sehr neugierig, wer da wohl hinter den Gitterstäben hockt. Mit einem Griff bekommt François das Tier an einer Pfote zu fassen. Die Katze faucht, beißt und kratzt, aber sie verliert den Kampf, und François zieht sie durch die Stäbe herein und hält sie unter seinem Hemd.

Der Dorfschullehrer hat jetzt ein Taschentuch, einen Bleistift und eine Katze, die sicherlich nach Hause jagen wird, sobald er sie frei läßt! Er schöpft wieder Hoffnung – wenn es um Leben und Tod geht, wird man erfinderisch!

Er versucht mit dem Bleistift ein paar Worte auf sein Taschentuch zu schreiben. Unleserlich! Da probiert er einige grobe Striche – das geht – nur zwei Symbole: ein Ohr und zwei Wellenlinien. Die Kinder werden schon enträtseln, was das heißen soll: »Hören am Wasser!«

Dann bindet er dem Kätzchen das Taschentuch um den Hals und schiebt es durch das Gitter hinaus.

Nach fünf Minuten beginnt François wieder zu zählen und schreit alle fünf Sekunden: HILFE!

„Monsieur Le Gac, sind Sie hier?«

»Ja!«

»Geht's Ihnen gut?«

»Ja!«

»Wir holen Sie raus! Erklären Sie uns genau, wie Sie dorthin gekommen sind!«

»Das weiß ich doch nicht!«

Niemand, auch die Familie de Kermarec nicht – die man in Paris benachrichtigte – kannte den Geheimweg zum Verlies. Und niemand fand ihn. Es dauerte fast zwei

Tage, bis François Le Gac befreit werden konnte. Die dicke Burgmauer mußte schließlich vom Wassergraben aus gesprengt werden...

Eine Woche später wurde Solange zu Grabe getragen. Nach hundert Jahren fand sie endlich die letzte Ruhe in der Gruft ihrer Ahnen.

Autor

Pierre Bellemare wurde 1929 in Frankreich geboren. Schon mit 18 Jahren entdeckt er seine Leidenschaft für den Rundfunk und lernt das Metier von der Pike auf: zuerst die Technik, dann die Kunst der Reportage.

1955 beginnt seine erste Sendereihe bei RTL: »Vous êtes formidable« – eine tägliche Live-Sendung, die heute noch, nach über dreißig Jahren, als eine der besten gilt, die jemals ausgestrahlt wurde. Von nun an ist Pierre Bellemare der berühmteste und erfolgreichste Rundfunk- und Fernsehmann in Frankreich.

Vor etwa zehn Jahren startete er eine neue Sendereihe: »Unglaubliche Geschichten«, die er täglich zuerst im Fernsehen TF 1, dann im Rundfunk Europa 1 live erzählte.

Etwa 3500 Unglaubliche Geschichten hat er seitdem »erzählt«. Der Erfolg dieser Sendungen war so überwältigend, daß Pierre Bellemare seine Geschichten bei »Editions 1« veröffentlichte. Dreißig Bücher sind bis jetzt erschienen – etwa acht Millionen Exemplare davon verkauft.

Übersetzerin und Herausgeberin

France Brifaut, 1940 in Frankreich geboren. Arbeitet seit zwanzig Jahren in Deutschland als freie Autorin bei Funk und Fernsehen. In dieser Zeit schrieb und moderierte sie sum die achthundert Rundfunksendungen (BR, WDR, RIAS, SDR, RB, SWF, NDR) und siebzig Fernsehsendungen (ARD und ZDF) – darunter »Studio B« und »Liedercircus«. Chansons, Kultur und Politik Frankreichs waren bis 1986 ihre Hauptthemen. Dann kamen die »Unglaublichen Geschichten« von Pierre Bellemare dazu.